LIRE LE XVIIe SIÈCLE
sous la direction de Delphine Denis et Sophie Houdard
77

Série *Romans, contes et nouvelles*
dirigée par Frank Greiner
10

Il était une fois, ou deux…

Jean Mainil

Il était une fois, ou deux…

Le conte de fées en héritage

PARIS
CLASSIQUES GARNIER
2022

Jean Mainil est l'auteur d'essais sur la littérature pornographique de l'Ancien Régime et sur les figures littéraires du Quichottisme dans le roman anglais et français. Il a consacré un essai et de nombreux articles à Marie-Catherine d'Aulnoy et à la naissance littéraire du conte de fées au Grand Siècle. Il enseigne la littérature française de l'Âge Classique à l'Université de Gand en Belgique.

ISBN 978-2-406-13340-7 (livre broché)
ISBN 978-2-406-13341-4 (livre relié)
ISSN 2108-9876

Comme les médecins jugent de l'humeur peccante des malades par leurs songes, on peut, par la même raison, juger des mœurs et des actions de ce vieux siècle par les rêveries de ces écrits.
Jean CHAPELAIN, *De la Lecture de vieux romans* (1646).

L'histoire des contes, en général, serait interminable, et me conduirait où je ne veux pas aller. De l'histoire des contes de fées seulement, il y aurait, je vous le jure, de quoi disserter pendant longtemps ; et tout ce qu'on en pourrait dire ne serait pas, hélas ! marqué du doigt des enchanteurs.
Charles GIRAUD, « Lettre critique » (1864).

INTRODUCTION

IL ÉTAIT UNE FOIS…
Les origines du conte de fées, un miroir aux alouettes ?

Cet essai procède d'une double observation sur le conte de fées : d'une part, sa nature universelle et, d'autre part, la part plus que modeste qu'il a longtemps été appelé à jouer sur la scène littéraire et française. Parce que le conte de fées appartient à tout un chacun, on oublie trop souvent que les versions que nous nous sommes appropriées de chaque conte ont bien souvent des origines littéraires, et des origines bien françaises, même quand nous croyons raconter une histoire « allemande ».

Ces origines littéraires remontent à une époque précise que nous identifions plus facilement avec un classicisme rigoureux qu'avec l'univers débridé et plein d'imagination du conte de fées. Et pourtant, le conte de fées que nous tenons aujourd'hui en héritage est bien né au Grand Siècle, celui de Descartes, de Racine, et de Louis XIV. C'est quelques-uns de ces contes désormais universels que nous proposons de relire ici, non seulement dans leur contexte historique et littéraire d'origine, mais également dans les habits nouveaux qu'ils emprunteront deux siècles plus tard pour parvenir jusqu'à nous.

Le conte de fées, ses personnages, ses intrigues et ses résolutions font partie de la bibliothèque culturelle intérieure de tout un chacun. Le monde merveilleux qui lui est associé est universellement partagé au point que le statut acquis par les *Kinder- und Hausmärchen* des frères Grimm désormais inscrits au patrimoine mondial de l'humanité et, depuis 2005, au registre de la « Mémoire du Monde » par l'UNESCO, pourrait s'étendre au corpus français[1]. Tout d'abord, des héroïnes et

1 Voir à ce sujet l'« Introduction » de Christiane Connan-Pintado dans Christiane Connan-Pintado et Catherine Tauveron, *Fortune des* Contes *des Grimm en France. Formes et enjeux*

héros du corpus français sont tout aussi connus que leurs cousins et cousines allemands ou scandinaves, et leurs personnages ainsi que leurs histoires font partie des références merveilleuses d'un public universel. À cela il faut encore ajouter, et on le sait moins, que nombre de héros et d'héroïnes dont les frères Grimm ont immortalisé les aventures, sont en réalité d'origine bien française, comme nous le verrons.

D'autre part, et malgré son caractère universel, par son statut, par le genre dans lequel il s'inscrit et son mode de transmission, le conte de fées, ainsi que ses auteurs, sont, aujourd'hui encore, trop souvent relégués au rang de *minores*. Certes, le conte de fées a, depuis peu, acquis un certain droit de cité par son inclusion dans la discipline de la littérature de jeunesse qui a elle-même fini par être reconnue comme genre légitime digne d'études critiques. Mais voilà : le conte de fées est bien plus qu'un genre pour la jeunesse. Ce n'est en effet qu'au XIXe siècle, soit plus d'un siècle après sa naissance, que le conte de fées, en France, mais aussi en Allemagne, s'adresse à de jeunes enfants. Or, les premiers contes de fées que nous connaissons encore aujourd'hui sont bien antérieurs à cette période, et ses racines sont bien plus anciennes.

Parce qu'ils sont universels et appartiennent à tout un chacun, les contes de fées semblent bien souvent ne pas être le fruit du travail poétique d'auteurs particuliers. En Allemagne, la tradition a bien retenu le nom d'auteurs célèbres tels que Jacob et Wilhelm Grimm, plus connus sous la dénomination des frères Grimm. Mais on oublie trop souvent leur travail d'écrivain au profit d'une légende – inventée par les deux frères eux-mêmes – qui fait d'eux les simples transcripteurs de contes oraux et populaires. Du Danemark, on a bien retenu le nom de Hans Christian Andersen, mais quand ils sont adaptés, notamment par l'industrie du dessin animé, ses contes sont tellement transfigurés qu'on pourrait croire que le célèbre auteur danois n'aurait été qu'un maillon dans une longue chaîne de transmission d'un récit oral qu'il aurait tout simplement mis par écrit.

En France, à part l'immortel Perrault, la tradition a oublié les nombreux auteurs, hommes, mais surtout femmes, qui ont contribué à la naissance du conte de fées. Sans lettre de noblesse que justifieraient des antécédents génériques dans le corpus classique gréco-latin, le conte

des rééditions, reformulations, réécritures dans la littérature de jeunesse, Clermont-Ferrand, Presses Universitaires Blaise Pascal, 2013, p. 9.

de fées passe aujourd'hui encore, dans les histoires littéraires du Grand Siècle, dans l'ombre du Classicisme, quand il n'est pas tout simplement ignoré ou oublié[2]. Quand ces histoires mentionnent Perrault, c'est bien souvent dans le contexte de ses travaux autres et, semble-t-il, autrement « sérieux », dont *Le Siècle de Louis le Grand*, et surtout dans celui de la Querelle des Anciens et des Modernes qui l'opposa à Boileau.

Aujourd'hui, le grand public ne connaît Perrault – injustice inverse – que par ses *Contes*. Des autres auteurs de contes de fées, surtout des femmes qui ne siégeaient pas à l'Académie française (et ne le feront pas avant 1980), il est parfois question. Mais les allusions à leur œuvre ont souvent pour rôle de mieux marquer le caractère unique et inimitable dans sa simplicité de l'ouvrage de Perrault dont elles se seraient inspirées, avec plus ou moins – et souvent moins – de bonheur et de succès. Que le tout premier conte de fées littéraire ait été le fruit de l'imagination d'une femme auteur, et non de Perrault, on a tôt fait de l'oublier. Et pourtant, « L'Île de la félicité » existe bien. Il date de 1690.

Quand, après une longue période d'oubli, le conte de fées réapparaît au XIXe siècle sous la forme de réimpressions, mais aussi de réécritures plus ou moins profondes, le conte de fées ne constitue plus un genre nouveau, même s'il a été profondément transformé pour le lectorat auquel il s'adresse désormais : de jeunes enfants. Il est à ce titre très rarement inclus dans les histoires littéraires du XIXe siècle, si ce n'est dans les versions « perverties » qu'il suscite alors[3]. Mais ces contes d'auteurs tels que Catulle Mendès, Anatole France, Rémy de Gourmont, Willy, pour n'en citer que quelques-uns, sont fort éloignés des contes du Grand Siècle qui les ont inspirés, et ils ne les mentionnent que pour mieux prendre par rapport à eux une distance ironique. Ces contes parfois qualifiés de « décadents » ne s'adressent pas aux enfants, destinataires privilégiés des contes de fées pour qui paraissent désormais nombre d'éditions de textes anciens récrits. Les contes de l'Ancien Régime, sous quelque forme qu'ils paraissent alors, ne font pas l'objet d'analyses dans nos histoires de la littérature puisqu'il ne s'agit pas de *création*, ni de genre à proprement

2 Dans son *Histoire de la littérature française du XVIIe siècle*, Jean Rohou consacre moins de deux pages aux « Contes de fées : Perrault », déclarant que « [l]'œuvre la plus lue du XVIIe siècle restera longtemps la moins étudiée ». Jean Rohou, *Histoire de la littérature française du XVIIe siècle*, Rennes, Presses Universitaires de Rennes, 2000, p. 326.

3 Jean de Palacio a analysé ces contes dans *Les Perversions du merveilleux*, Paris, Éditions Séguier, 1993.

parler *nouveau*, mais de réécritures[4]. Et pourtant, on les lit, on les relit, on les raconte, on les récrit, et on sait combien leurs héros et héroïnes peuplent l'imagination des plus grands écrivains de l'époque[5].

Malgré ce silence critique, que Christiane Connan-Pintado appelle « un certain déficit de légitimité littéraire[6] », les contes de fées que connaît aujourd'hui un public universel résultent bien souvent de la combinaison de textes d'auteurs de l'Ancien Régime et des transformations qu'ils ont subies sous la plume d'autres auteurs ou d'éditeurs qui les ont raccourcis, récrits, *rhabillés* deux siècles plus tard, comme nous le verrons.

Dès ses débuts littéraires, au Grand Siècle, quand il n'est pas simplement ignoré, le conte de fées est considéré comme le parent pauvre de la grande tragédie. Sans antécédent classique digne de ce nom, il ne serait pas tombé, mais il serait né déjà *en quenouille*. Deux siècles plus tard, ne participant ni au Réalisme, ni au Symbolisme, ni au Naturalisme, le conte de fées de l'Ancien Régime qui renaît à l'époque ne trouve pas sa place non plus parmi les grands mouvements littéraires[7].

Au XXe siècle, le conte de fées, ses personnages, ses intrigues et ses clôtures inoubliables ont été intégrés dans les médias, principalement dans le dessin animé et ensuite le cinéma. À quelques exceptions près, il ne trouvera sa place dans les analyses littéraires que dans le dernier quart du siècle.

Et pourtant, malgré son statut universel auprès d'un public mondial et sa présence modeste auprès de la critique généraliste, depuis plus

---

4 Dans l'*Histoire de la France littéraire*. Tome 3 : *Modernités* XIX*e*-XX*e* *siècle*, Perrault n'est pas mentionné. Marie-Catherine d'Aulnoy l'est, une fois, et non pas en tant que conteuse mais romancière, et pour rappeler que ses romans (ainsi que ceux de Mme de Tencin !) ont tourné la tête à l'héroïne de « La maison du Chat-qui-pelote » de Balzac. *Histoire de la France littéraire*. Tome 3 : *Modernités* XIX*e*-XX*e* *siècle*,, dirigé par Patrick Berthier et Michel Jarrety, Paris, PUF, 2006, p. 102.

5 Flaubert, pour n'en citer qu'un, était un avide lecteur des contes de Marie-Catherine d'Aulnoy, comme en atteste sa correspondance.

6 Christiane Connan-Pintado, « Avant-propos », dans *L'Épanchement du conte dans la littérature*, textes réunis et présentés par Christiane Connan-Pintado, Pascale Auraix-Jonchière et Gilles Béhotéguy, Modernités, n. 43, Bordeaux, Presses Universitaires de Bordeaux, 2018, p. 6. Ch. Connan-Pintado ne parle pas de la critique de l'histoire littéraire mais des théoriciens de l'intertextualité. La même conclusion s'impose dans les deux domaines.

7 Il est question dans cet essai des avatars du conte de fées littéraire de l'Ancien Régime. Au XIXe siècle, le merveilleux ne se limite pas à ces contes. Le Romantisme d'abord, le mouvement décadent ensuite, ont donné un riche corpus de contes sous la plume de George Sand, Charles Nodier ainsi que des écrivains « décadents » mentionnés plus haut.

de trois siècles, le conte de fées vit, survit, se transforme, renaît, drapé d'autres habits, certes, mais en ne reniant pas sa naissance, à Versailles ou dans les salons aristocratiques de la dernière décennie du Siècle de Louis XIV. Ce sont quelques-unes de ces voix, quelques-uns de ces contes originaux d'auteurs dont les personnages et les aventures font partie de notre imaginaire, de notre quotidien, que cet essai a voulu faire renaître ici, pour les écouter, une fois encore.

Il était une fois… Cette phrase magique nous paraît éternelle, sans lieu ni date, la réalisation même de ce qu'elle énonce : une proposition qui ne viendrait de nulle part, d'aucun lieu, mais serait de partout, ne serait d'aucune époque, mais aurait existé de tout temps…

Même les meilleures choses ont une fin, dit-on, et les plus belles histoires, aussi. Elles ont aussi un début. *Il était une fois …* a bien son histoire : elle commence à la fin du XVIIe siècle, en 1695 précisément, à Paris, ou à Versailles, dans ce palais habité depuis peu, en construction perpétuelle, lui aussi, et conçu pour rivaliser avec l'univers merveilleux du conte de fées qui s'en inspire, et qu'il a en retour inspiré. Elle commence dans un cahier d'apparat qu'offre un Académicien vieillissant à une jeune fille qui n'est autre que la fille de Monsieur et de la duchesse d'Orléans, sœur du futur Régent, et qui s'intitule *Contes de ma Mère l'Oye*[8]…

« *Il était une fois…* », c'est ainsi que commence l'enchantement, dans « Peau d'Âne », conte en vers de Charles Perrault, homme de lettres, Académicien, père et, quand paraissent ses *Histoires ou Contes du temps passé*, grand-père d'un grand âge pour l'époque – il a alors 67 ans –, brillant orateur et farouche défenseur des « Modernes ».

Avec Perrault, avec ce *Il était une fois…*, c'est la Modernité qui commence à triompher des textes de la digne et inégalable antiquité gréco-romaine. Loin de renier l'héritage antique, les conteurs et conteuses qui emboîteront le pas à Marie-Catherine d'Aulnoy et à Perrault utiliseront aussi les mythes de l'Antiquité, mais pour en faire des récits qui, à travers leurs motifs antiques, n'ont, aujourd'hui encore, rien perdu de

8 Un premier conte avait paru cinq ans plus tôt, sous la plume de Marie-Catherine d'Aulnoy dans son roman *Histoire d'Hypolite, Comte de Duglas*. Ce conte ne portait pas de titre et il sera plus tard désigné par le titre de « L'Île de la félicité ». Mais il faut attendre 1695 pour que se succèdent les publications de contes indépendants, ou encadrés, notamment dans le premier recueil de contes, les *Œuvres meslées* de Marie-Jeanne Lhéritier de Villandon dont il sera question plus loin. Le statut du conte d'Aulnoy reste donc exceptionnel dans la mesure où il faudra attendre cinq ans pour que naisse la *mode* du conte de fées.

leur modernité. Avec les Modernes, avec leur *Il était une fois…*, véritables mots incantatoires qui font basculer notre esprit dans le merveilleux et dans le magique dès qu'ils sont prononcés, est née notre Modernité, il y a plus de trois siècles.

Avec le conte de fées, c'est d'abord une littérature en langue française qui acquiert, auprès du public du moins, ses propres lettres de noblesse. Avec les Modernes et le conte de fées, corpus qui n'exclut pas la connaissance des cultures antiques, mais ne nécessite pas celle de leurs langues, a lieu une autre grande révolution dans l'histoire des lettres : l'accès des femmes à la littérature[9]. On n'a certes pas attendu les Modernes pour que des femmes écrivent. Marie de France et Marguerite de Navarre, pour n'en citer que deux, avaient déjà fréquenté les muses plus tôt. Mais avec le conte de fées, c'est toute une société de femmes de lettres qui s'exprime dans un genre nouveau et qui connaît un succès immense et immédiat.

Dans la culture de *l'imitatio* du Grand Siècle, culture où les modèles antiques sont présentés comme une norme de perfection, une immense majorité de femmes n'a pas accès à la production de la littérature officielle par manque de connaissance en langues classiques. À l'époque, le latin et le grec ne font pas partie des rares disciplines que pouvait maîtriser une femme chez qui on encourage la maîtrise de la danse et de la musique, et chez qui on tolère un apprentissage aussi superficiel que discret des langues modernes, mais pas des anciennes[10]. Deux siècles plus tard,

9 Pour une histoire détaillée de l'accès des femmes à la culture et à la littérature en particulier, on lira les ouvrages de Joan DeJean, *Tender Geographies. Women and the Origins of the Novel in France* (NY, Columbia UP, 1991), Faith E. Beasley, *Salons, History, and the Creation of 17th-Century France : Mastering Memory* (Ashgate Publishing Company, 2006), Linda Timmermans, *L'Accès des femmes à la culture sous l'Ancien Régime* (Paris, Champion, 2005), Myriam Dufour-Maître, *Les Précieuses. Naissance des femmes de lettres en France au XVIIe siècle* (Paris, Champion, 2008) ainsi que l'œuvre de Delphine Denis, notamment *Le Parnasse galant. Institution d'une catégorie littéraire au XVIIe siècle* (Paris, Champion, 2001). Pour une analyse détaillée de la contribution des femmes auteurs au conte de fées et à la culture, on lira Lewis Seifert, *Fairy Tales, Sexuality and Gender in France : 1690-1715* (Cambridge, Cambridge UP, 1996), Anne Defrance, *Les Contes de fées et les Nouvelles de Madame d'Aulnoy (1690-1698)* (Genève, Droz, 1998), Jean Mainil, *Madame d'Aulnoy et le rire des fées. Essai sur la subversion féerique et le merveilleux comique sous l'Ancien Régime* (Paris, Kimé, 2001), et Nadine Jasmin, *Naissance du conte féminin. Mots et Merveilles : les contes de fées de Madame d'Aulnoy* (Paris, Champion, 2002).

10 Pour une analyse de la Querelle des femmes, voir l'analyse de Linda Timmermans dans « La "Querelle des Femmes savantes" dans la seconde moitié du XVIIe siècle », dans *L'Accès des femmes à la culture sous l'Ancien Régime*, Paris, Champion, 2005, p. 319-386.

ce qui était valable pour les dames de la haute société s'appliquera à toutes les jeunes filles en âge de scolarité, comme le montre clairement la proposition de loi de Camille Sée sur l'enseignement secondaire des jeunes filles adoptée par le Sénat les 9 et 10 décembre 1880 qui déclare encore que « Les langues mortes sont exclues[11] ».

Au Grand Siècle, des romancières avaient déjà pris la plume avant les conteuses contemporaines de Perrault. Avant Marie-Madeleine de Lafayette et Marie-Catherine Desjardins plus connue sous le nom de Madame de Villedieu, Madeleine de Scudéry avait publié les premiers grands succès de librairie de la littérature française, *Artamène ou le Grand Cyrus* (1649-1653), le plus long roman en langue française, ainsi que *Clélie, histoire romaine* (1654-1660). Elle restera un auteur adulé en France, en Angleterre et en Europe à travers les XVIIe et XVIIIe siècles. Son immense popularité irritera bien entendu une partie de la critique, notamment Boileau et les Anciens, et on rira vite, et à gorge déployée, des frasques de *Femmes savantes* et autres *Précieuses ridicules* qui, mauvaises lectrices, se prennent pour autant d'héroïnes romanesques. On les soupçonne de vouloir suivre d'un pas léger et insouciant le chemin tracé par Madeleine de Scudéry dans sa « Carte de Tendre » dont, comble du ridicule, elles voudraient imposer l'épineux parcours à tout prétendant digne de ce nom. Quant à savoir si elles s'en tiendront au rivage ferme de la décence de *Tendre* sans traverser la *Mer dangereuse* pour accoster sur les *Terres inconnues*, rien n'est moins sûr.

Il semble que l'analyse des sentiments qui conduisent d'une *Nouvelle Amitié* à *Tendre* en évitant à la fois l'insipide et plat *Lac d'Indifférence* et la tumultueuse *Mer d'Inimitié* ait pu gêner la critique de l'époque peu friande de discussions de sentiments dirigées par une figure féminine. Nombreuses en furent les parodies. D'une manière indirecte, insidieuse sans doute, ce malaise se fait parfois encore sentir aujourd'hui. La dénomination exacte de « Carte de Tendre », qui n'est qu'un raccourci pour la « Carte (du pays) de Tendre », est ainsi parfois remplacée, à tort, par une « Carte *du* Tendre », qui pourrait faire croire que seul un *homme, un Tendre*, puisse la parcourir. Or, ce n'est pas le cas dans le roman de Scudéry où le voyage est ouvert aux femmes comme aux hommes. Comme le nom de la romancière reste parfois accompagné de son statut de célibataire,

11 Voir « Les lois scolaires de Jules Ferry : la loi du 21 décembre 1880 sur l'enseignement secondaire des jeunes filles » sur le site du Sénat.

faisant de Madeleine de Scudéry une éternelle Mademoiselle, une « vieille fille » donc, les implications de cette combinaison, « La Carte du Tendre par Mademoiselle de Scudéry », nous invite à considérer son invention d'une cartographie galante à l'utilisation exclusive d'*un* Tendre, comme une pure élucubration théorique à l'usage d'un galant qui, dans son cas, ne serait jamais venu.

Plus tard dans le siècle, la critique qui avait été peu encline à reconnaître l'incontestable succès de la romancière, sera moins tendre encore avec les conteuses. La critique s'intéresse assez peu au roman, si ce n'est pour en décrier l'influence néfaste sur les lectrices. Elle s'intéresse moins encore au conte de fées, mais nous en avons cependant gardé un long témoignage, les *Entretiens sur les contes de fées et sur quelques autres ouvrages du temps, pour servir de préservatif contre le mauvais goût* par un certain abbé de Villiers et qui a paru en 1699. Il ne faut sans doute pas généraliser le propos de cette satire à la critique entière, mais les arguments mis en scène dans ces *Entretiens* entre un Parisien et un Provincial sur la littérature et, en particulier sur le conte de fées et le rôle de la femme dans le champ littéraire, nous apportent un éclairage précieux sur ce qu'il convenait, à l'époque, de considérer comme « le bon goût », et son contraire.

Qu'il soit qualifié de mauvaise production contraire au bon goût, ou réduit à n'être qu'un simple enfantillage, le genre nouveau prend, dès sa naissance, les allures d'un phénomène de mode inconnu jusque-là[12]. Qu'importe ce qu'en pensent les rares savants qui s'y intéressent officiellement, on se passionne d'abord dans les salons, puis dans la capitale et à Versailles, puis dans le pays entier, pour ces aventures merveilleuses qui permettent d'oublier, le temps d'un récit oral ou écrit, la morosité ambiante du règne d'un Roi Soleil dont les rayons sont devenus mornes et blafards.

Aujourd'hui, on n'a certes pas oublié Phèdre, ni Bérénice, grandes héroïnes tragiques qui ont tant ému les spectateurs du Grand Siècle et continuent à émouvoir leur public. Cependant, force est de constater que leur renommée n'est en rien comparable à celle d'une de leurs

12 Dans le *Mercure galant* du 1er mars 1697, l'abbé Du Bos qualifie la publication des *Contes des fées* de Marie-Catherine d'Aulnoy de la manière suivante : « Madame Daunoy [*sic*] ajoute un second volume aux Contes de ma mère l'Oye de monsieur Perrault. Notre siècle est devenu bien *enfant* sur les livres, il lui faut des contes, des fables, des romans et des historiettes ».

contemporaines, héroïne d'un genre alors autant décrié que la tragédie était encensée, une jeune fille de bonne famille qui, maltraitée par sa belle-mère et tourmentée par les filles de celle-ci, se voit prêter une belle robe et donner une paire de pantoufles de verre par sa marraine pour aller au bal, et qui finit par devenir princesse. Ne parlons pas de cette autre belle princesse qui, trop curieuse, se pique le doigt à un fuseau et dort cent ans, attendant l'arrivée de son prince charmant.

Si des héroïnes de la tragédie classique ont fait l'objet de recherches scientifiques, et d'adaptations – opéras, tragédies modernes ou encore films –, celles des contes de fées sont aujourd'hui connues, dans le monde entier, dans toutes les tranches d'âge, dans toutes les cultures et dans toutes les langues, elles sont présentes dans tous les médias, anciens et nouveaux, se réinventant depuis plus de trois siècles, au cinéma, dans le dessin animé, dans la chanson, au point de devenir des références dans un domaine qui consacre leur universalité : la publicité.

L'histoire du conte en général, si elle était même possible, serait interminable, comme l'indiquait Charles Giraud il y a un siècle et demi. Et celle du conte de fées, genre devenu universel, est tout aussi problématique dans ses origines que dans son étendue. On a, depuis les déclarations de Charles Giraud, publié beaucoup de critiques sur le conte de fées. Un nombre incalculable de contes nouveaux a paru. À cela il faut encore ajouter les nombreuses récupérations, réécritures, et adaptations de contes classiques dans les nouveaux médias, d'abord au théâtre et à l'opéra, puis en ballet, en dessin animé, au cinéma, en jeux vidéo...

À cette profusion, il faut ajouter qu'il n'y a pas, à proprement parler, *une* seule naissance du conte dont on pourrait essayer de retracer l'histoire. Des contes merveilleux, des histoires de fées, de dragons, de géants, d'êtres célestes, volants, ou, au contraire, souterrains, souriants ou malveillants, on en a raconté de tout temps, depuis que l'humanité parle, depuis qu'elle rêve. On en racontera aussi longtemps qu'elle vivra. On essaierait en vain d'en retracer les origines, et l'histoire que nous en écririons est impossible, puisqu'elle est sans fin. Chaque jour s'écrit de cette histoire une page nouvelle. De plus, comme l'a remarqué avec humour et bon sens un des premiers spécialistes du genre, par son indigeste ampleur, une telle histoire encyclopédique ne serait certainement pas *marquée du doigt des enchanteurs*.

L'immensité et la diversité de ce corpus universel transmis oralement et par écrit, ne doit cependant pas nous faire renoncer au plaisir de revivre quelques épisodes marquants de la naissance et de l'histoire de contes aujourd'hui connus de tous pour mieux comprendre le destin de ces héros et de ces héroïnes qui ont bercé nos rêves et sont présents dans notre quotidien. Car, si on fait et si on écrit des contes depuis toujours, dans toutes les cultures, le conte de fées tel que nous le connaissons aujourd'hui, ainsi que nombre de ses inoubliables princes et princesses, sont bien l'invention d'auteurs contemporains de Louis XIV et de Versailles qui, en plein classicisme ont, pour notre plus grand plaisir aujourd'hui, libéré une imagination bien moderne.

Ce sont ces contes, aujourd'hui universellement connus, ou moins connus pour certains sous leur forme française d'origine, que nous proposons de revisiter, de faire renaître dans leur contexte historique et littéraire, pour mieux en comprendre les transformations et les *avatars* à travers les siècles. Le *Dictionnaire de l'Académie française* définit le mot « Avatar » de la manière suivante : « Dans la religion hindoue, Chacune des incarnations de Vichnou. Par extension, signifie familièrement Changement ou Transformation d'un objet ou d'un individu qui en a déjà subi plusieurs[13] ». Le terme, qui peut faire référence à des êtres, ou des choses, y compris donc des genres littéraires, voire des textes particuliers, permet de souligner le fait que l'état originel d'un conte résulte déjà lui-même de transformations antérieures multiples et polymorphes. Tel un avatar, chaque conte est, comme nous le verrons, le résultat d'éléments narratifs – qu'il s'agisse de personnages ou d'éléments de la chaîne narrative – qui le précèdent, et qu'il dépasse, et reformule, pour devenir une nouvelle figure, un conte nouveau, autre, un *artefact* textuel unique qui n'est plus réductible aux formes qui lui sont antérieures, qui lui ressemblent… mais ne sont pas, ne sont plus *lui*.

Parce qu'il est universel et bien souvent anonyme, le genre du conte de fées se prête parfois difficilement à une analyse de ses origines. Comme l'a souligné Jean-Paul Sermain, « les contes semblent n'appartenir à personne : c'est un bien collectif que chacun pourrait s'approprier […] certains d'entre eux sont universellement connus et en même temps ils n'éveillent pas l'attention due aux grandes œuvres, on oublie presque

13 *Dictionnaire de l'Académie française*, huitième édition, t. 1, 1932.

qu'ils ont été composés par des écrivains[14] ». Reprenant une déclaration d'Italo Calvino sur les Classiques qui sont « des livres que la lecture rend d'autant plus neufs, inattendus, inouïs, qu'on a cru les connaître par ouï-dire », Marc Escola déclare au sujet des contes de Perrault qu'ils « jouissent d'un privilège assez rare : on les connaît sans avoir à les lire[15] ».

Nous allons à présent considérer plus attentivement deux des caractéristiques spécifiques du conte de fées qui peuvent rendre difficile l'identification de versions ou de motifs antérieurs constitutifs d'un conte précis : tout d'abord, ses modes uniques de transmission, et ensuite les enjeux poétiques et idéologiques de ses auteurs qui, pour se distancier d'une production antérieure, ont parfois brouillé, voire effacé, avec plus ou moins de succès, les références explicites aux contes dont leurs versions ont pu s'inspirer.

MODES (INCERTAINS) DE TRANSMISSION DU CONTE DE FÉES

D'une plasticité qui résiste à tous les siècles, le conte de fées a survécu à tous les écueils de l'histoire, de l'évolution des mentalités et de la poétique, qu'il s'agisse de traductions d'une langue à une autre, d'adaptations d'un contexte poétique, idéologique ou politique à un autre, ou encore d'un public à un autre en termes d'âge, de culture et d'époque. On le trouve d'abord faisant les délices des aristocrates amusés de l'Ancien Régime et, deux siècles plus tard, des enfants de la IIIe République, et aujourd'hui, encore, des adultes de tous les âges, bien avant, et bien après encore, les légendaires « de 7 à 77 ans ».

Ce que chaque conte gagne en universalité et atemporalité, il le perd cependant en spécificité, en individualité. Cette particularité du corpus féerique rend la recherche sur le conte de fées difficile voire, parfois, hasardeuse. Non seulement, l'origine d'un conte reste parfois inconnue, mais

14 Jean-Paul Sermain, *Le Conte de fées du classicisme aux Lumières*, Paris, Desjonquères, 2005, p. 7.

15 Marc Escola, *Marc Escola commente les* Contes *de Charles Perrault*, Paris, Gallimard, 2005, p. 11.

même quand elle ne l'est pas – c'est le cas des contes de fées littéraires publiés sous le nom de leur auteur – son mode de transmission conduit également à d'autres incertitudes quant à son origine. Universel, parfois signé mais bien souvent anonyme, le conte de fées littéraire pose un problème spécifique pour la recherche. Comme l'a expliqué Raymonde Robert, pionnière de la recherche sur le conte qui a beaucoup contribué à sa reconnaissance en tant que corpus académique légitime :

> Les contes d'origine populaire ont ceci de particulier qu'ils appartiennent à un patrimoine qui dépasse largement toutes les frontières, qu'elles soient géographiques ou linguistiques. Comme ils n'ont pas d'auteurs repérables, les chercheurs sont encore réduits, à l'époque actuelle, à échafauder des hypothèses pour expliquer où, et quand et comment ils ont été produits. C'est dire que prétendre étudier des textes écrits qui s'en inspirent est une entreprise difficile et parfois aléatoire[16].

Même dans le cas de sources littéraires *possibles*, c'est-à-dire de contes dont l'auteur a été attesté, les dialogues intertextuels qu'on pourrait établir entre ces contes et un corpus antérieur ne peuvent être, au mieux, qu'hypothétiques[17]. Deux sources possibles des contes de fées écrits et publiés en France entre 1690 et 1705, les *Piacevoli Notti* de Giovan Francesco Straparola (1550-1553)[18] et le recueil de Giambattista Basile, *Lo Cunto de li cunti* (1634-1636)[19], soulèvent notamment le problème de la connaissance que pouvaient en avoir les conteurs et conteuses de l'Ancien Régime. Si les *Piacevoli Notti* avaient été traduites dès 1573, le recueil de Basile, en dialecte napolitain, ne sera pas traduit en français au XVIIe siècle, mais en italien, plus facile d'accès que l'original[20]. Mais

16 Raymonde Robert, « Les Conteurs français lecteurs de Basile : Mlle Lhéritier, Mlle de La Force, un auteur anonyme, Cazotte », *The Romanic Review*, volume 99 (2008), numéros 3-4, p. 333.

17 Je reprends ici les termes utilisés par Ute Heidmann dans le même cadre. Heidmann définit le dialogue intertextuel générique du conte de fées comme « un processus dans lequel un texte répond à une proposition de sens faite par un autre texte ». Voir Ute Heidmann et Jean-Michel Adam, *Textualité et intertextualité des contes. Perrault, Apulée, La Fontaine, Lhéritier…*, Paris, Éditions Classiques Garnier, 2010, p. 37.

18 Traduit en français sous le titre des *Nuits facétieuses*. La première édition de 1550 comprend 25 nouvelles. Une seconde partie qui comprend 48 autres fables paraîtra trois ans plus tard. Voir Giovan[ni] Francesco Straparola, *Les Nuits facétieuses*, traduction revue et postfacée par Joël Gayraud, Paris, José Corti, 1999.

19 Traduit en français sous le titre *Le Conte des contes, ou le Divertissement des petits enfants.*

20 Voir l'analyse de R. Robert, « Les Conteurs français lecteurs de Basile », p. 333-334.

même la *possibilité* de lire un recueil de contes ne peut aucunement en garantir la lecture. La présence de certains livres dans des inventaires de bibliothèques n'est pas un signe plus tangible d'influence : on peut très bien ne pas avoir lu un livre qu'on possède, comme on peut très bien avoir lu un livre qu'on ne possède pas, ou que, aujourd'hui, alors que les livres sont moins onéreux, on a partagé par enthousiasme et qui ne revient plus.

Un autre élément contribue encore à la difficulté d'établir avec certitude l'identité de textes spécifiques qui auraient entretenu avec un conte précis un dialogue intertextuel. Contrairement aux autres genres modernes, le conte de fées a une particularité : il est resté un genre à la fois oral et écrit et il n'existe pas de frontière étanche entre les deux modes de transmission. À l'opposition entre un art populaire « essentiellement oral » d'une part et de l'autre un « art savant relevant de l'univers écrit et imprimé », Marc Fumaroli a jadis proposé une autre théorie sur l'évolution du conte :

> S'il y a, dans le domaine du conte, un « art populaire » oral, il est pour le moins *relayé* par l'art savant et écrit. Celui-ci se borne-t-il à faire affleurer l'autre dans la bibliothèque ? Ou est-ce la bibliothèque qui est la source de récits livrés ensuite à une destinée « orale » ? Il pourrait s'agir moins d'une antinomie, que d'un développement en fugue des deux modes de tradition[21].

Dans le cadre de ses infinies variations et reformulations génériques sur le mode de la « fugue », l'analyse de dialogues intertextuels précis de contes de fées est d'autant plus hypothétique qu'elle ne se limite donc pas à l'écrit, mais qu'elle s'étend également aux domaines de l'oral et du visuel. Au XIXe siècle, les illustrations de contes particuliers immortalisées par celles de Gustave Doré, permettent des élaborations narratives à partir de visualisations précises. À partir du milieu du XXe siècle, ce seront les studios Walt Disney qui feront finalement régner le visuel sur le domaine du merveilleux, visuel qui sera repris par l'industrie du cinéma autre que celle du dessin animé. Au tournant du XXIe siècle, ce sera au tour des comédies musicales de remettre en scène des figures et des histoires universelles du conte de fées, une mode qu'avait déjà

21 Marc Fumaroli, « Les Enchantements de l'éloquence : *Les Fées* de Charles Perrault ou De la littérature », dans *Le Statut de la littérature. Mélanges offerts à Paul Bénichou*, textes rassemblés par Marc Fumaroli, Genève, Droz, 1982, p. 155 et p. 153.

connue le genre au tournant du siècle précédent dans des *Féeries* à grand spectacle, comme nous le verrons plus loin.

Atemporel, oral mais aussi écrit, le conte de fées est universel *et* personnel dans la mesure où il est transformé, personnalisé par notre contexte individuel, nos expériences, nos désirs, nos fantasmes et nos phobies, nos angoisses aussi, et formulé par nos mots. Les contes que nous connaissons, qui sont nôtres, sont ainsi un mélange de versions que nous avons entendues, vues, mais aussi lues. Certes, pour être reconnue et identifiée, chaque version qui nous est personnelle doit aussi contenir des éléments communs au conte dans sa version universelle. Mais, comme nous le verrons dans les chapitres qui suivent, c'est précisément dans le détail, dans le *micro*-détail différentiel, que naît chaque nouveau conte sur les bases d'un conte ancien pour devenir un conte *autre* qui pourra survivre dans un nouveau contexte politique, idéologique, et poétique, et s'adapter à des nouveaux lecteurs, auditeurs, ou spectateurs.

Parce que le conte de fées appartient à une encyclopédie à la fois universelle et bien souvent anonyme, il est difficile, et bien souvent impossible, de se souvenir avec précision d'où nous connaissons une version d'un conte de fées en particulier. Où l'avons-nous apprise ? L'avons-nous lue, l'avons-nous entendue, si oui, de quelqu'un qui l'aurait lue, vue, entendue, ou l'aurions-nous vue sous forme d'estampe ou de dessin animé ? D'où nous vient *notre* « Petit Chaperon rouge », *notre* « Cendrillon » ?

Le souvenir, même précis, que nous pourrions avoir de la transmission de certains contes est encore contaminé par d'autres versions que nous lisons, que nous entendons, ou que nous voyons ultérieurement. S'il nous arrive de raconter / re-conter ce conte, nous en donnons souvent une version que nous croyons intacte et que nous attribuons bien à son auteur alors que s'est installée ce qu'on pourrait appeler une autre « grille de lecture » qui fait varier des détails plus ou moins importants de l'histoire originale (celle que nous croyons répéter), bien souvent à notre insu.

On dit que le diable est dans les détails. La féerie aussi…

Un mode particulier de transmission du conte dans lequel plusieurs versions peuvent créer des interférences les unes avec les autres, à notre insu, peut parfois se révéler lors de discussions informelles sur des contes précis. Cela arrive notamment lors d'échanges dans les séminaires que j'enseigne sur le conte de fées. Deux contes en particulier sont souvent ainsi contaminés par d'autres versions. On croit les connaître, on les connaît, on connaît leur auteur, on reconnaît qu'ils sont bien de Perrault, mais la version qu'on a finalement retenue, n'est *pas* celle de Perrault. Il s'agit du « Petit Chaperon rouge » et de « La Belle au bois dormant ». Nous reviendrons plus loin sur ces deux contes plus en détail. Mais remarquons pour le moment que la clôture de ces contes rangés dans notre « bibliothèque universelle » est radicalement différente de celle de Perrault. Nous croyons que le Petit Chaperon Rouge a bien été sauvée, et que le prince de la Belle au bois dormant réveille celle-ci par un baiser magique, prince avec qui elle convole en justes noces : *happy end.* Or, ces versions qui sont largement répandues et souvent attribuées au conteur français, ne sont pas de lui.

« LA BELLE AU BOIS DORMANT »

Dans le cas de « La Belle au bois dormant », une contamination subtile et insidieuse a lieu de la version de Perrault par celle des studios Disney. J'introduirai ici une notion particulière : la lecture du conte que je qualifierai de « en palimpseste ». Dans son ouvrage *Palimpsestes*, Gérard Genette propose des analyses de *transtextualité* qu'il définit de la manière suivante : « tout ce qui met [un texte] en relation, manifeste ou secrète, avec d'autres textes[22] ». Il définit le quatrième type de *transtextualité* sur lequel se concentreront ses analyses, l'*hypertextualité*, de la manière suivante : « toute relation unissant un texte B (que j'appellerai *hypertexte*) à un texte antérieur A (que j'appellerai, bien sûr, *hypotexte*) sur lequel il se greffe d'une manière qui n'est pas celle du commentaire[23] ».

Dans la relecture, dans le souvenir que nous avons mais aussi dans la narration que nous faisons de contes que nous avons déjà lus, mais aussi vus ou entendus, dans ce qu'on pourrait appeler leur « affabulation » personnelle ou, si le mot existait, « re-fabulation », leur remise

22 Gérard Genette, *Palimpsestes. La littérature au second degré*, Paris, Éditions du Seuil, 1982, p. 7.

23 Genette, *Palimpsestes*, p. 13.

en fable, se glisse, très souvent, une grille de lecture parallèle, une sorte d'*hyperversion* qui se grefferait sur *l'hypoversion* et qui n'a pas valeur de commentaire mais plutôt de contamination. Tel un palimpseste, chaque lecture que nous faisons de chaque conte résulte d'éléments lus, mais également entendus, lus, vus ailleurs, et qui s'imposent à nous, *à notre insu.* Quand, dans des séminaires, nous discutons des *détails* d'un conte, des divergences infimes, et donc majeures pour le conte, apparaissent immédiatement entre le conte que les étudiants me *racontent* et celui de Perrault qu'ils ont *lu*. Je prendrai deux exemples : le chevalier et son combat, et le réveil de la princesse.

Quand la discussion tombe sur la caractérisation des personnages du conte, et en particulier sur le prince, un consensus apparaît vite. Le prince agit en véritable chevalier : il est fier, courageux, déterminé à sauver la princesse endormie et à la délivrer du sort maléfique jeté par la fée courroucée qui avait été oubliée pour les festivités du baptême. C'est un chevalier orgueilleux qui défie la nature la plus hostile pour atteindre la tour où est endormie la princesse. C'est un *super-héros.*

Cette caractérisation ne porterait pas à conséquence si on ne croyait pas alors parler du conte de Perrault qu'on a lu ou relu un peu plus tôt. Car, si on croit parler de Perrault, on parle en réalité de la *Sleeping Beauty* des studios Disney, et non pas du texte lu. Le conteur français mentionne bien que, quand la princesse s'endort, « il crût dans un quart d'heure tout autour du parc une si grande quantité de grands arbres et de petits, de ronces et d'épines entrelacés les unes aux autres, que bête ni homme n'y aurait pu passer[24] ». C'est cette forêt à la fois protectrice pour la princesse, et hostile à l'envahisseur, que combat vaillamment le prince des studios Disney, et c'est sur ce détail textuel que nous basons notre projection de la lecture du conte : la forêt qui croît autour du château de la Belle au bois dormant est telle, l'entrelacement d'arbres, de ronces et d'épines est si impénétrable que le prince ne peut la traverser qu'après un combat viril, rude et sans merci, ce que montrent parfaitement les studios Disney.

Quand nous racontons le conte à notre tour, à notre manière, quand il devient nôtre, et que nous le re-fabulons de cette manière, nous *voyons*

24 Perrault, *Contes*, édition critique de Jean-Pierre Collinet, Paris, Éditions Gallimard, 1981, p. 134. Sauf indication contraire, toute référence aux *Contes* de Perrault sera à cette édition.

Disney tout en croyant raconter le conte de Perrault. Mais c'est sans compter/conter sur l'ironie de celui-ci. En effet, chez le conteur français, nous apprenons, au sujet du vaillant prince que, « à peine s'avança-t-il vers le bois, que tous ces grands arbres, ces ronces et ces épines s'écartèrent d'elles-mêmes pour le laisser passer[25] ». Aucun combat ici, puisque la forêt s'écarte d'elle-même face au prince élu. Voilà une fort peu héroïque conquête qui est en réalité due à la grâce, à la prédestination peut-être, mais qui ne doit rien à une économie symbolique faite de gloire, de virilité et d'une certaine dose de testostérone. Chez Disney, c'est bien un tel prince qui vient vaincre une nature hostile pour accéder à la chambre de la Belle : c'est un valeureux chevalier, indomptable, que rien ne peut retenir. Le dessin animé montre d'une manière spectaculaire la détermination mais aussi la force physique du vaillant combattant, non seulement en insistant sur sa force bien physique, mais aussi sur l'ardeur du combat.

Cette caractérisation du chevalier conduit à quelques questionnements sur le sens du conte et ses implications. La figure du chevalier prédestiné dont la seule présence, au bon moment, suffit à dominer une nature farouchement hostile à toute autre personne, s'est effacée devant celle du *super-héros* prêt à tout pour sauver sa princesse endormie. Dans notre culture où se multiplient les films à grand spectacle, et à grand budget, ainsi que les expositions sur les super-héros, il est, semble-t-il, impératif qu'un prince, un héros, mène un furieux combat pour conquérir sa princesse. Serait-il devenu inconcevable que, grâce à une certaine prédestination, il nous serait parfois inutile de mener un fort rude combat tout simplement parce que, pour une raison qui nous échappe, nous serions l'heureux élu, l'heureuse élue, et que, aussi surprenant que cela puisse paraître, les ronces et les épines qui entraveraient le passage de n'importe qui d'autre, s'écartent d'elles-mêmes pour nous laisser passer ?

Quoi qu'il en soit, la forêt de ronces qui s'ouvre d'elle-même pour laisser passer l'heureux prince choisi par la fatalité, ou le destin, ou la baguette des fées ou que sais-je encore, ne semble plus séduire, ou amuser, au point qu'on l'oublie au profit d'un héros des temps modernes dont la motivation, la force physique et la bravoure n'auront d'égale que la récompense : une princesse, d'une beauté inégalée, immobile dans son sommeil qui dure depuis cent ans… Rêve viril, sans doute, et

25 Perrault, « La Belle au bois dormant », dans *Contes*, p. 135.

hétérosexuel de surcroit, qui reste bien dans le cadre de représentations stéréotypées et conventionnelles du rôle de chaque sexe.

Une autre scène centrale du conte subit une contamination similaire de la version de Perrault par celle des studios Disney : le réveil de l'héroïne. Quand la discussion tombe sur la scène du réveil de la princesse, dans une majorité de cas, le même commentaire ressurgit invariablement : c'est le baiser du valeureux chevalier qui a bravé les pires éléments, qui réveille la princesse et obtient ainsi sa récompense.

À la démonstration virile et stéréotypée de courage du chevalier correspond, ici encore, un stéréotype romantique s'il en est : le baiser salvateur, *the kiss of life…* Les studios Disney ont récupéré ce stéréotype, mythe du pouvoir suprême de l'amour rédempteur. C'est ici, en toute logique, bel et bien le baiser du prince qui réveille la princesse. Chez Perrault, en revanche, l'éveil de la princesse a des connotations ironiques tant sa cause est prosaïque. Le prince qui a finalement trouvé la princesse endormie, « s'approcha en tremblant et en admirant, et se mit à genoux auprès d'elle. Alors comme la fin de l'enchantement était venue, la Princesse s'éveilla ; […][26] ». N'eût-il pas été là qu'elle se serait réveillée de toute façon… Avec ou sans lui, cela ne change rien à l'histoire.

La forêt d'épines s'était écartée plus tôt puisque le prince élu devait atteindre le château, et maintenant la princesse se réveille spontanément puisque les cent ans ont passé. Curieux destin pour un conte ironique transformé et finalement immortalisé en lutte féroce d'un chevalier pour sauver sa princesse et la réveiller d'un trop long sommeil par un baiser magique. C'est cette version qui finit bien souvent par s'imposer, et supplanter la version littéraire dont elle dit s'inspirer.

Outre l'ironie à laquelle nous préférons la bravoure et le pouvoir omnipotent d'un baiser de notre prince charmant, le caractère parfois grivois du conte originel est également supprimé dans l'adaptation par les studios Disney, et dans le souvenir que nous gardons du conte après l'avoir *lu*. Dans la version de Perrault, le mariage et la première nuit de noces sont décrits de la manière suivante : « […] après soupé, sans perdre de temps, le grand Aumônier les maria dans la Chapelle du Château, et la Dame d'honneur leur tira le rideau : ils dormirent peu, la Princesse n'en avait pas grand besoin […][27] ». À ce commentaire fait écho un

26 Perrault, « La Belle au bois dormant », dans *Contes*, p. 136.
27 Perrault, « La Belle au bois dormant », dans *Contes*, p. 136.

autre passage dans lequel nous apprenons que, lors de leur première rencontre et du réveil de la princesse, le chevalier est plus embarrassé qu'elle, voire, il est carrément désemparé. Lors de la nuit de noce, les discours du prince furent « mal rangés, [...]. Il était plus embarrassé qu'elle, et l'on ne doit pas s'en étonner ; elle avait eu le temps de songer à ce qu'elle aurait à lui dire, car il y a apparence (l'Histoire n'en dit pourtant rien) que la bonne Fée, pendant un si long sommeil, lui avait procuré le plaisir des songes agréables[28] ».

Que la princesse soit moins embarrassée que le prince pendant la nuit de noces grâce aux nombreux rêves qu'elle a pu avoir en cent ans ne laisse pas planer beaucoup de doutes sur ces rêves. Le ton amusé, adulte et entendu, de ces remarques et de ce qu'elles impliquent disparaît aussi souvent du conte re-fabulé à partir de Perrault chez qui on ne trouve plus, dans le souvenir qu'on en a gardé, de trace d'ironie. Et pour cause, et cela n'est que la suite logique de ce qui précède, les implications de ces remarques sont purement et simplement incompatibles avec l'*image* que nous avons gardée du chevalier. Non, décidément, celui-ci ne peut pas être un valeureux chevalier qui défie les lois d'une nature hostile pour trouver sa princesse, et se révéler n'être dans l'intimité qu'un fort embrouillé benêt. Par contre, ce personnage est tout à fait compatible avec celui devant qui disparaissent comme par magie tous les dangers et qui n'est en rien responsable du désenchantement de la princesse tel que le présente Perrault.

Parallèlement, une princesse qui a eu cent ans pour avoir des songes plaisants qui la guident lors de la rencontre avec le prince et pendant sa nuit de noces où, rêves aidant, elle se trouve plus savante que lui, ne peut *pas* être celle que le prince rend à la vie *et* qu'il éveille à la sexualité par son baiser magique. On a bien lu la version de Perrault, mais qu'importe, le cinéma intérieur que nous reproduisons de ce *texte* quand nous le racontons est bel et bien celui de son *adaptation*, plus conforme à nos valeurs qui soutiennent souvent à notre insu les vertus cardinales des sexes aussi illusoires que tenaces : d'une part, la bravoure masculine et impatiente, au sabre brandi pourfendant une impénétrable forêt et, de l'autre, la naïve et virginale innocence féminine, à la patience éternelle et soumise.

---

28 Perrault, « La Belle au bois dormant », dans *Contes*, p. 136.

« CENDRILLON »

L'analyse, lors de séminaires, d'un autre conte de Perrault, « Cendrillon », peut révéler des traces de contamination similaires. Dans la version des studios Disney dont le générique indique clairement que l'adaptation s'inspire du conte de l'Académicien, *After Charles Perrault*, Cendrillon, douce et entourée d'animaux bienveillants pour seuls protecteurs, est la parfaite victime, innocente et silencieuse, des pires avanies de sa belle-mère et des filles de celle-ci. La morale du conte est sans ambages : qu'il s'agisse de la biblique histoire de celui qui tend l'autre joue, ou de celle pour qui « Tout vient à point à qui sait attendre », une modeste et obéissante patience vient à bout de tout, et finit, inévitablement, par être récompensée.

Mais c'est oublier le personnage que met en scène Perrault qui finit, elle aussi, par épouser le prince, mais n'a rien du personnage que nous croyons connaître. Cendrillon patiente, généreuse et qui pardonne les outrances qu'elle doit subir au quotidien ? Oui, certes… Mais n'oublions pas non plus son hypocrisie manipulatrice. Loin d'être naïve et innocente et d'attendre patiemment un avenir meilleur, Cendrillon est fière, ambitieuse, manipulatrice, vaniteuse. D'aucuns diraient même qu'elle est *passive aggressive.*

Patiente et gentille ? Certes, Cendrillon est patiente, surtout s'il s'agit de veiller au retour du bal pour faire étalage à sa marraine de son triomphe en attendant le retour des filles de sa marâtre, et de prendre un plaisir pervers à écouter le récit de leur fierté humiliée. Au retour de son premier bal, Cendrillon fait le récit à sa marraine de son triomphe non seulement dans l'assemblée, mais aussi auprès du prince. On imagine aisément qu'elle arrive mal à cacher son excitation bien compréhensible à celle à qui elle doit son triomphe. Mais alors qu'elle est emportée par le récit de ce premier triomphe, récit qu'elle fait par le menu et tout excitée, arrivent les filles de la marâtre :

> Comme elle était occupée à raconter à sa Marraine tout ce qui s'était passé au Bal, les deux sœurs heurtèrent à la porte ; Cendrillon leur alla ouvrir. « Que vous êtes longtemps à revenir ! », leur dit-elle en bâillant, en se frottant les yeux, et en s'étendant comme si elle n'eût fait que de se réveiller ; elle n'avait cependant pas eu envie de dormir depuis qu'elles s'étaient quittées.

Cendrillon, souillon de service que la marâtre et ses filles aiment humilier, jouant ce rôle à la perfection, se met donc dans la position où elle peut *apparemment* subir l'ultime humiliation. Elle prétend ainsi se réveiller – que peut faire une petite servante mal fagotée un soir de bal, si ce n'est dormir ? – pour pouvoir enfin entendre le récit des deux sœurs de l'apparition d'une merveilleuse princesse au bal royal auquel *elle* n'a *pas* été conviée, mais qui *n'était autre qu'elle-même* :

> « Si tu étais venue au Bal, lui dit une de ses sœurs, tu ne t'y serais pas ennuyée : il est venu la plus belle Princesse, la plus belle qu'on puisse jamais voir ; elle nous a fait mille civilités, elle nous a donné des oranges et des citrons. » Cendrillon ne se sentait pas de joie : elle leur demanda le nom de cette princesse[29] [...].

Quand les sœurs avouent ne pas connaître le nom de cette princesse, « Cendrillon sourit et leur dit : "Elle était donc bien belle ? Mon Dieu, que vous êtes heureuses, ne pourrais-je point la voir ?" ». Pourquoi Cendrillon « ne se sent-elle pas de joie » ? Est-ce de savoir l'effet qu'elle a eu sur l'assemblée ? Mais elle le sait déjà puisqu'elle y était. Son plaisir ne viendrait-il pas plutôt du fait qu'elle pousse ainsi les deux sœurs à confirmer, si besoin en était, l'effet de sidération que fit son entrée sur l'assemblée et sur les deux sœurs qui prennent si souvent un malin plaisir à l'humilier ? Par une ironie dramatique, les sœurs décrivent ainsi à Cendrillon l'incomparable beauté d'une princesse qu'elles admirent et qui n'est autre que la souillon – « Cendrillon », littéralement, celle qui a le cul dans les cendres – à qui elles font ce récit et qui, non seulement était cette princesse mais, qui, comble de la vengeance, sait que les sœurs parlent d'elle, *sans le savoir*.

Sûre d'essuyer un refus à la demande de pouvoir voir celle belle princesse – chose impossible puisqu'elle ne peut à la fois *être* Cendrillon et celle qui *la* regarde – elle demande alors à l'une de ses sœurs par alliance de lui prêter une robe pour pouvoir aller au bal, « votre habit jaune que vous mettez tous les jours ». Comme elle l'avait anticipé, Cendrillon provoque ainsi la colère et la moquerie de la sœur : « Vraiment, dit Mademoiselle Javotte, je suis de cet avis ! Prêter votre habit à un vilain Cucendron comme cela : il faudrait que je fusse bien folle ». Loin d'être déçue par ce refus, Cendrillon, une fois encore, ne se sent pas de joie :

29 Perrault, « Cendrillon », dans *Contes*, p. 175.

« Cendrillon s'attendait bien à ce refus, et elle en fut bien aise, car elle aurait été grandement embarrassée si sa sœur eût bien voulu lui prêter son habit[30] ».

Cendrillon, victime qui subit les avanies de ses sœurs par alliance sans broncher, sait bien comment il faut s'y prendre pour obtenir de ses adversaires ce qu'elle veut, et à leur insu. Ce que Cendrillon demande, ce n'est pas qu'une des deux sœurs lui prête une de ses robes, mais bien qu'elle confirme son statut de victime à qui on refuse tout, pour que tout lui soit finalement accordé. Cendrillon n'aurait que faire d'une robe, aussi belle fût-elle, ne parlons même pas d'un habit jaune porté tous les jours, qui ne soit – expression courante à l'époque – de la *main des fées*.

C'est parce qu'elle est la victime de sa belle-mère et des deux filles de celle-ci qui la tourmentent, que Cendrillon peut attendrir sa généreuse Marraine. Cendrillon surenchérit sur son rôle de victime pour ne pas obtenir le fameux « habit jaune » dont elle n'aurait que faire. Cette suggestion est du reste tellement incongrue – souillon ou pas, personne ne porte au bal un habit qu'on porte « tous les jours » – que Cendrillon ne peut qu'essuyer un refus, et ainsi s'assurer de la sympathie de sa bienveillante Marraine et donc, par voie de conséquence, ne pas aller au bal dans une banale robe mais bien dans des « habits de draps d'or et d'argent tout chamarrés de pierreries[31] ». Cendrillon ne sait que trop bien que, si elle n'est plus la victime toute désignée, elle n'est plus une princesse en puissance, et qu'elle devra se contenter d'habits qui n'ont rien de magique.

Cendrillon sait qu'elle ne pourra devenir princesse que si elle entretient avec minutie son rôle de victime, et que si elle manipule *et* sa marraine, *et* les ingrates filles de sa belle-mère. Lors du départ au bal des deux sœurs, Cendrillon se met à pleurer, sans nul doute pour que sa marraine la voie et prenne pitié d'elle : « Sa Marraine, qui la vit toute en pleurs, lui demanda ce qu'elle avait. "Je voudrais bien… je voudrais bien…" Elle pleurait si fort qu'elle ne put achever[32] ». C'est parce qu'elle est victime, qu'elle entretient son statut, et qu'elle le montre bien, à cor et à cri, que Cendrillon peut obtenir une robe qui, la mettant au-dessus de la commune des mortelles, lui permettra enfin d'accéder au statut d'heureuse élue, et de princesse.

---

30 Perrault, « Cendrillon », dans *Contes*, p. 175.
31 Perrault, « Cendrillon », dans *Contes*, p. 173.
32 Perrault, « Cendrillon », dans *Contes*, p. 172.

Patiente, Cendrillon l'est, oui, et sans doute n'a-t-elle pas le choix. Mais bienveillante, innocente et naïve ? Sûrement pas, surtout quand il s'agit de ses propres intérêts, au point de devenir carrément malveillante quand il s'agit de faire pâlir d'envie les filles de sa marâtre au bal, non seulement par sa seule apparence, mais également en leur donnant oranges et citrons, luxes suprêmes à l'époque. Ou quand il s'agit de jouer la comédie de la souillon endormie qui leur demande de lui faire, par le menu, le récit de ses propres aventures et de sa propre gloire, récit qu'elles font en toute innocence, pour le plus grand plaisir de celle qui les écoute. Ou encore quand elle leur donne une impression de supériorité d'avoir rencontré cette merveilleuse personne qu'elle ne pourra, hélas, jamais rencontrer, puisqu'il s'agit d'elle-même.

Et pourtant, même après avoir relu le conte, ce n'est pas cette Cendrillon qui ressort du conte que nous en faisons : celle-ci s'efface derrière la figure légère, naïve, sans arrière-pensée et toute de couleurs pastel vêtue des studios Disney, qui supporte avec patience les affres de sa condition de belle-fille haïe et dont la résilience et l'absolue abnégation n'auront d'équivalent que son triomphe final.

ENJEUX POÉTIQUES ET IDÉOLOGIQUES DU CONTE DE FÉES

Dans la transmission du conte de fées, les contaminations possibles entre deux ou plusieurs formes d'un conte, qu'elles soient orales, visuelles ou écrites, sont donc nombreuses et variées et cela, bien souvent à notre insu. Ce qui est valable pour chaque « conteur » et « conteuse » chaque fois que nous faisons d'un conte connu notre propre conte, l'est aussi pour chaque auteur de contes.

Circulant sous des formes orales et écrites avant d'être popularisé mondialement sous des formes visuelles, le conte de fées est, par essence, intertextuel. Ce sont précisément son intertextualité, les infinies et parfois infimes variations de détails ou, pour reprendre l'expression de Ute Heidmann, de « reconfigurations génériques », d'une version ou d'une langue ou d'une époque à l'autre, qui font du conte de fées un genre fascinant[33]. Mais c'est aussi ce qui en complexifie l'analyse et la rend parfois hypothétique dans la mesure où les intertextes sont parfois incertains, quand ils ne sont pas volontairement brouillés par leurs auteurs pour des raisons idéologiques, politiques ou poétiques.

En tant que production écrite, le conte de fées n'échappe pas à une tendance récurrente dans l'histoire littéraire qui veut qu'un corpus marque sa propre identité et sa nouveauté en se démarquant des autres productions antérieures, prenant par rapport à celles-ci une distance stratégique. Dans une apostrophe « Au lecteur » de 1694, Eustache Le Noble reprenait des arguments qui ne sont plus nouveaux à l'époque, mais qui sont particulièrement pertinents dans le cadre du conte de fées qui se forme, et se formule à l'époque :

> Les goûts sur les livres changent de mode chez les Français comme les habits. Les longs romans pleins de paroles et d'aventures fabuleuses, et vides des choses qui doivent rester dans l'esprit du lecteur et y faire du fruit, étaient en vogue dans le temps que les chapeaux pointus étaient trouvés beaux. On s'est lassé presque en même temps des uns et des autres, et les petites histoires ornées des agréments que la vérité peut souffrir ont pris leur place et se sont trouvées plus propres au génie français, qui est impatient de voir en deux heures le dénouement et la fin de ce qu'il commence à lire[34].

En 1694, Eustache Le Noble n'avait peut-être pas anticipé qu'un genre nouveau supplanterait trois ans plus tard le « chapeau nouveau », allant dans le même sens, mais d'une manière beaucoup plus radicale. Si *Ildegerte* s'oppose aux anciens longs romans, cette nouvelle comporte quand même 124 pages pour sa première partie, suivie d'une seconde de 119, soit 243 pages. Certes, certaines nouvelles de Marie-Catherine d'Aulnoy qui contiennent des contes de fées seront aussi longues, mais beaucoup d'autres contes seront nettement plus brefs. À partir de 1697, les productions du genre nouveau et nettement plus court qui envahissent les presses parisiennes et feront les délices du public, auront vite fait de supplanter les longs romans de la première moitié du siècle

33 Voir Ute Heidmann « Le concept de (re)configuration générique », dans Ute Heidmann et Jean-Michel Adam, *Textualité et intertextualité des contes. Perrault, Apulée, La Fontaine, Lhéritier…*, Paris, Classiques Garnier, 2010, p. 34-36.

34 Eustache Le Noble, « Au lecteur », *Ildegerte, Reyne de Norvège*, Paris, chez Guillaume de Luyne, 1694, n.p. Cette préface est reprise dans les *Nouvelles du XVIIe siècle*, introduction par Jean Lafond, édition publiée sous la direction de Raymond Picard, Paris, Éditions Gallimard, Bibliothèque de la Pléiade, 1997, p. 1117-1118.

qu'on lit encore mais qu'on n'écrit plus, mais aussi les *Ildegerte* et autres nouvelles historiques plus courtes et plus réalistes. Ces récits, plus brefs que des nouvelles pour la plupart, sont cependant eux-mêmes remplis de « paroles et d'aventures fabuleuses » qui auraient disparu, et ils renoncent fermement, et avec ostentation, à ne contenir que des « agréments que la vérité peut souffrir ».

Dans le cas des premiers contes de fées littéraires, une telle démarcation poétique par rapport aux romans-fleuves et aux longues nouvelles a également une dimension idéologique qui dépasse les considérations de longueur. La publication des premiers contes de fées littéraires correspond en effet à un épisode de la Querelle des Anciens et des Modernes : la réconciliation, à l'Académie française, le 30 août 1694, d'un Ancien, Boileau, et d'un Moderne que l'histoire a immortalisé comme auteur de contes de fées, Charles Perrault. Dans la dernière décennie du Grand Siècle, si des conteurs et des conteuses du camp des Modernes s'inspirent de sources anciennes attestées, latines et grecques, c'est surtout pour mieux s'en démarquer, et exprimer leur originalité et leur propre modernité par un genre qu'ils revendiquent avant tout comme nouveau.

Quelques années avant de publier ses tout premiers contes en vers, « La Marquise de Salusses ou la Patience de Griselidis » en 1691, « Les Souhaits ridicules » en 1693, et « Peau d'Âne » l'année suivante, Perrault avait fait lire à l'Académie française *Le Siècle de Louis Le Grand*, qui, dès le mois de janvier 1687, prenait la défense des Modernes. Dans ce long poème, Perrault déclare :

> La belle Antiquité fut toujours vénérable,
> Mais je ne crus jamais qu'elle fût adorable.
> Je vois les Anciens sans ployer les genoux,
> Ils sont grands, il est vrai, mais hommes comme nous ;
> Et l'on peut comparer sans craindre d'être injuste
> Le siècle de LOUIS au beau siècle d'Auguste[35].

La rédaction des premiers contes de Perrault date donc de l'époque où l'Académicien défend avec ferveur le parti de la Modernité, prône une production qui respecte l'Antiquité sans y être asservie, et conçoit une création littéraire qui dépasse la sacro-sainte *imitatio*.

35 Charles Perrault, *Le Siècle de Louis le Grand*, dans *La Querelle des Anciens et des Modernes, précédé d'un essai de Marc Fumaroli*, Paris, Gallimard, 2001, p. 257.

Le corpus du conte qui, en quelque sorte, « fermente » déjà dans la société et les salons parisiens et connaîtra un succès fulgurant de 1695 à 1705, s'inscrit dans cette originalité revendiquée : le conte de fées exprime le droit à la création d'un corpus *nouveau* qui intègre des éléments de l'Antiquité, mais les intègre à *sa* manière. Dans la dédicace d'un de ses premiers contes publiés, « Les Souhaits ridicules », Perrault exprime déjà cette idée sur le ton badin qui convient au genre du conte, et spécialement à celui de cette histoire :

> À Mademoiselle de la C*** […]
> Mais vous qui mieux qu'Âme qui vive
> Savez charmer en racontant,
> Et dont l'expression est toujours si naïve,
> Que l'on croit voir ce qu'on entend ;
> Qui savez que c'est la manière
> Dont quelque chose est inventé,
> Qui beaucoup plus que la matière
> De tout récit fait la beauté […][36].

En guise de prélude aux autres contes, rien de mieux pour démontrer la supériorité de la manière sur la matière que cette fort prosaïque histoire d'une aune de boudin racontée avec ironie.

Le contexte de la lutte entre les Anciens et les Modernes pourrait expliquer le parti pris poétique de beaucoup de conteurs et de conteuses. S'il est désormais question de la possibilité d'égaler les Anciens, il ne s'agit cependant pas de faire table rase de l'Antiquité, source intarissable de références littéraires et mythologiques. Il conviendra donc d'utiliser des motifs et des personnages hérités de l'Antiquité mais qui seront habillés à la mode nouvelle. On trouve ainsi par exemple des allusions à l'Antiquité, mais ces références sont bien souvent inscrites dans une distance amusée. Dans le conte dont il a été question, c'est un dieu de l'antiquité, Jupiter, et non pas une fée, qui préside au don de faire « trois souhaits », souhaits *ridicules* du reste puisqu'ils ne serviront finalement à rien.

Pour conclure ses « Enchantements de l'éloquence, ou les Effets de la douceur », une autre conteuse, Marie-Jeanne Lhéritier, déclarait dès 1695 à la destinataire de son conte :

36 Perrault, « À Mademoiselle de la C*** », dans *Contes*, p. 119.

> Je ne sais pas, Madame, ce que vous pensez de ce conte ; mais il ne me paraît pas plus incroyable que beaucoup d'histoires que nous a faites l'ancienne Grèce ; et j'aime autant dire qu'il sortait des perles et des rubis de la bouche de Blanche, pour désigner les effets de l'éloquence, que de dire qu'il sortait des éclairs de celle de Périclès. Contes pour contes, il me paraît bien que ceux de l'antiquité gauloise valent bien à peu près ceux de l'antiquité grecque : et les fées ne sont pas moins en droit de faire des prodiges que les dieux de la fable[37].

Tout en avouant connaître la fable antique, Lhéritier en souligne le caractère invraisemblable. Quant à Marie-Catherine d'Aulnoy, première conteuse de son époque, plus caustique, elle met l'*imitatio* à rude épreuve dans sa nouvelle comique « Le Nouveau Gentilhomme bourgeois » qui sert de cadre à six de ses contes. Un bourgeois de province, ancien marchand parisien ayant fait fortune, s'imagine ici faire grand œuvre en achetant la bibliothèque d'un Académicien pour s'en inspirer. Quand le noble corpus doit être transporté vers la résidence de convalescence du bourgeois, c'est sur une charrette de campagne et « trois ânons ». Le valet responsable du transport se chamaille avec le charretier avant d'en venir aux mains, et toute la bibliothèque finit, sous une pluie battante, dans l'herbe et la boue. Voilà la noble Antiquité devenue illisible, elle qui était déjà transportée par un fort peu noble équipage d'ânons… De là à dire que qui veut répéter ou imiter les nobles classiques *ânone*, il n'y a qu'un pas que franchit la conteuse en riant à gorge déployée[38].

S'ils restent souvent discrets, et indirects, sur les sources antiques qui ont pu les inspirer, les premiers conteurs et les premières conteuses ne sont pas plus explicites sur de potentielles sources plus récentes. Ici aussi, il est rarement question de reconnaître explicitement l'influence d'auteurs ou de textes précis. Un auteur à la mode dans le milieu littéraire du conte de fées, Henriette-Julie de Castelnau, comtesse de Murat, est l'une des rares à avouer s'être inspirée de ces sources plus récentes. Dans l'« Épître : Aux Fées Modernes » qui inaugure ses *Histoires sublimes et allégoriques* publiées en 1699, Murat se dit « bien aise d'avertir le Lecteur de deux choses » :

---

37 Marie-Jeanne Lhéritier, « Les Enchantements de l'éloquence, ou les Effets de la douceur », dans *Mademoiselle Lhéritier, Mademoiselle Bernard, Mademoiselle de La Force et al.*, *Contes*, édition critique établie par Raymonde Robert, Paris, Honoré Champion, 2005, p. 91.

38 Marie-Catherine d'Aulnoy, « Le Nouveau Gentilhomme bourgeois », dans *Contes Nouveaux ou Les Fées à la mode*, édition critique établie par Nadine Jasmin, Paris, Honoré Champion, 2008, p. 309-310.

> La première que j'ai pris les idées de quelques-uns de ces Contes dans un Auteur ancien intitulé, *Les Facétieuses nuits* du Seigneur Straparole, imprimé pour la seizième fois en 1615. Ces Contes apparemment étaient bien en vogue dans le siècle passé, puisque l'on a fait tant d'impressions de ce livre. Les Dames qui ont écrit jusqu'ici en ce genre, ont puisé dans la même source au moins pour la plus grande partie[39].

Un deuxième avertissement concerne plus précisément le conte qui suit, « Le Roi Porc » :

> La seconde chose que j'ai à dire, c'est que mes Contes sont composés dès le mois d'Avril dernier, et que si je me suis rencontrée avec une de ces Dames en traitant quelques-uns des mêmes sujets, je n'ai point pris d'autre modèle que l'original, ce qui serait aisé à justifier par les routes différentes que nous avons prises.

Cette « Dame » n'est autre qu'Aulnoy, dont « Le Prince Marcassin » et « Le Dauphin » sont fort proches de deux contes de Murat : « Le Roi Porc » et « Le Turbot ».

Pressée sans doute par la proximité d'un de ses propres contes modernes et nouveaux par rapport à deux contes d'Aulnoy, Murat reconnaît ici, exceptionnellement, l'existence d'un dialogue intertextuel avec un autre corpus antérieur. Il ne faut cependant pas déduire du silence d'autres auteurs de contes sur leurs propres réseaux intertextuels que ceux-ci n'existent pas[40].

L'analyse des dialogues intertextuels qu'ont entretenus les contes de fées de la première vague peut ainsi se révéler complexe pour des raisons idéologiques, mais aussi poétiques. Le genre naissant se veut résolument moderne, et pour cela, il doit raconter à sa manière une ancienne matière, que celle-ci soit tirée de l'antiquité, de romans médiévaux ou de contes antérieurs qui circulaient de manière orale ou écrite. Il n'est pas question de faire ici preuve d'académisme puisque le conte se présente comme

39 Madame de Murat, « Épître aux fées modernes : Avertissement », dans Madame de Murat, *Contes*, édition critique établie par Geneviève Patard, Paris, Honoré Champion, 2006, p. 200.

40 Charlotte-Rose Caumont de La Force fait une allusion à une autre source dans ses *Contes des contes*. Selon l'auteur, « L'Enchanteur » serait le seul conte qui serait inspiré d'une source littéraire attestée, un « ancien livre gothique, nommé Perseval », qui n'est pas un recueil de contes. Cette déclaration justifierait que tous les autres contes du même recueil seraient de son invention. Elle fait l'objet d'une analyse dans la partie consacrée à un autre conte du même recueil, « Persinette », dans « Métamorphoses du conte II ».

un genre enlevé ou, pour reprendre l'expression de Perrault, « enjoué », qu'on présente parfois comme l'ouvrage d'un enfant (Perrault) quand il n'est pas mis en scène comme le résultat d'un badinage de salon ou comme l'ouvrage de précieuses ridicules de province qui ne se relisent même pas et sont aussi versées dans les *Amadis* qu'elles sont ignorantes des grands classiques de l'Antiquité (Aulnoy).

À part l'allusion aux contes de Straparole par Murat, il est donc difficile d'attester avec certitude l'existence de dialogues intertextuels. Outre le fait que nous ne savons pas toujours sous quelle forme ces contes écrits en italien ou en napolitain circulaient et étaient connus à l'époque, il est parfois difficile de retracer avec certitude les dialogues intertextuels qu'entretiennent ces contes avec un autre corpus dans un genre dont la revendication et l'indéniable attrait étaient qu'ils étaient à la fois nouveaux *et* modernes.

Le phénomène qu'on pourrait qualifier d'amnésie sélective ou de silence stratégique de la part d'auteurs de contes de fées, n'est un phénomène ni typiquement français, ni exclusivement limité au XVIIe siècle. À d'autres moments, dans d'autres langues et dans d'autres pays, des auteurs ont aussi pu prendre par rapport à un corpus antérieur une distance qui a une dimension de nature plus directement idéologique, voire politique. Ce que, bien longtemps avant l'invention même du mot « nationaliste », Eustache Le Noble appelle le « génie français », informera plus d'un siècle plus tard, dans un autre pays, la production d'un corpus qui a, autant que celui de la dernière décennie du Grand Siècle, contribué à définir la notion même du conte de fées : les *Kinder- und Hausmärchen* des frères Jacob et Wilhelm Grimm.

Dans leur « Préface à la première édition du tome 2 » qui a paru 3 ans après le tome 1, soit en 1815, les frères Grimm clameront que « tout ce qui a été puisé dans la tradition orale et réuni ici est purement allemand pour sa naissance et sa mise en forme (à l'exception peut-être du Chat botté) et n'est emprunté de nulle part[41] [...] ». Il s'agit bien entendu d'une stratégie éditoriale dont les implications nationalistes sont évidentes : un corpus « purement allemand », *rein deutsch*, ne peut l'être que parce qu'il est *purement* allemand dès sa *naissance* et aussi dans

41 Jacob et Wilhelm Grimm, « Préface à la première édition du tome 2 (1815) », dans *Contes pour les enfants et la maison, collectés par les frères Grimm*, édités et traduits par Natacha Rimasson-Fertin, tome I, Paris, José Corti, 2009, p. 484.

sa *mise en forme*, comme si le conte était prédestiné à n'être que ce qu'il avait *déjà toujours* été, non seulement dans son origine, sa naissance, mais également dans sa forme : strictement allemand.

Le premier volume des *Kinder- und Hausmärchen* inaugure ce siècle où se concrétise le concept de nation, et où les nations elles-mêmes se définissent d'un point de vue géographique, politique et idéologique par ce que Benedict Anderson a appelé des *Imagined Communities*, des « Communautés imaginées ». Anderson ne parle pas en particulier du conte de fées, mais ce corpus a droit de cité dans un des éléments fondateurs d'une nation qui s'invente et s'imagine : les « artefacts culturels d'un type bien particulier » qui ont contribué à un « imaginaire national », dans ce cas-ci, allemand[42].

Or, l'analyse de ces artefacts culturels est d'autant plus délicate et particulière que le corpus générique du conte est, par essence, international et intertextuel. Pour faire passer pour « purement allemand » le corpus qu'ils ont transformé, les frères Grimm ont dû veiller à oblitérer les influences et les identifications trop évidentes d'éléments hérités de versions antérieures attestées, lues et connues, pour faire de ces contes un corpus nouveau et strictement allemand, et ce, jusque dans le moindre mot qui ne peut trahir aucune origine, et donc aucune influence, étrangère.

L'analyse d'éléments intertextuels peut donc être d'autant plus difficile que certains conteurs ont veillé à « nationaliser » des contes dont ils peuvent très bien connaître les sources, et dont ils peuvent soupçonner leurs lecteurs de connaître d'autres versions antérieures, qu'elles soient italiennes, françaises, ou orientales. Dans le cas des frères Grimm, il était délicat de récrire un corpus en particulier pour en faire des contes « purement » allemands : les contes de la tradition française qui étaient une source à la fois inévitable et inavouable.

Pour des raisons politiques, il était impératif de ne pas avouer une quelconque dette d'inspiration à la France et, pour « germaniser » un corpus de contes, il fallait avant tout le « défranciser ». À l'époque de la publication des *Kinder- und Hausmärchen*, Napoléon et son empire n'avaient pas vraiment bonne presse en Allemagne. La publication du tome 2 correspond exactement à la défaite française à Waterloo. S'il

42 Voir Benedict Anderson, *Imagined Communities*, Londres, Verso, 1983 ; *L'imaginaire national. Réflexions sur l'origine et l'essor du nationalisme*, traduit de l'anglais par Pierre-Emmanuel Dauzat, Paris, Éditions de la Découverte, 1996, p. 18.

s'agissait bien de construire une identité nationale allemande, il était hors de question de baser les fondations de celle-ci sur un corpus venant de cet encombrant et turbulent voisin qui avait fait de sérieux ravages outre-Rhin. La littérature de cet empire qui avait subi une défaite à Waterloo après avoir tourmenté l'Europe entière, ne pouvait être la source d'inspiration pour une nation dont il était question de former la morale et les mœurs par la « collecte » d'un corpus national de contes.

Ironiquement, ce corpus qu'il fallait à tout prix éviter, les frères Grimm ne pouvaient pas non plus l'ignorer. Les conteurs et les conteuses français de l'Ancien régime avaient en effet contribué à l'élaboration d'un corpus qui, pour l'époque et pour l'Europe, constituait un trésor unique. Ce corpus imposant avait été réuni durant les dernières années de l'Ancien Régime dans *Le Cabinet des fées* (1785-1789), en rien de moins que quarante-et-un volumes, et encore, ceux-ci ne proposant qu'une « *Collection choisie des contes de fées et autres contes merveilleux* » qui avaient paru entre les dernières années du Siècle de Louis XIV et la Révolution. Comment construire des héros et des héroïnes purement « allemands » à partir d'un tel héritage ? Nous verrons plus loin comment les frères Grimm ont cru y réussir.

Les contes de fées ont existé de tout temps, depuis que l'homme et la femme rêvent, parlent et ensuite, ont écrit. Si toute culture a eu son propre merveilleux, les contes qui ont le plus façonné l'imaginaire occidental, et universel ensuite, se sont cristallisés pour la première fois à une époque bien précise : dans la dernière décennie du siècle de Louis XIV et la première du siècle suivant. Lors de la renaissance du conte de fées au XIXe siècle, après une longue période de silence, en plein positivisme, la critique a été prompte à souligner que les contes de l'Ancien Régime qui étaient alors réhabilités, tous contemporains de Perrault et Aulnoy, avaient alors en réalité été transformés, et non pas inventés. Leurs auteurs auraient ainsi « rhabillé » d'antiques légendes pour les faire renaître dans les jardins tracés par André Le Nôtre. Selon un spécialiste, auteur *Du merveilleux dans la littérature française sous le règne de Louis XIV* :

> Le dix-septième siècle n'a réellement rien créé de nouveau en ce genre. Mais il a employé les espèces multiples de Merveilleux, héritées de littératures ou de générations antérieures ; léguées par l'antiquité classique, par l'antiquité chrétienne, chevaleresque, gauloise, ou comme s'exprime Chapelain, par

> l'« antiquité moderne ». À toutes ces idées « reçues » le dix-septième siècle imprima un caractère et prêta sa langue. Ses anges, ses démons, ses dieux, ses fées, ses sylphes, ses enchanteurs…, parlent Vaugelas […][43].

Pour bien mesurer la transformation qu'ont opérée les conteurs et les conteuses de la dernière décennie du Grand Siècle, il faudrait imaginer ce que devient une héroïne quand elle passe d'un dialecte napolitain aux allures baroques au « français de Vaugelas », et de Naples aux jardins de Versailles dessinés par Le Nôtre[44]. Resterait-elle la même héroïne ? Les conteurs et conteuses de la dernière décennie du Grand Siècle n'ont peut-être pas inventé la *matière* du conte de fées. Mais ils ont eu une influence déterminante sur la *manière* de la raconter.

Depuis plus de deux siècles, jamais les contes n'ont repris leurs habits d'antan. Ils ont peut-être perdu quelque peu de leur « poudre », mais jamais ils ne sont redevenus les contes de jadis qu'ont connus les conteurs et conteuses de l'Ancien Régime. Ceux-ci les ont rhabillés de la même manière que la bienveillante marraine avait rhabillé Cendrillon pour le bal. L'héroïne reste la même, mais sous de nouveaux habits, elle n'est plus la même. Preuve en est que celles qui la connaissent, ne la reconnaissent plus.

Les héros et héroïnes qui ont bercé nos rêves d'enfants ne sont pas nés d'un coup de baguette magique. Ils sont nés d'une longue tradition, et on peut étendre à ses contemporains et contemporaines ce que Mathurin de Lescure déclare au sujet de Perrault qui aurait « recueilli

---

43 Victor Delaporte, dans *Du merveilleux dans la littérature française sous le règne de Louis XIV*, Paris, Retaux-Bray, 1891, p. 8 et 9.

44 Chaque conte de *Lo Cunto de li cunti* est délégué à une des dix femmes difformes qu'un prince, Tadeo, a réunies pour qu'elles fassent à sa femme – une usurpatrice mais qui porte son enfant – des contes jusqu'à ce que celle-ci accouche. Aux difformités physiques de ces dix conteuses correspondent des difformités « onomastiques » dans un dialecte, le napolitain littéraire qui, comme le souligne Françoise Decroisette, « s'inscrit historiquement dans une perspective à la fois politique et culturelle ». Elle voit dans cette expression comique, et baroque, la « recherche d'un support expressif, rythmique et dramatique plus riche, plus nouveau, moins conventionnel que le toscan académique imposé par les humanistes florentins et figé dans l'imitation formelle de Pétrarque ». Il convient donc de voir dans la langue napolitaine de Basile volontiers grivoise, voire carrément scatologique, une expression « différente, libérée de tout académisme ou de tout pétrarquisme désincarné ». Voir Françoise Decroisette, « Les Enjeux de l'imagination et du savoir », dans Giambattista Basile, *Le Conte des contes, ou le Divertissement des petits enfants*, traduction du napolitain de Françoise Decroisette, Strasbourg, Édition Circé, 1995, p. 17-20.

ces canevas populaires, et les a quelque peu habillés, brodés, poudrés [...][45] ». Il s'agit, pour estimer la véritable contribution des conteurs et conteuses louis-quatorziens au genre du conte de fées tel que nous le connaissons, de déterminer « la proportion du double élément de la tradition et de l'invention » de ces chefs-d'œuvre dont on disait déjà en 1883 qu'ils ont « inauguré chez nous un genre littéraire qui a vécu deux siècles, qui dure encore[46] ». Et qui, plus d'un siècle plus tard, est plus que jamais vivant.

Les deux moments de l'infinie et insondable histoire du conte de fées que nous proposons de revisiter ici constituent les deux épisodes fondateurs de son histoire en tant que genre littéraire. L'analyse du contexte historique, idéologique et littéraire de ces deux époques clefs de l'histoire du conte de fées nous permettra de mieux comprendre la naissance et l'évolution de héros et héroïnes dont on raconte, aujourd'hui encore, les aventures, mais aussi de mieux saisir le sens de nos propres rêveries, nos propres songes, nos propres « Il était une fois... ».

La Première partie de cet essai sera consacrée à la naissance du conte de fées littéraire, en France, dans la dernière décennie du Grand Siècle. Cette naissance a eu lieu sous l'étroite surveillance de deux « marraines », un double contexte à la fois historique, politique, idéologique, et littéraire : la Querelle des Femmes, et la Querelle des Anciens et des Modernes. Nous analyserons d'abord le point de vue des Anciens tel qu'il est soutenu par Boileau et, ensuite, celui des Modernes tel qu'il apparaît dans deux ripostes théoriques, par deux des tout premiers auteurs de contes de fées, Charles Perrault et Marie-Jeanne Lhéritier de Villandon. Les débats qui ont lieu autour du conte de fées nous permettront de mieux comprendre à la fois son caractère essentiellement moderne, et le rôle qu'il a joué dans l'évolution de la femme sur la scène littéraire.

Dans la partie suivante, « Métamorphoses du conte I », j'analyserai comment, dans « Les Enchantements de l'éloquence », conte de fées inclus dans son tout premier recueil, Marie-Jeanne Lhéritier utilise le genre naissant pour contrer le point de vue des Anciens, à la fois sur la

45 Mathurin de Lescure, *Le Monde enchanté, choix de douze contes de fées de Perrault, Mlle Lhéritier, Mme d'Aulnoy, Mlle de La Force, le comte de Caylus, Mme Leprince de Beaumont précédé d'une histoire des fées et de la littérature féerique en France*, Paris, Firmin-Didot, 1883, p. III.

46 M. de Lescure, « Histoire des fées et de la littérature féerique en France », dans *Le Monde enchanté*, p. XXXI-XXXII.

légitimité d'une création littéraire moderne, mais également sur celle des femmes à la fois en tant qu'auteur et lectrice.

Dans le chapitre suivant, « Métamorphoses du conte II », j'analyserai le destin d'une héroïne aujourd'hui connue du grand public par les adaptations musicales à grand spectacle qui en sont faites, « Rapunzel ». Nous verrons comment, alors qu'elles sont aujourd'hui attribuées aux frères Grimm, ses aventures commencèrent en réalité dans un recueil en dialecte napolitain du début du XVIIe siècle pour se cristalliser ensuite dans un conte bien français et contemporain de l'époque de Louis XIV que les frères Grimm ont rhabillé plus d'un siècle plus tard.

La deuxième partie de cet essai est consacrée au retour du conte de fées de l'Ancien Régime dans la seconde moitié du XIXe siècle après une longue période de silence. Nous y verrons comment, en pleine pensée unique du Positivisme, les voix de pédagogues et de critiques s'élèvent contre un scientisme conquérant, et réclament un retour de l'imagination, du merveilleux, et en particulier, du conte de fées.

J'analyse dans cette partie la renaissance polymorphe des contes louis-quatorziens, ceux de l'auteur de contes de fées le plus populaire et le plus prolifique de la dernière décennie du Grand Siècle d'abord, Marie-Catherine d'Aulnoy (« Métamorphoses du conte III ») et ensuite, ceux du conteur immortalisé par ses créations telles que Cendrillon, le Petit Chaperon Rouge et La Belle au bois dormant, Charles Perrault (« Métamorphoses du conte IV et V »).

Nous verrons dans ces deux dernières parties comment des contes publiés dans la dernière décennie du Grand siècle et qui s'adressaient à des adultes, aristocrates ou mondains qu'ils amusaient, ont pu s'adapter, plus d'un siècle et demi plus tard, à un nouveau public : les enfants de la république à qui ils sont censés inculquer un sens moral et des vertus bien civiques.

Parlant du palais de Versailles, Joseph Joubert a écrit en 1806 que « L'Antiquité finit en 1715[47] ». Dans le contexte de la Querelle des Anciens et des Modernes, de l'imitation d'une part et de la création littéraire à partir d'anciennes légendes, d'anciens textes, il se peut que notre Modernité ait déjà commencé plus tôt, en 1690, sur une île… *L'Île*

47 Joseph Joubert, *Nouvelles considérations sur le palais de Versailles* (1806). Voir Marc Fumaroli, « Préface : loisirs et loisir », dans *Le Loisir lettré à l'Âge classique. Essais réunis par Marc Fumaroli, Philippe-Joseph Salazar et Emmanuel Bury*, Genève, Droz, 1996, p. 20.

de la félicité. Au XIXe siècle, Charles Giraud, ardent défenseur du conte de fées, déclarait à la destinataire de son édition critique des *Contes* de Perrault : « L'histoire des contes embrasse ainsi, vous le voyez, l'histoire universelle ; la mettre ici en quelques pages, c'est la mer à boire[48] ». Loin de vouloir parcourir cet infini océan, cet essai propose d'en parcourir un territoire limité, mais significatif, de retracer quelques épisodes qui ont joué un rôle central dans la formation du conte de fées tel que nous le connaissons aujourd'hui.

48 Charles Giraud, « Lettre critique », dans *Les Contes des fées en prose et en vers de Charles Perrault*, Paris, Imprimerie Impériale, 1864, p. IV.

PREMIÈRE PARTIE

NAISSANCE ROYALE D'UN GENRE NOUVEAU

J'ai ouï parler d'une Dame qui a fait de ces Contes de Fées, et qui est la première à se moquer et des Libraires et des Lecteurs qui les ont achetés. Elle dit partout que c'est la plus mauvaise marchandise du monde ; mais enfin on en veut, dit-elle, on me les paie bien, j'en donnerai tant qu'on voudra.
« Le Provincial », dans l'abbé DE VILLIERS, *Entretiens sur les contes de fées et sur quelques autres ouvrages du temps, pour servir de préservatif contre le mauvais goût* (1699).

La naïveté bien entendue, n'est pas connue de tout le monde.
M.-J. LHÉRITIER, « À Madame D. G** », *Œuvres meslées* (1695).

LES *CHIMÈRES* SOUS LOUIS XIV

Le conte de fées, « la plus mauvaise marchandise du monde »

La première vague du conte de fées littéraire qui allait non seulement catalyser les éléments merveilleux qui lui pré-existaient en un genre bien défini, mais aussi nous laisser tant d'histoires, de héros et d'héroïnes en héritage, remonte à la dernière décennie du Grand Siècle. En sa fin, ce siècle qui connaissait le triomphe de la toute-puissante tragédie, avait aussi trouvé un exutoire dans un merveilleux débridé. À l'époque de la Révocation de l'Édit de Nantes et des heures sombres d'un règne qui avait brillé de mille feux mais qui préférait désormais aux fastes d'antan une sévérité, un esprit sombre, hypocrite, voire dévot, s'éleva un vent de libération de l'esprit et de l'imagination. Cet esprit, cette quête de liberté, ce besoin d'un ailleurs plus souriant, à défaut de s'exprimer à Versailles, donnera naissance à un corpus où tout est possible, un corpus où règne le faste le plus extravagant et où l'injustice est défaite.

Au tournant d'un autre siècle, deux siècles plus tard, dans son analyse *Du Merveilleux dans la littérature française sous le règne de Louis XIV*, Victor Delaporte déclarera : « [...] il est dans la nature de tout système d'engendrer son contraire[1] ». Dans la dernière décennie du Grand Siècle, le conte de fée naît et se développe en véritable phénomène de mode littéraire en réaction à deux éléments. Dans le conte de fées, des aristocrates peuvent enfin échapper à une toute-puissante raison perçue comme opprimante. Dans l'univers merveilleux qui est celui du conte de fées, ils peuvent également se soustraire à l'ennui qui accompagne une vie désœuvrée passée dans l'ombre de l'auto-proclamé Roi Soleil. On trouve également dans cet univers des rois et des reines, des princes et des princesses brillants dont les aventures échappent aux règles élémentaires

1 Victor Delaporte, *Du merveilleux dans la littérature française sous le règne de Louis XIV*, Paris, Retaux-Bray, 1891, p. 5.

de la plus simple raison et dans lesquelles la raison du plus fort n'est pas toujours la meilleure. Que volent des chars faits de plumes éthérées tirés par des dragons… tout est bon pour échapper au *hic et nunc.*

Dans une lettre datée du 30 septembre 1706, Boileau exprime sa plus grande surprise sur les croyances de ses contemporains. Il reproche ainsi à son ami Brossette, avocat lyonnais, d'être tombé « dans un panneau si grossier » en accréditant les récits faits au sujet d'un « Homme à la baguette » et les paroles d'un

> Misérable dont la fourbe a été ici entièrement découverte et qui ne trouverait pas même présentement à Paris des enfants et des nourrices qui daignassent l'entendre. C'était au siècle de Dagobert et de Charles Martel qu'on croyait de tels imposteurs mais sous le règne de Louis-le-Grand, peut-on prêter l'oreille à de pareilles chimères et n'est-ce point que depuis quelque temps, avec nos victoires et nos conquêtes, notre bon sens s'est aussi en allé[2] ?

Pour Boileau, la grandeur du Siècle de Louis XIV était incompatible avec de telles « chimères », ces croyances vaines et irrationnelles que personne, *même* « des enfants et des nourrices », ne devait accréditer. Mais peut-on, aujourd'hui encore, s'en étonner ?

La dernière décennie du siècle de Descartes et du classicisme avait, semble-t-il, besoin du contraire de toute cette raison. C'est en tout cas ce que déclare Perrault en guise d'introduction à l'un de ses premiers contes :

> Pour moi, j'ose poser en fait
> Qu'en de certains moments l'esprit le plus parfait
> Peut aimer sans rougir jusqu'aux Marionnettes ;
> Et qu'il est des temps et des lieux
> Où le grave et le sérieux
> Ne valent pas d'agréables sornettes.
> Pourquoi faut-il s'émerveiller
> Que la Raison la mieux sensée,
> Lasse souvent de trop veiller,
> Par des contes d'Ogre et de Fée
> Ingénieusement bercée,
> Prenne plaisir à sommeiller[3] ?

2 Boileau, Lettre du 30 septembre 1706, dans Boileau, *Œuvres complètes*, introduction par Antoine Adam, textes établis et annotés par Françoise Escal, Paris, Gallimard, Bibliothèque de la Pléiade, 1966, p. 704. J'ai modernisé l'orthographe.

3 Perrault, « Peau d'âne », dans *Contes*, p. 97.

En cette fin de siècle, ce qui pour l'un représente d'étonnantes « chimères », et pour l'autre, d'« agréables sornettes », a pourtant bel et bien envahi les presses et conquis Paris, donnant à ses nombreux lecteurs et à ses nombreuses lectrices un plaisir que personne ne boudait.

La popularité du conte de fées fut telle qu'un siècle plus tard, on en parlait encore tant elle restait inexpliquée. Quelques années avant la Révolution, quand paraissent les contes de l'Ancien Régime réunis dans *Le Cabinet des fées*, Charles-Joseph Mayer fait précéder sa « Notice des Auteurs qui ont écrit dans le genre des contes de fées » d'un « Discours sur l'origine des contes des fées ». Et pour introduire ce discours préliminaire, il cite Antoine Hamilton (1646-1720), auteur de contes parodiques qui a lui-même connu la première vague du conte de fées au tournant du siècle précédent et pour qui :

> Les contes ont eu pour un temps
> Des lecteurs et des partisans ;
> La Cour même en devint avide,
> Et les plus célèbres romans
> Pour les mœurs et les sentiments,
> Depuis Cyrus jusqu'à Zayde,
> Ont vu languir leurs ornements,
> Et cette lecture insipide
> L'emporter sur leurs agréments.
>
> En vain des bords fameux d'Ithaque,
> Le sage et renommé Mentor
> Vint nous enrichir du trésor
> Que renferme son Télémaque [...]
> La vogue qu'il eut dura peu ;
> Et las de ne pouvoir comprendre
> Les mystères qu'il met en jeu,
> On courut au Palais les rendre,
> Et on s'empressa d'y reprendre
> Le Rameau d'or et L'Oiseau bleu[4].

---

4 Antoine Hamilton, « Les Quatre facardins, Conte », cité dans le « Discours sur l'origine des Contes des fées », *Le Cabinet des fées, ou Collection choisie des Contes des fées, et autres Contes merveilleux*, t. 37, Amsterdam, 1786, p. 2-3. Voir aussi *Le Nouveau Cabinet des fées*, Genève, Slatkine reprints, 1978, p. 2-3. La citation est reprise de l'édition critique *Antoine Hamilton, Jean-Jacques Rousseau, Henri Pajon, Jacques Cazotte et al.*, édition critique établie par Anne Defrance et Jean-François Perrin, Paris, Honoré Champion, 2008, p. 538-539.

Au début du siècle, Hamilton lui-même n'avait pas résisté à la tentation d'apporter sa propre contribution à ce qu'il appelle sur un ton amusé « un fatras qu'on lut par le monde[5] ». Plus qu'une condamnation de la légèreté des lecteurs que Du Bos avait qualifiés d'« enfants », il faut voir dans le commentaire amusé d'Hamilton un clin d'œil complice à ceux qui se passionnèrent au tournant du siècle pour les contes de fées dont il avait lui-même donné des exemples plaisants et ironiques.

Mais « fatras » ou « sornette », on avait bien délaissé, brièvement peut-être, mais en masse, les romans les plus connus, dont le *Artamène ou le Grand Cyrus*, best-seller inégalé de Madeleine de Scudéry (1649-1653), *Zayde*, une nouvelle espagnole de Marie-Madeleine de Lafayette (1671), mais aussi le plus docte *Télémaque* (*Les Aventures de Télémaque*, 1699) de Fénelon, exact contemporain de la première vague de contes de fées, pour les échanger contre des contes d'un auteur alors en vogue, Marie-Catherine d'Aulnoy (1651-1705) dont les *Contes des fées* qui contiennent « Le Rameau d'or » et « L'Oiseau bleu », avaient passionné les lecteurs dès 1697.

Tout le monde, bien entendu, ne voyait pas cette mode d'un œil si amusé… Un abbé irrité allait clôturer le siècle par la publication de ses *Entretiens sur les contes de fées et sur quelques autres ouvrages du temps* qu'il avait écrits *Pour servir de préservatif contre le mauvais goût.* Modeste tâche s'il en est, et dont il avait dédié les fruits aux membres de l'institution à laquelle il incombait officiellement de garder le *bon* goût sous une stricte Appellation d'Origine Contrôlée : l'Académie française.

Pour préserver ses contemporains de ce mauvais goût, l'abbé de Villiers a choisi un genre littéraire qui s'inspire des salons mondains, les entretiens, genre qu'avait déjà mis à la mode Fontenelle dans ses *Entretiens sur la pluralité des mondes* en 1686. Les *Entretiens* de Villiers mettent en scène un Parisien informé, et un Provincial étonné par la scène littéraire parisienne qu'il découvre. Par ses étonnements, l'ingénu provincial permet à l'abbé de souligner les nombreuses incongruités de cette fin de siècle dont la littérature courue du grand public serait décadente (mais quelle fin de siècle ne l'est pas ?), et de vilipender le mauvais goût qui

5 Hamilton, « Les Quatre facardins », éd. Defrance et Perrin, p. 541. La date de rédaction des « Quatre facardins » remonte au début du XVIIIe siècle, et elle ne dépasse pas 1717. Il faudra attendre 1730 pour que ce conte paraisse. Voir la « Notice » de l'édition citée, p. 532-533.

régnait alors. Dans tout ce « fatras » indigne du Grand siècle, celui de Louis XIV et de l'Académie française, de Versailles, de Vaugelas, et de Le Nôtre, parmi toute cette littérature qui aurait corrompu le *bon* goût, une production en particulier mérite d'être dénoncée : le conte de fées.

LE CONTE DE FÉES, CES CONTES À DORMIR DEBOUT, QUE LES NOURRICES ONT INVENTÉS POUR AMUSER LES ENFANTS...

La première critique faite par l'abbé de Villiers à l'encontre du conte de fées est que celui-ci aurait dû rester l'apanage de nourrices ignorantes et que, oubliant ce modeste rôle, il a non seulement déferlé sur la scène littéraire mais encore supplanté tous les autres genres. L'attribution de l'invention de contes de fées à de légendaires nourrices est un topos omniprésent dans la critique du conte de fées, et les auteurs de contes elles-mêmes le récupéreront à leurs propres fins. La nourrice, en effet, est associée à une crédulité sans borne, comme allait le rappeler Boileau au début du siècle suivant.

Or, au XVIIe siècle, des auteurs transforment radicalement certains de ces récits attribués à des nourrices pour en faire un genre nouveau. En quelques années, les contes de fées qui paraissent par dizaines vont non seulement provoquer un engouement de la part du public, mais également un raz-de-marée littéraire inédit. Pour reprendre l'expression amusée d'Hamilton, on court chez les libraires du Palais-Royal rendre les *best-sellers* de l'époque pour y prendre de gros volumes de contes produits par des femmes que l'on qualifie d'ignares ou tout au moins d'incultes parce qu'elles sont peu versées en littérature et en culture antiques. Que l'on rapporte, avec empressement, les anciens romans pour leur préférer les aventures abracadabrantes d'un Oiseau bleu, passe encore, mais échanger les écrits du fort sérieux Fénelon pour de telles lectures, cela n'amusait pas tout le monde en 1699.

Il faut bien entendu replacer les *Entretiens* de Villiers dans leur contexte historique, et dans celui de leurs dédicataires : « messieurs de l'Académie française ». La même Académie avait été le siège de débats acharnés entre

Anciens et Modernes, et entre leurs porte-paroles, Perrault et Boileau, réconciliés officiellement quelques années avant la parution des *Dialogues.* Mais si leur rivalité s'était adoucie, les débats qui opposaient les deux camps étaient toujours d'actualité, et leurs enjeux toujours pertinents.

À l'unisson avec Boileau et les Anciens, Villiers inclut dans ses *Entretiens* des discussions qui prennent une position chère à ceux-ci : la connaissance des auteurs classiques et leur imitation. Les Modernes n'avaient jamais prétendu que cette connaissance était inutile. Ils avaient pour les classiques un grand respect, sans pour autant renoncer à des créations originales qui pouvaient rivaliser avec celles de l'Antiquité, comme en témoigne Perrault dans *Le Siècle de Louis XIV*, poème lu à l'Académie française le 27 janvier 1687. « La belle Antiquité », y avait-il déclaré, « fut toujours vénérable » mais « […] l'on peut comparer sans craindre d'être injuste / Le siècle de LOUIS au beau siècle d'Auguste[6] ».

Dans ses *Entretiens*, Villiers insiste d'abord sur les vertus inégalées des Anciens, et sur l'absolue nécessité de les avoir lus et de les connaître. Or, les contes de fées qui ont envahi les presses à partir de 1695 seraient l'ouvrage d'auteurs qui ne cacheraient pas leur ignorance, et en particulier celle des auteurs classiques. Pour le Parisien, plus éclairé que son protagoniste, la connaissance des auteurs classiques est certes nécessaire pour quiconque prétend écrire, mais elle doit être complétée par une autre connaissance, celle du monde. Par un mouvement circulaire, celle-ci ne peut à son tour prendre son véritable sens que quand elle est couronnée par la connaissance des Anciens :

> LE PROVINCIAL. – J'avoue que Molière étudia ; mais je crois qu'il n'étudia que le monde, ou du moins que sa plus grande étude fut celle-là.
>
> LE PARISIEN. – Croyez-vous que ce ne soit rien que d'étudier le monde ? Donnez-moi un Auteur qui ne sache le monde ; je le trouverai très savant, et je ne serai point étonné qu'il veuille faire des pièces de Théâtre et composer des Livres ; mais croyez-moi, il est plus aisé de savoir à fond la Poétique d'Aristote et celle d'Horace, que de bien connaître le monde ; je dis plus ; un homme qui voudra bien étudier le monde, ne bornera pas son étude à ce qui se passe tous les jours dans le monde ; il y joindra celle des meilleurs Auteurs[7].

---

6 Charles Perrault, *Le Siècle de Louis le Grand*, dans *La Querelle des Anciens et des Modernes, précédé d'un essai de Marc Fumaroli*, Paris, Gallimard, 2001, p. 257.

7 Pierre de Villiers, *Entretiens sur les contes de fées, et sur quelques autres ouvrages du temps, pour servir de préservatif contre le mauvais goût*, Paris, Collombat, 1699, p. 65-66.

Le Parisien de Villiers regrette que toute cette production littéraire nouvelle soit laissée aux mains d'auteurs qui « ne veulent pas se donner la peine d'étudier et de devenir savants[8] ». Ce phénomène a pour conséquence une production aussi importante qu'importune, une production :

> [...] qui a rempli le monde de tant de Recueils, de tant de petites Historiettes ; et enfin de ces ramas de contes de Fées, qui nous assassinent depuis un an ou deux. Si nous n'avions point eu d'ignorants entêtés de l'envie de faire des Livres, nous n'aurions jamais vu tant de sottises imprimées[9].

Ces « ignorants » sont avant tout constitués par une catégorie de personnes bien particulière, celle qui inclut la moitié du genre humain : les femmes à qui sont interdits non seulement l'accès aux langues et aux auteurs classiques mais aussi la connaissance du monde.

Au XVIIe siècle, le nombre de femmes versées dans la culture et les lettres antiques reste infime. On cite souvent le cas d'Anne Dacier (1645-1720), philologue avant la lettre et traductrice, mais on la mentionne précisément parce qu'il s'agit d'un contre-exemple. Fort peu soucieuses de modèles qu'il faudrait imiter et dont l'accès leur est fortement déconseillé si elles ne veulent pas être qualifiées de *savantes*, un nombre important de femmes allait accéder à la scène littéraire par deux genres résolument modernes : le roman et le conte de fées[10]. La critique à peine cachée de ces auteurs « ignorants » ne tardera pas à prendre rapidement une forme plus ciblée. Les *sottises imprimées*, ce ramassis d'inepties qui *assassine* les lecteurs depuis quelques années, sont ainsi dénoncés comme étant l'apanage des femmes :

> LE PARISIEN. – Et cependant vous dites que pour les Fables, il a fallu de l'esprit et même de l'érudition. Convenez donc qu'il en faut aussi pour des Contes.
> LE PROVINCIAL. – Et cependant aucun Philosophe et aucun habile homme que je sache, n'a inventé ou composé des Contes de Fées ; l'invention en est due à des Nourrices ignorantes ; et on a tellement regardé cela comme

8 Ce sont les mots du Provincial qui abonde dans le sens du Parisien. Villiers, *Entretiens sur les contes de fées*, p. 68.

9 Villiers, *Entretiens sur les contes de fées*, p. 69.

10 Il ne convient du reste pas de faire de distinctions radicales entre ces deux catégories dans la mesure où nombre de conteuses sont également des romancières. Pour ne citer que les plus connues alors, Marie-Catherine d'Aulnoy, Catherine Bernard et Henriette-Julie de Castelnau, alias madame de Murat, ont publié des contes et des romans.

> le partage des femmes, que ce ne sont que des femmes qui ont composé ceux qui ont paru depuis quelque temps en si grand nombre[11].

La critique du conte de fées considéré comme la production exclusive de femmes illettrées et incultes n'a cependant pas fait que des émules. Dès la parution des premiers contes de fées, deux Modernes ont pris la défense de la femme, et de la femme de lettres. Avant d'analyser dans la partie suivante la réponse poétique d'une Moderne à ces critiques, nous allons d'abord considérer deux ripostes théoriques pour mieux comprendre les enjeux idéologiques du genre nouveau non seulement en termes de Modernité, mais également dans le rôle qu'il a joué dans l'émancipation littéraire de la femme. La première réponse est celle d'un conteur, Charles Perrault. La seconde est par une conteuse, Marie-Jeanne Lhéritier.

LA RÉPONSE DE DEUX MODERNES : *L'APOLOGIE DES FEMMES* DE PERRAULT (1694)

La Querelle des Anciens et des Modernes prend un premier élan en 1674 avec la publication de *L'Art poétique* de Boileau et un second, plus net, avec la lecture par Perrault, en 1687, à l'Académie française, de son *Siècle de Louis-le-Grand* avant de prendre officiellement fin en 1694. La publication des premiers recueils de contes de fées correspond donc non seulement à la réconciliation de Boileau et de Perrault à cette date, mais elle coïncide également à la publication de deux textes ouvertement polémiques qui traitent de la femme : la *Satire X* de Boileau et *L'Apologie des femmes* de Perrault.

Comme beaucoup d'écrits de l'époque, la *Satire X* qui a paru officiellement en 1694, circulait déjà depuis un certain nombre d'années, comme le confirme Boileau lui-même dans sa préface « Au lecteur » de l'édition de ses *Œuvres diverses* publiées en 1694[12]. Elle était sans doute déjà assez connue pour donner à Perrault le loisir de rédiger sa

11 Villiers, *Entretiens sur les contes de fées*, p. 76-77.

12 « Voilà enfin la satire qu'on me demande depuis si longtemps. Si j'ai tant tardé à la mettre au jour, c'est que j'ai été bien aise qu'elle ne parût qu'avec la nouvelle édition qu'on faisait de mon livre, où je voulais qu'elle fût insérée ». Boileau, « Au Lecteur »,

contre-attaque parue la même année. Dans cette *Satire* X souvent surnommée, avec raison, « Sur les femmes » et qui se réclame de l'autorité d'un Ancien, Juvénal, un père met en garde son fils Alcippe contre le sexe féminin à la veille de son mariage.

Cette mise en garde est l'alibi idéal pour tracer un portrait malveillant de femmes, comme le veut le genre de la satire, à commencer par les infidèles :

> Quelle joie en effet, quelle douceur extrême !
> De se voir caressé d'une épouse qu'on aime :
> De s'entendre appeler petit cœur, ou mon bon ;
> De voir autour de soi croître dans sa maison,
> Sous les paisibles lois d'une agréable mère,
> De petits citoyens dont on croit être père !

Alcippe aura peut-être la chance d'épouser la quatrième femme fidèle du tout Paris...

Vient ensuite la fausse prude séduite par l'opéra, mais aussi par les romans, et en particulier ceux de Madeleine de Scudéry, l'épouse légère, romanesque, fantasque, et bientôt nécessairement infidèle :

> D'abord tu la verras, ainsi que dans Clélie,
> Recevant ses amants sous le doux nom d'amis,
> S'en tenir avec eux aux petits soins permis :
> Puis, bientôt en grande eau sur le fleuve du tendre,
> Naviguer à souhait, tout dire, et tout entendre.
> Et ne présume pas que Vénus, ou Satan
> Souffre qu'elle en demeure aux termes du roman.
> Dans le crime il suffit qu'une fois on débute,
> Une chute toujours attire une autre chute.

Viennent ensuite la dispendieuse, la boudeuse, la joueuse, la colérique, la capricieuse, la querelleuse, et l'hypochondriaque. Après avoir détaillé les travers de la femme qui se pique de science, il en arrive à la pire de toutes :

> Mais qui vient sur ses pas ? C'est une précieuse,
> Reste de ces esprits jadis si renommés,
> Que d'un coup de son art Molière a diffamés

---

dans Nicolas Boileau, *Satires, Épîtres, Art poétique*, édition présentée, établie et annotée par Jean-Pierre Collinet, Paris, Gallimard, 1985, p. 122.

> De tous leurs sentiments cette noble héritière
> Maintient encore ici leur secte façonnière.
> C'est chez elle toujours que les fades auteurs
> S'en vont se consoler du mépris des lecteurs.
> Elle y reçoit leur plainte, et sa docte demeure,
> Aux Perrins, aux Corras est ouverte à toute heure.
> Là du faux bel esprit se tiennent les bureaux.
> Là tous les vers sont bons, pourvu qu'ils soient nouveaux.
> Au mauvais goût public la belle y fait la guerre :
> Plaint Pradon opprimé des sifflets du parterre :
> Rit des vains amateurs du grec et du latin ;
> Dans la balance met Aristote et Cotin ;
> Puis, d'une main encor plus fine et plus habile
> Pèse sans passion Chapelain et Virgile ; […]

Chez Boileau, comme chez Villiers, ce sont principalement les femmes qui sont à l'origine du « mauvais goût » que dénoncent la *Satire X* et les *Entretiens sur les contes de fées*. Se moquant éperdument des « vains amateurs du grec et du latin », la Précieuse préfère le Moderne à l'Ancien, la prose au vers, le français au latin, ses insipides contemporains aux inimitables classiques. Ne connaissant rien, elle jugerait de tout.

L'année précédant la rédaction du cahier d'apparat offert à Mademoiselle, nièce de Louis XIV, qui contient ses premiers contes de fées, Perrault répond à Boileau en calquant la forme de son *Apologie des femmes* sur celle de la *Satire*, un dialogue entre un père et un fils, mais en inversant les rôles. Chez Boileau, un père met en garde son fils contre le mariage en dénonçant les vices des femmes. Chez Perrault, au contraire, il s'agit d'un père qui essaie de convaincre un fils misanthrope et ennemi des femmes, de la beauté du mariage :

> Timandre avait un Fils, triste, fâcheux, colère,
> Des Misanthropes noirs le plus atrabilaire,
> Qui mortel ennemi de tout le genre humain,
> D'une maligne dent déchirait le prochain,
> Et sur le Sexe même, emporté par sa bile,
> Exerçait sans pitié, l'âcreté de son style[13].

Le père profite d'un jour où il trouve son fils d'une humeur plus conciliante pour l'inciter au mariage, et faire ainsi son « apologie des femmes » qui

13 Charles Perrault, *L'Apologie des femmes*, Paris, Veuve Coignard, 1694, p. 1.

vise à infirmer l'opinion erronée du fils pour qui les femmes sont toutes infidèles. Au lieu de se concentrer sur les exemples de femmes dont la rumeur parle beaucoup, le père conseille à son fils d'aller voir « mille Femmes d'honneur » qui travaillent dans les hôpitaux, les « Dames vertueuses » qui hantent les caveaux et greniers pour y soulager les maux des pauvres et des délaissés, ainsi que, dans les « Réduits des honnêtes familles », les « mères et les filles, / Ne songeant qu'à leur tâche et qu'à bien recevoir / Leur père ou leur époux quand il revient le soir[14] ».

La femme idéale doit ainsi être « sage, douce et bien née », d'une « chaste pudeur, / D'une vertu sincère et d'une tendre ardeur », avec un « vif éclat du teint, la finesse des traits », de beaux yeux, des bouts de doigt vermeil et une « bouche enfantine et d'un corail sans prix[15] ». La nécessité du mariage n'est cependant jamais aussi pressante qu'à la fin de la vie du mari quand l'épouse peut protéger le moribond des affres que subissent les célibataires : un valet qui le vole et « d'âpres collatéraux / Qui, craignant que des legs ne gâtent leur affaire, / Veillent à détourner Confesseur et Notaire, / Appréhendant toujours qu'un bol de Quinquina / En faisant son effet ne le tire de là[16] ».

Certes, il ne faut pas imposer à une époque des considérations qui seraient anachroniques, notamment en ce qui concerne le rôle des femmes dans la société et dans le couple. Il faut de plus lire *L'Apologie des femmes* de Perrault dans le contexte qui est le sien, celui d'un discours sur le mariage. Mais il n'en reste pas moins que cette défense des femmes donne de celles-ci une image très traditionnelle, conservatrice et, surtout, qui ne répond que très partiellement aux critiques de la *Satire* X. Alors que Boileau avait exercé son style contre les femmes infidèles, les joueuses, les coquettes, les libertines tout autant que les prudes et les dévotes, les avares tout autant que les dispendieuses, mais aussi contre les héritières de cette maudite engeance que sont les Précieuses, l'apologie que Perrault propose se limite à ne défendre la femme que dans le cadre strictement conventionnel et conservateur du rôle successif de fille, sœur, épouse et, finalement, infirmière. La femme est réduite chez lui à n'être que celle par qui l'homme peut « transmettre son nom dans les Siècles suivants », celle par qui le mari peut voir naître « un autre soi-même ».

---

14 Perrault, *L'Apologie des femmes*, p. 6-7.
15 Perrault, *L'Apologie des femmes*, p. 11.
16 Perrault, *L'Apologie des femmes*, p. 14.

On ne retrouve pas dans *L'Apologie des femmes* de Perrault, porte-parole des Modernes, de réponse à la condamnation sans appel par Boileau des femmes savantes, femmes critiques et juges de la littérature, sans parler de la femme auteur. Selon Myriam Dufour-Maître :

> […] le règne des femmes sur l'empire du goût est présenté par Perrault avec une pointe d'insolence galante qui souligne la leçon fort nette de sa défense : les vertus féminines sont domestiques et, à la précieuse trop curieuse de Beaux-Arts, on oppose la sage et humble Griselidis[17].

Naviguant entre les « alliés incertains » que constituent les Modernes, « le reproche de frivolité asséné par les Anciens et celui de pédantisme instillé par les Modernes », un autre porte-parole des Modernes, une femme, trouvera une autre voie, une autre solution à ce que M. Dufour-Maître qualifie avec raison d'*aporie.* Elle proposera une « érudition en français », celle des « vieux romans » et de la littérature courtoise qui donnera finalement le genre qu'elle-même allait pratiquer, le conte, et en particulier le conte de fées littéraire. Cette femme, c'est Marie-Jeanne Lhéritier de Villandon, nièce de Perrault, qui, non contente d'être un des premiers auteurs de contes de fées, est, avec le Perrault de la « Préface » de 1694, la première théoricienne du genre naissant.

LES *ŒUVRES MESLÉES* DE MARIE-JEANNE LHÉRITIER (1695)

Les *Œuvres meslées* de Lhéritier est le premier recueil à paraître qui contienne des contes de fées en prose qui ne sont pas encadrés dans des nouvelles. Perrault avait publié l'année précédente un premier recueil de contes en vers, *Griselidis, nouvelle. Avec le conte de Peau d'Âne, et celui des Souhaits ridicules*. Marie-Catherine d'Aulnoy avait fait paraître cinq ans plus tôt le premier conte de fées littéraire en prose, « L'Île de la félicité », mais ce conte unique était encadré dans un long roman, *Histoire d'Hypolite, comte de Duglas*. L'année précédant la parution des *Œuvres meslées*,

17 Myriam Dufour-Maître, *Les Précieuses. Naissance des femmes de lettres en France au XVIIe siècle*, Paris, Champion, 2008, p. 339.

Catherine Bernard avait publié son *Inès de Cordoue, Nouvelle espagnole*, qui inclut deux contes, « Le Prince rosier » et « Riquet à la houppe ». À l'époque de la parution des *Œuvres meslées*, le genre du conte de fées semble se chercher encore, sous forme libre ou encadrée. L'intégration de contes dans un récit plus long souvent appelé « nouvelle », qu'elle soit comique, historique ou, comme chez Aulnoy, espagnole (et comique), permet à leurs auteurs de les introduire auprès du lectorat par le biais de genres connus[18].

Contrairement aux recueils de contes par Marie-Catherine d'Aulnoy et la comtesse de Murat qui paraitront quelques années plus tard et seront consacrés exclusivement aux contes de fées (encadrés ou non), ce premier recueil par Lhéritier contient encore des pièces de genres différents, d'autres « ouvrages en vers et en prose » qui ne sont pas associés au conte de fées. En 1695, le conte de fées n'a pas encore de définition *sui generis.*

Les *Œuvres meslées* constitue un document doublement précieux pour l'histoire de la naissance du conte de fées littéraire : Lhéritier y inclut des récits d'un genre nouveau, en prose, et une réflexion théorique, politique, et polémique sur ce genre. Les *Œuvres meslées* est avant tout un recueil disparate. Le titre choisi pour une réimpression l'année suivante donne une idée plus précise encore de cette nature : ce sont véritablement des *Bigarrures ingénieuses.* Selon le *Dictionnaire de l'Académie française* (tome I, 1694), exact contemporain du recueil de Lhéritier donc, *bigarrure* s'utilise pour désigner une « Variété de couleurs tranchantes ou mal assorties » et, d'une manière figurative, « La variété de plusieurs choses qui n'ont aucun rapport entre elles ». Bigarrées, ces œuvres le sont. *Ingénieuses*, elles le sont également, « Ingénieux » signifiant, selon la même source, « Plein d'esprit, plein d'invention et d'adresse ».

18 Conte et nouvelle entretiendront longtemps des liens étroits et il n'y a pas de « libération » progressive par le conte de fées de ses cadres narratifs, comme en atteste par exemple l'œuvre de la première conteuse de l'époque, Marie-Catherine d'Aulnoy. Ses *Contes des fées* commence par 9 contes indépendants qui sont suivis de deux nouvelles qui encadrent 6 contes et se terminent par « Serpentin vert » inclus dans la nouvelle « Don Fernand de Tolède ». Mais ses *Contes nouveaux ou les Fées à la mode* qui ont paru un an plus tard ne contiennent plus que trois contes indépendants. Ils sont suivis par une longue nouvelle, « Le Nouveau Gentilhomme bourgeois » qui en encadre six. La comtesse de Murat qui publie d'abord des contes libres dans ses *Contes de fées*, ses *Nouveaux contes de fées* en 1698, et ses *Histoires sublimes et allégoriques* de 1699, publiera ensuite des longues nouvelles dans lesquelles sont insérés des contes plus ou moins merveilleux telles que *Le Voyage de campagne* en 1699, et ses *Lutins du château de Kernosy* en 1710 où figure « Peau d'ours ».

Cet ingénieux recueil disparate est composé de trois parties majeures, dont seule la première concerne le conte de fées[19]. Cette partie qui ne porte pas de titre comprend un conte, appelé ici « Nouvelle historique et satyrique : Marmoisan ». Nous avons ensuite une lettre à une certaine mademoiselle de Rasilly, une nouvelle historique, une autre nouvelle dont il sera question dans la partie suivante, « Les Enchantements de l'éloquence, ou les Effets de la douceur », un conte, « L'Adroite princesse », appelé ici « Conte » et qui sera intégré pendant deux siècles dans des éditions des contes de Perrault, et, finalement, une « Lettre à Madame D. G*** ».

La réponse poétique aux Anciens et la défense de la cause des Modernes qui figurent dans la première partie sont déclinées sous une double forme, poétique et théorique. La première réponse, poétique, prend la forme d'un conte de fées, « Les Enchantements de l'éloquence ». Elle fera l'objet du chapitre suivant. Une réponse théorique, et plus ouvertement polémique, aux Anciens et à leur porte-parole, Boileau, est au cœur d'une « Lettre à Madame D. G*** » dans laquelle Lhéritier anticipe les critiques qui seront faites plus tard au conte de fées, notamment par Villiers dans ses *Entretiens sur le conte de fées* :

> Qu'importe que ces gens sans goût soient peu contents d'ouvrages qui n'ont pas été faits pour eux. Ils n'ont pas le talent d'en profiter, encore moins celui d'en faire de pareils ; il ne leur faut donc pas envier le plaisir de critiquer [...]. Si je voulais me donner la liberté de nommer, je vous ferais une belle liste de ces critiques, et je vous ferais voir en même temps que toute leur finesse consiste à examiner un ouvrage sur des principes d'écolier, et sur des idées qu'ils croient avoir puisées dans Horace ou dans Juvénal. [...] Il faut être très éclairé pour connaître les différences de styles et l'usage qu'on en doit faire. La naïveté bien entendue n'est pas connue de tout le monde[20].

Quatre ans plus tard, les critiques anticipées par Lhéritier seront devenues bien réelles, si on en croit le Parisien de Villiers qui reprend presque mot-à-mot la critique que Lhéritier avait devancée, pour la détourner au profit de la cause des Anciens :

---

19 La deuxième partie est intitulée « Autres Ouvrages en Vers et en Prose » et la dernière « Sonnets en Bouts-rimez [rimés] ».

20 Marie-Jeanne Lhéritier de Villandon, « Lettre à Madame D. G.*** », dans *Mademoiselle Lhéritier, Mademoiselle Bernard, Mademoiselle de La Force, Madame Durand, Madame d'Auneuil, Contes*, Édition critique établie par Raymonde Robert, Paris, Honoré Champion, Collection « Bibliothèque des Génies et des Fées », vol. 2, « L'Âge d'or du conte de fées (1690-1709) », vol. 1, « Le Cercle des conteuses », 2005, p. 40-41.

LE PROVINCIAL. – Cependant, vous m'avouerez que les meilleurs Contes que nous ayons, sont ceux qui imitent le plus le style et la simplicité des Nourrices, et c'est pour cette seule raison que je vous ai vu assez content de ceux que l'on attribue au fils d'un célèbre Académicien. Cependant vous ne direz pas que les Nourrices ne soient point ignorantes.

LE PARISIEN. – Elles le sont, il est vrai, mais il faut être habile pour bien imiter la simplicité de leur ignorance, cela n'est pas donné à tout le monde[21].

Dès 1695, Lhéritier avait déjà justifié le caractère peu naïf de ses contes dans sa « Lettre à Madame D. G*** ». Elle y déclarait en effet avoir trouvé la légitimité de sa propre production dans un double corpus : les récits des troubadours, et le roman. Selon Lhéritier, les troubadours auraient rempli jadis « leurs récits de prodiges étonnants des fées et des enchanteurs ». Le roman aurait alors enchéri sur ces récits pour devenir un genre nouveau que Madeleine de Scudéry aurait amené « à ce comble de perfection » dont il reviendra à la fin du siècle. Ayant pris soin d'excepter le roman de Madame de Lafayette, Lhéritier dénonce le « nombre infini de petits romans sans goût, sans règle et sans politesse » qui paraissait alors. Ces récits teintés de prodiges auraient, dans le cours de leur transmission, été chargés d'éléments impurs, et « d'aventures scandaleuses » qui sont incompatibles avec la toute puissante *bienséance* – elle utilise deux fois le mot en un seul paragraphe – qui règne à l'époque.

Puisant son inspiration dans d'antiques légendes descendues en droite ligne des troubadours, voire de « l'antiquité gauloise », Lhéritier dit avoir dû « envelopper » ces récits, les rhabiller au goût du jour, à une époque caractérisée par une certaine « délicatesse » qui, si elle n'affecte pas les actions elles-mêmes, se doit tout au moins d'enrober l'expression de ce qu'elle appelle « la bienséance des mots ». Le style et la simplicité des paysannes et des nourrices dont le Parisien reproche l'absence dans le conte de fées, c'est volontairement et explicitement que la conteuse les évite. Elle élimine pour cela dans ses propres récits les « impuretés » dont les légendes anciennes se seraient chargées « en passant par la bouche du petit peuple[22] ». Pour des raisons de bienséance, et pour les rhabiller à la mode d'alors, Lhéritier aurait drapé ces légendes populaires d'habits dignes non seulement de l'époque de Versailles, de Le Nôtre et de La

21 Villiers, *Entretiens sur les contes de fées*, p. 108-109.

22 Lhéritier, « Lettre à Madame D. G*** », p. 39.

Quintinie, mais également des « charmantes dames » à qui elle s'adresse, et en particulier la destinataire de cette lettre.

Réfutant d'avance les critiques, « remarques misérables » de dociles écoliers qui ne jugent toute nouvelle production qu'à l'aune des auteurs de l'Antiquité qu'ils *croient* connaître (comme le mari *croyait* être le père de ses enfants chez Boileau), Lhéritier avait déjà, avec une intuition qui lui donnera raison, senti la modernité et la popularité à venir du genre nouveau. Ce qu'elle appelle ici « la mode qui règne aujourd'hui » n'en est alors qu'à ses débuts. Mais, demande la conteuse qui propose ici modestement sa propre contribution, « n'est-ce pas beaucoup faire que de marcher des premières dans des routes nouvelles ? ».

Marie-Jeanne Lhéritier ne restera pas longtemps seule sur ce chemin qui va conduire à la mode du conte de fées, mais elle est la seule à avoir à la fois théorisé sur les origines et la légitimité du genre Moderne, et à avoir produit les premiers contes de fées libres et en prose. Un de ces contes, dont Perrault donnera à la même époque une autre version, est aujourd'hui largement oublié, même si l'histoire qu'il raconte est bien connue. *Il était une fois…* une jeune fille qui, récompensée par les fées pour sa gentillesse et sa douceur, produisait, à chaque parole, des perles et des rubis… C'est de l'histoire de ce conte qu'il sera à présent question.

MÉTAMORPHOSES DU CONTE I

La riposte poétique d'une Moderne : « Les Enchantements de l'éloquence » de Marie-Jeanne Lhéritier (1695)

> Pour les Demoiselles qui n'ont pas le sol, elles ne doivent savoir que le ménage et s'y occuper toujours : au moins, si elles veulent faire les liseuses, il faut que ce soit dans de bons livres, et non pas dans ceux où l'on apprend la malice.
> M.-J. LHÉRITIER, « Les Enchantements de l'éloquence » (1695).

> Il n'y a rien aussi de si ridicule, ni de si ennuyeux, qu'une femme sottement savante.
> Madeleine DE SCUDÉRY, *Artamène ou le Grand Cyrus* (1649-1653).

Les *Œuvres meslées* de Marie-Jeanne Lhéritier a cette singularité d'être un des premiers recueils d'un genre en formation dans lequel l'auteur théorise sur ce nouveau genre qui s'invente et n'a pas encore trouvé son nom[1]. Ce qu'on pourrait qualifier de « baptême générique » n'aura lieu que quelques années plus tard, tout d'abord sous la plume de Marie-Catherine d'Aulnoy dans ses premiers *Contes des fées* (1697), expression qui perdurera jusqu'à la fin du XIXe siècle, mais surtout l'année suivante sous la plume de son amie, Henriette-Julie de Castelnau, comtesse de

1 Une première version de ce chapitre a paru dans « "Mes amies les Fées" : Apologie de la Femme savante et de la lectrice dans les *Bigarrures ingénieuses* de Marie-Jeanne Lhéritier (1696) », dans *Féeries : Revue d'Étude sur le conte merveilleux XVIIe-XIXe siècles*, numéro I, volume I, 2003-2004, p. 49-71.

Murat, dans ses *Contes de fées* (1698), désignation générique que nous avons gardée aujourd'hui[2].

Dans son recueil, et comme nous l'avons vu dans le chapitre précédent, Lhéritier défend la position théorique et la production poétique des Modernes dans des récits parfois appelés « conte » ou encore « Nouvelle Héroïque et Satyrique ». Parmi ces récits, un conte en particulier joue le rôle de phare de la position résolument Moderne de Lhéritier par son organisation originale et unique. Ce conte, « Les Enchantements de l'éloquence, ou les Effets de la douceur », amplifie et *réalise* à un niveau poétique les déclarations idéologiques et ouvertement polémiques faites ailleurs par l'auteur dans le même recueil, qu'il s'agisse de sa « Lettre à Mme de G*** » ou encore de son « Parnasse Reconnaissant, ou le Triomphe de Madame Des Houilieres [*sic*] », texte qui figure en clôture des *Œuvres meslées*[3].

Dans ce dernier ouvrage du recueil, Lhéritier s'exprime non seulement en tant qu'auteur, mais aussi plus largement en tant que femme : « trop attachée au parti des femmes », elle ne souffre pas de voir celles-ci attaquées par un « misanthrope de nouvelle espèce ». Dans un même esprit, et comme nous allons le voir, « Les Enchantements de l'éloquence » prend résolument la défense de la femme, non seulement la femme auteur, mais également la lectrice, deux modèles vilipendés par Boileau dans sa *Satire X* et qui sont absents de *L'Apologie des femmes* de Perrault.

L'histoire que raconte « Les Enchantements de l'éloquence » est plus connue par un conte de Perrault, « Les Fées », dont le schéma narratif général est proche de celui du conte de Lhéritier[4]. Une héroïne envoyée à la fontaine par une marâtre acariâtre donne gracieusement à boire à une paysanne qui le lui demande. Elle reçoit pour récompense de sa gentillesse et de sa douceur un merveilleux don : celui de cracher perles,

2 L'usage des termes exacts pour désigner les contes de fées en tant que genre est encore incertain et vague. On retrouve ainsi plusieurs dénominations chez Aulnoy, dont « conte » ou encore « nouvelle ». Dans son recueil intitulé *Contes des fées* qui a paru en 1697, un personnage, sur le point de faire un conte, « Finette Cendron », annonce : « Voici une romance des plus simples que je vais vous conter ». Madame d'Aulnoy, *Contes des fées*, édition critique établie par Nadine Jasmin, Paris, Honoré Champion, 2008, p. 460.

3 Antoinette du Ligier de la Garde, épouse Deshoulières, plus connue sous ce nom, était poète, et une des rares femmes à avoir étudié les langues anciennes et modernes. Née en 1637, elle mourut en 1694, peu avant la parution des *Œuvres meslées*.

4 Pour une analyse exhaustive des intertextes du conte « Les Fées », je renvoie à l'analyse de Patricia Eichel-Lojkine dans « *Les Fées*, un cas d'école », dans *L'Usage du conte. Contes classiques et réemploi, méthodes d'analyse*, sous la direction de Patricia Eichel-Lojkine, Rennes, Presses Universitaires de Rennes, 2017, p. 177-228.

rubis et autres pierres précieuses chaque fois qu'elle ouvre la bouche. Inversement, l'anti-héroïne, qu'elle soit la propre sœur de l'héroïne (Perrault) ou la fille de sa belle-mère (Lhéritier), grossier personnage qui maltraite la fée déguisée, est condamnée à produire à chaque parole non pas des pierres précieuses, mais des vipères et des crapauds.

Cette héroïne est moins connue que ses illustres cousines et cousins dont l'histoire est associée d'emblée à l'identité du héros ou de l'héroïne, qu'il s'agisse de Cendrillon, du Petit Poucet, de Hänsel et Gretel, de la Petite Sirène, ou encore de Blanche Neige, sans parler de La Belle au bois dormant. Et pourtant, cette héroïne aujourd'hui peu connue dont l'origine se perd dans la nébuleuse féerique, portait bel et bien un prénom à sa naissance, en 1695. Elle s'appelait Blanche.

L'histoire de cette héroïne constitue un cas particulièrement intéressant pour l'histoire de l'émergence du conte de fées littéraire. Elle est attestée dans trois sources littéraires, et l'évolution de son histoire nous permet de mieux comprendre les mutations littéraires et idéologiques que subit une histoire apparemment similaire lors de l'émergence du conte de fées littéraire au XVIIe siècle. Venue d'Italie dans le premier tiers du siècle, l'histoire de cette héroïne se cristallisera en France dans sa dernière décennie, et sous deux plumes contemporaines.

On doit une première version littéraire du conte à Giambattista Basile conteur-auteur napolitain dont « Le Tre Fate », « Les Trois fées », a paru de manière posthume entre 1634 et 1636 dans un recueil intitulé *Lo Cunto de li cunti.* On doit les autres versions plus tardives, en français, dans la dernière décennie du Grand Siècle, à Marie-Jeanne Lhéritier et Charles Perrault. Leurs versions sont des exactes contemporaines : « Les Enchantements de l'éloquence » paraît en 1695 dans les *Œuvres meslées*, alors que « Les Fées » de Perrault qui sera repris dans les *Histoires ou Contes du temps passé. Avec des Moralités* en 1697, figure déjà dans le manuscrit d'apparat de 1695.

J'analyserai d'abord la version de ce conte que Giambattista Basile donne dans ses *Lo Cunto de li cunti* dans le premier tiers du Grand Siècle. J'analyserai ensuite les deux versions par Perrault et Lhéritier. La comparaison de ces deux versions nous permettra de mieux mettre en évidence la poétique d'une femme auteur aujourd'hui peu connue, mais qui a beaucoup contribué non seulement à la légitimité du conte de fées, mais également à celle de la femme sur la scène littéraire et culturelle.

L'HISTOIRE D'UNE HÉROÏNE QUI CRACHE DES PERLES ET DES RUBIS : UNE « VIEILLE HISTOIRE » REMISE AU GOÛT DU JOUR ?

Basile est l'un des premiers auteurs attestés à avoir donné une version littéraire du Conte-type 480 auquel on peut rattacher le conte de Perrault et celui de Lhéritier. Il s'agit du conte de la IIIe journée, « Les Trois Fées ». Ce conte met en scène une veuve appelée Caradonia, mère de Grannizia et épouse d'un très riche fermier du nom de Micco Antuono, père de l'héroïne qui se nomme Cicella. Celle-ci a la beauté légendaire des héroïnes merveilleuses. Elle est bien entendu aussi jolie que sa sœur par alliance est laide : c'est « la chose la plus étourdissante et la plus belle que l'on pût voir sur la terre » alors que la fille de la marâtre est « la quintessence des disgrâces, le premier choix des orques marines, la fine fleur des barriques percées[5] ». Souffre-douleur qui annonce Cendrillon, Cicella s'occupe des tâches les plus avilissantes du ménage, remplissant l'auge des cochons et « [vidant] les urines[6] ».

Lors de l'exécution d'une de ses nombreuses tâches, Cicella laisse tomber le panier à ordures dans un précipice. Elle y descend pour le récupérer et elle rencontre trois fées qui lui font passer trois épreuves : les peigner et dire ce qu'elle trouve dans leur chevelure, choisir une robe et, finalement, choisir la porte de sortie. Cicella, qui est « humble comme de l'huile vierge » fait d'abord un commentaire réaliste mais peu offensant sur la présence de « jolies petites lentes, de jolis petits poux, des perles et des grenats » dans les cheveux des fées[7]. Elle choisit ensuite une « petite guenille qui ne valait pas trois sous » et, pour sortir, elle emprunte « la porte de l'écurie ». Elle reçoit en récompense « un habit tout neuf, entièrement brodé d'or » et une étoile d'or sur le front. À l'opposé, la disgracieuse Grannizia trouve dans les cheveux des trois fées « [des] poux gros comme des pois et des lentes larges comme une cuiller ». Elle choisit ensuite « la parure la plus somptueuse qui était

5 Giambattista Basile, « Les Trois fées », dans *Le Conte des contes*, troisième journée, dixième divertissement, traduction de Françoise Decroisette, Strasbourg, Circé, 1995, p. 288.

6 Basile, « Les Trois fées », dans *Le Conte des contes*, p. 289.

7 Basile, « Les Trois fées », dans *Le Conte des contes*, p. 291.

dans les armoires » avant d'opter, entre la porte d'or et celle du jardin, pour « la plus belle, bien sûr ! ». Elle reçoit, au beau milieu du front, un don fort peu flatteur : non pas une étoile d'or, mais bien « un testicule d'âne qui s'attache à sa peau comme une envie que sa mère aurait eue quand elle était grosse[8] ».

Le prince qui prend ici la forme d'un « seigneur de haute étoffe » du nom de Cuosemo et qui ne connaît pas l'héroïne ni sa famille (il a été envoyé dans les environs), aperçoit néanmoins, derrière son ingrate apparence, la beauté cachée de Cicella. Il la demande en mariage. Mais la marâtre ne se laisse pas décontenancer pour autant : ayant enfermé sa belle-fille dans un tonneau, elle habille sa propre fille de la robe donnée par les fées à Cicella. Cuosemo, victime de la substitution, repart donc avec « une chouette à la place d'un chardonneret ». Mais il ramène la fausse épouse le lendemain après avoir passé une nuit de noces aussi interminable qu'épouvantable. Il découvre alors le pot aux roses, libère Cicella et enferme Grannizia dans le tonneau d'où il a extrait l'épouse légitime. Caradonia pourra alors ébouillanter sa propre fille avant de se rendre compte de son erreur. Elle finira par se jeter, tête la première, dans un puits.

Chez Perrault, contrairement à Basile et Lhéritier, il ne s'agit plus de sœurs par alliance, mais de sœurs. La cadette, « vrai portrait de son Père », est haïe de sa mère[9]. Elle rencontre un jour une pauvre femme qui lui demande à boire. Celle-ci est bien sûr une fée qui récompense l'héroïne pour sa grâce et sa générosité en lui faisant un don : « à chaque parole que vous direz, il vous sortira de la bouche ou une Fleur, ou une Pierre précieuse[10] ». La mère envoie donc sa fille aînée, Fanchon, qui échoue lamentablement et revient avec un don nettement moins lucratif : celui de produire, à chaque parole, un serpent ou un crapaud. Menacée par la mère vexée du mauvais don fait à sa fille préférée, la cadette s'enfuit dans les bois. Le fils du roi qui passe par là prend pitié d'elle, et il voudrait connaître son histoire : « la voyant si belle, [il] lui demanda ce qu'elle faisait là toute seule et ce qu'elle avait à pleurer[11] ». D'abord frappé par sa beauté, le prince remarque ensuite les perles et diamants qui sortent

8 Basile, « Les Trois fées », dans *Le Conte des contes*, p. 291-292.
9 Perrault, « Les Fées », dans *Contes*, p. 165.
10 Perrault, « Les Fées », dans *Contes*, p. 165-166.
11 Perrault, « Les Fées », dans *Contes*, p. 167.

de sa bouche. Il tombe amoureux d'elle et l'épouse, « considérant qu'un tel don valait mieux que tout ce qu'on pouvait donner en mariage à un autre[12] ». Quant à Fanchon, elle ira mourir au coin d'un bois.

L'intrigue du conte de Lhéritier est apparentée à celles de Basile et de Perrault. On pourrait la résumer de la manière suivante : une jeune fille, Blanche, tombe sous la coupe de sa belle-mère, la veuve d'un financier dont l'opulence n'a d'équivalent que la vulgarité. À la douce héroïne, la belle-mère préfère, bien entendu, Alix, sa propre fille, qui a hérité d'elle ses goûts vulgaires et ses emportements. Comme chez Perrault, l'héroïne donne à boire avec beaucoup de « bonne grâce » à une fée déguisée près de la fontaine où elle est allée puiser de l'eau. Quand elle rentre chez elle, à la première phrase qu'elle adresse à l'acariâtre belle-mère, il sort de sa bouche, convention oblige, des pierres aussi rares que précieuses. Enragée par un tel don, la mère envoie dès le lendemain sa propre fille à la fontaine apparemment si propice aux riches rencontres. Mais Alix laisse hélas transparaître son caractère commun et emporté, et elle va jusqu'à proposer à la fée déguisée d'aller s'abreuver « à l'auge de nos bœufs ». Elle reçoit en conséquence comme récompense un don adéquat à son caractère : celui de produire avec chaque phrase des couleuvres, des crapauds et des souris. Blanche finira par épouser un prince alors qu'Alix ira périr de misère « *au coin d'un buisson* ». Et le conte de moraliser que « Doux et courtois langage / Vaut mieux que riche apanage[13] ».

Les trois contes ont donc en commun une intrigue assez proche : deux filles, filles d'un couple recomposé chez Basile et chez Lhéritier, et sœurs chez Perrault, sont soumises à des épreuves par des fées. Celle qui réussit est récompensée par un don. Celle qui rate l'épreuve sera affublée d'un don similaire mais inverse : ce sera un testicule d'âne qui trônera sur son front, et non pas une étoile d'or, ou ce seront des vipères et des crapauds qui sortiront de sa bouche, et non plus des pierres rares. Loi générique oblige : l'héroïne sera encore autrement récompensée car elle épousera un prince alors que l'anti-héroïne finira ses jours ébouillantée, dans une barrique, ou au fond d'un bois.

12 Perrault, « Les Fées », dans *Contes*, p. 167.

13 Marie-Jeanne Lhéritier de Villandon, « Les Enchantements de l'éloquence », dans *Mademoiselle Lhéritier, Mademoiselle Bernard, Mademoiselle de La Force, Madame Durand, Madame d'Auneuil, Contes*, Édition critique établie par Raymonde Robert, Paris, Honoré Champion, Collection « Bibliothèque des Génies et des Fées », vol. 2, « L'Âge d'or du conte de fées (1690-1709) », vol. 1, « Le Cercle des conteuses », 2005, p. 90.

Dans leur analyse du conte-type 480, Paul Delarue et Marie-Louise Ténèze ont répertorié les deux premières versions littéraires du conte, celles de Lhéritier et de Perrault dont ils récapitulent l'intrigue selon les « Éléments du conte[14] ». Selon la liste de ces éléments, les contes de Lhéritier et de Perrault seraient, du point de vue du développement de l'intrigue, parfaitement similaires. Seuls deux détails différencieraient les deux versions selon Delarue-Ténèze : chez Perrault, la fée apparaît sous la forme d'une vieille femme (élément II C9) et le don inclut de produire des fleurs en plus des pierres précieuses (élément III B2).

Une telle analyse strictement formelle des deux premières versions du conte-type 480 qui souligne les similarités dans la succession des « éléments du conte » ne rend cependant pas compte de la chronologie qui est celle de Lhéritier. La démultiplication et la succession d'éléments du conte – les rencontres – font partie des composantes du texte qui seront qualifiées de « précieuses », et ce, dès le XIXe siècle où la critique sous-entend que des détails inutiles auraient été ajoutés à une « épure » pré-existant au conte. Mais, à mieux y regarder, cette chronologie particulière joue un rôle central dans le message et la morale du conte.

Contrairement au conte de Perrault, « Les Enchantements de l'éloquence » contient des développements, des répétitions et des amplifications qui sont incompatibles avec notre notion du conte de fées, genre que nous aimons bref, et que nous considérons comme avant tout destiné aux enfants. Mais cette conception, héritée du XIXe siècle, n'était pas celle des contemporains de Louis XIV qui voyaient dans ce genre avant tout un divertissement mondain pour adultes avertis. Or, ces développements incompatibles pour nous avec la brièveté du conte de fées ont une fonction à l'époque précise où il paraît, en 1695, quand le conte de fées en est à ses balbutiements et alors que la Querelle des Anciens et des Modernes reste d'actualité.

Ces développements qui prennent la forme d'élaborations narratives, Lhéritier les a elle-même qualifiés de broderies, elle les a voulus et elle les justifie par sa volonté d'épurer des légendes anciennes des impuretés

14 Une erreur factuelle s'est glissée dans l'analyse des « Enchantements de l'éloquence » par Delarue-Ténèze. L'élément [I. A2], « les héroïnes [...] sont deux sœurs » est exact chez Perrault, mais devrait être [I. A1], « les héroïnes [...] (sont) filles d'un veuf et d'une veuve qui se sont remariés » chez Lhéritier. Paul Delarue et Marie-Louise Ténèze, *Le Conte populaire français*, tome II, Nouvelle édition en un seul volume, Paris, Maisonneuve et Larose, 1997, p. 191.

dues à leur passage « par la bouche du peuple ». Ces « broderies » n'ont cependant rien d'anodin et elles ne sont pas plus que ne le sont chez Perrault des « bagatelles », « de pures bagatelles » insignifiantes.

Je concentrerai mon analyse sur trois éléments narratifs constitutifs du conte pour mettre en évidence la poétique résolument Moderne de Lhéritier qui est investie dans les débats de son époque. J'analyserai tout d'abord sa réécriture des éléments du conte et son inversion de leur chronologie, ensuite, sa démultiplication d'une scène centrale du conte, « La rencontre ». Finalement, j'analyserai les implications de la démultiplication d'un autre élément central du conte : la scène du don, et le don lui-même.

Nous verrons comment, plutôt que de figurer comme de simples broderies inutiles qui contribuent à allonger l'intrigue, ces trois techniques narratives donnent un sens nouveau aux éléments de ce conte présents chez Basile et Perrault, à sa signification et à la morale qu'il enseigne.

DE LA FONCTION POÉTIQUE DE CES PRÉCIEUSES « BRODERIES »

Dans le conte de Perrault et dans d'autres versions répertoriées sous la catégorie du conte-type 480 baptisé d'après ce titre, le prince ne rencontre l'héroïne que dans la seconde partie du conte. Loi du genre oblige, la rencontre n'a lieu qu'une fois que l'héroïne a déjà reçu le don de la fée. On imagine en effet mal Cendrillon rencontrant pour la première fois le prince alors qu'elle est encore couverte de ses légendaires cendres et affublée de ses haillons, et que ses prosaïques mules de souillon n'ont pas été échangées pour les mythiques pantoufles de verre.

Or, chez Lhéritier, une première rencontre avec le prince précède bien le don magique. L'analyse folklorique du conte selon ses séquences néglige un tel détail qui n'en est pas un. Dans la deuxième séquence, « Les rencontres » de l'héroïne, l'analyse du conte-type 480 offre plusieurs possibilités à l'héroïne envoyée chercher de l'eau. Près de la fontaine (élément II C1), elle peut ainsi rencontrer :

C7 : une fée
C8 : la Sainte Vierge
C9 : sous l'apparence d'une vieille femme
C10 : plusieurs fées
C11 : des lavandières
C12 : un homme
Qui lui demande(nt) etc.[15]

Pour le conte de Lhéritier, l'élément suivant est répertorié : II. C7. Pour le conte de Perrault : II. C7, C9. La seule différence entre les deux contes se résumerait donc à l'apparence de la Fée déguisée en « pauvre femme[16] ». Chez Lhéritier, celle-ci apparaît en effet sous la forme d'une « dame qui brillait encore plus par son grand air et par sa bonne grâce que par sa parure, quoiqu'elle fût mise d'une manière aussi magnifique que galante[17] ». Mais cette analyse ne rend pas compte d'une « broderie » très significative : la « Rencontre » dont il est question ici est, dans le cas des « Enchantements de l'éloquence », en réalité non pas la première, mais la deuxième rencontre. Car la première rencontre n'est pas celle d'une fée, mais bien d'un *homme*, c'est-à-dire l'élément « II C12 ». C'est en effet bien un homme, chasseur et prince, que rencontre Blanche *d'abord*. Et cette rencontre n'a pas lieu n'importe où mais précisément à la légendaire *fontaine* où aura encore lieu la rencontre avec la fée, mais plus loin dans le conte.

Cette rencontre, qui a tout d'une rencontre de romans, a une signification importante pour la scène du don qui lui est postérieure. À la fontaine, Blanche est blessée par l'arme d'un inconnu qui poursuit un sanglier furieux. Le chasseur qui s'est approché de sa victime, est tout d'abord touché par la « beauté extraordinaire » et « l'air doux et engageant qu'il trouva dans cette jeune personne, malgré la rusticité de ses habits[18] ». Il ira ensuite de surprise en surprise : « L'inconnu qui, sur l'habit de Blanche, l'avait prise d'abord pour une paysanne, ou une demoiselle de village tout au plus, fut de la dernière surprise quand il entendit le tour dont elle parlait ; mais il fut encore plus touché de sa douceur que de sa politesse[19] ». Voilà notre prince séduit par « les

15 Paul Delarue et Marie-Louise Tenèze, *Le Conte populaire français*, tome II, p. 191.
16 Perrault, « Les Fées », dans *Contes*, p. 165.
17 Lhéritier, « Les Enchantements de l'éloquence », éd. citée, p. 86.
18 Lhéritier, « Les Enchantements de l'éloquence », éd. citée, p. 79.
19 Lhéritier, « Les Enchantements de l'éloquence », éd. citée, p. 81.

enchantements de l'éloquence » de Blanche : « Le prince était enchanté à un tel point que la foule des pensées qui se présentaient à son imagination lui fit quelques moments garder le silence, et il ne le rompit que pour dire encore à Blanche cent choses galantes » tout en évitant d'alarmer « une belle personne qui lui faisait voir autant de modestie dans ses réponses, que de douceur et de politesse[20] ».

Séduit et intrigué par cette personne mystérieuse, le prince consulte une de ses illustres marraines, Dulcicula qui, ayant deviné que le prince est amoureux, décide de soumettre Blanche à une épreuve « pour examiner si elle était digne des sentiments qu'elle inspirait à un cœur qui avait été jusque là insensible à la tendresse ». Elle prépare un baume merveilleux qui guérit toute blessure en moins de vingt-quatre heures et, pour faire la connaissance de Blanche, elle prend « la figure d'une vieille paysanne[21] ». Dulcicula rejoint donc ici la fonction « II La Rencontre : C7 : une fée », et C9, « sous l'apparence d'une vieille femme ». Mais l'élément « C » a été déplacé de C1, « Près de la fontaine » à C6, « Dans la maison » puisque cette rencontre avec la fée n'a pas lieu à la fontaine, contrairement à la première rencontre, avec le prince, et contrairement à la troisième, et dernière rencontre, avec la deuxième fée.

Les implications de ce renversement dans l'ordre des rencontres sont multiples. Tout d'abord, la rencontre avec le prince ne donne pas lieu à un don, à moins d'y voir un don ironique et une métaphorisation de la « blessure d'amour » par Cupidon sur laquelle Lhéritier fait planer le doute en stipulant qu'il ne s'agissait pas d'une arme à feu, mais en ne statuant pas sur l'arme précise, un dard ou un javelot. L'autre implication de cette réorganisation narrative est que la deuxième rencontre, chez l'héroïne, rencontre détournée dans son lieu (la maison) mais non dans sa fonction (une fée déguisée en paysanne), conduira à un don original et ironique. En effet, le don lui-même est remis en question dans la mesure où il est ramené au rang de croyances populaires qui n'ont rien de magique. L'héroïne elle-même remet son efficacité en question : Blanche « qui avait beaucoup d'esprit, et qui était dépréoccupée des erreurs populaires, crut que le baume dont on lui parlait était quelqu'un de ces remèdes dont le peuple s'entête, et qu'il appelle de *petits remèdes*

20 Lhéritier, « Les Enchantements de l'éloquence », éd. citée, p. 81.
21 Lhéritier, « Les Enchantements de l'éloquence », éd. citée, p. 83.

innocents parce qu'il faut être en effet bien innocent pour s'en servir[22] ». On imagine avec beaucoup de difficulté une Cendrillon éclatant de rire devant la baguette magique de sa Marraine, la qualifiant de grigri pour esprits simplistes.

Avant tout aimable et d'humeur constante, Blanche ne rejette pas pour autant le baume magique auquel elle ne croit pas. Plutôt que de critiquer le don ou de s'en moquer, elle déclare préférer être « entre les mains des chirurgiens, et il ne faut pas changer tous les jours de remèdes ». Elle l'utilise néanmoins « par pure complaisance pour la paysanne qu'elle voyait si affectionnée pour elle[23] ». Dulcicula est tellement « charmée de la douceur et des manières honnêtes de Blanche » qu'elle fait à celle-ci un *autre* don : celui d'« être toujours plus que jamais douce, aimable, bienfaisante, et d'avoir la plus belle voix du monde ». Quand, en sortant, la fée, toujours déguisée en vieille femme, est rabrouée par Alix, elle fait à celle-ci le don contraire : celui d'être « toujours emportée, désagréable et malfaisante[24] ». La première scène avec une fée conduit donc à un double don pour l'héroïne : un inutile baume, et, ensuite, non pas le don de grâces mais leur confirmation puisque l'héroïne les possède *déjà*.

Dans le cas de Blanche et d'Alix, les premiers dons de la fée sont donc quelque peu curieux puisqu'il ne s'agit pas de dons. Pour l'une comme pour l'autre, « ce n'était que lui assurer la possession des qualités qu'elle avait déjà[25] ». Or, les fées sont surtout connues dans le monde de la féerie pour leur aptitude à *changer* le cours des choses, et non pas à le confirmer. Un des contes où un tel scénario a bien lieu est orchestré non pas par une Fée, mais par Jupiter qui offre à un pauvre bûcheron d'exaucer trois souhaits qui s'avèrent être à la fois inutiles et ridicules. Mais il s'agit d'un conte comique sur une aune de *boudin*. Dans le corpus traditionnel du conte de fées, on pourrait se demander quel pourrait bien être le destin de Cendrillon si sa marraine ne lui proposait qu'une robe dont l'apparence est aussi inefficace que le baume offert par la fée dans « Les Enchantements de l'éloquence » ? L'histoire en serait vite contée.

Qu'implique donc chez Lhéritier la nature superfétatoire et inutile de ces deux dons, le premier, inefficace et le second, matériellement

22 Lhéritier, « Les Enchantements de l'éloquence », éd. citée, p. 84.
23 Lhéritier, « Les Enchantements de l'éloquence », éd. citée, p. 84.
24 Lhéritier, « Les Enchantements de l'éloquence », éd. citée, p. 85.
25 Lhéritier, « Les Enchantements de l'éloquence », éd. citée, p. 85.

inexistant ? Ces dons ne peuvent signifier qu'autre chose que la nécessité d'une intervention magique pour que soit finalement possible la résolution de l'intrigue. Chez Lhéritier, la première fée, Dulcicula, ne donne à Blanche rien que celle-ci n'ait déjà : voilà bien le miracle des « Enchantements de l'éloquence » dont ne peut rendre compte aucun élément formel du conte. En réalité, Blanche n'a *pas* besoin de don : ce qu'elle est, et ce qu'elle a, elle se l'est donné elle-même. Ce que la fée confirme par son don, c'est ce qui avait déjà « enchanté » le chasseur : la modestie, la douceur et la politesse de l'héroïne.

Chez Perrault, il est dit de l'héroïne, la cadette de deux sœurs, qu'elle était « le vrai portrait de son Père pour la douceur et pour l'honnêteté », et qu'elle « était avec cela une des plus belles filles qu'on eût su voir[26] ». Chez Lhéritier, l'héroïne tient ses qualités de sa défunte mère qui « avait été très belle ; sa fille ne le fut pas moins, et avec mille agréments qui parurent dès son enfance, elle avait le teint d'une blancheur si éblouissante qu'on en forma son nom et qu'on la nomma Blanche[27] ». Quand les affaires du père tournent mal, Blanche en est « réduite à n'avoir pour toute dot que sa blancheur et sa beauté ». Mais si sa beauté est héréditaire, les charmes qui frappent le prince, et Dulcicula, ne sont pas physiques, et ils ne viennent pas de la mère de Blanche : ces charmes, nous dit la conteuse, ne sont en effet « d'ordinaire […] pas d'un grand secours pour faire trouver un parti considérable[28] ».

D'où viennent donc les charmes de Blanche qui, dans le conte, ont remplacé les dons magiques et les ont précédés ? De ses lectures, tout simplement. L'amour qu'elle a pour son père « et l'espérance de trouver quelque occasion de sortir avec bienséance de son esclavage » lui ayant ôté « la résolution d'en sortir en faisant du bruit », Blanche occupe tant bien que mal ses loisirs :

> […] comme la société et toutes sortes de divertissements lui étaient interdits, elle trouva moyen d'en prendre dans sa chambre par la lecture. Elle amassa un grand nombre de romans, je ne sais de quelle manière ; cependant elle n'en eut pas toute la satisfaction qu'on pourrait croire, parce qu'elle ne pouvait lire que la nuit, sa belle-mère l'occupant sans relâche tant que le jour durait

26 Perrault, « Les fées », dans *Contes*, p. 165.
27 Lhéritier, « Les Enchantements de l'éloquence », éd. citée, p. 70.
28 Lhéritier, « Les Enchantements de l'éloquence », éd. citée, p. 71.

> [...] quand elle pouvait dérober de jour quelques moments, elle retournait avec empressement à ses livres[29].

N'arrive bien entendu que ce qui doit arriver : la belle-mère qui observe sans cesse Blanche pour la tourmenter, finit par prendre « des ombrages de l'ardeur qu'on lui voyait pour être seule dans sa chambre ». Elle surprend la lectrice en flagrant délit, « comme elle était sur un des plus beaux endroits d'un roman aussi bien écrit qu'agréablement inventé[30] ».

Lhéritier, amie proche de nombreuses femmes écrivains, notamment de Scudéry, et farouche adversaire de Boileau et de ses acolytes, interrompt ici brusquement le fil du conte au profit d'une véritable « apologie des romans[31] ». Surprise alors qu'elle est en train de lire un « livre d'amour en catimini », Blanche tombe ainsi dans la catégorie stéréotypée de la lectrice coupable à trois égards. Elle est non seulement coupable de s'isoler, et donc de négliger son rôle social. Elle néglige de plus sa fonction domestique en gaspillant son temps à la lecture. Enfin, elle est coupable de se laisser intoxiquer par des idées romanesques peu compatibles avec sa véritable situation.

La marquise profite du fait qu'elle a elle-même surpris sa belle-fille en flagrant délit de lecture pour l'accabler d'invectives dans un langage pour le moins vulgaire. Elle espère par-là noircir sa réputation auprès de son père. Mais la scène produit l'effet contraire. Le père de Blanche est un mari effacé et « d'un caractère à se laisser gouverner par sa femme, [...] il vécut fort bien avec elle, à condition qu'il se mît sur le pied de ne la contredire jamais, et de la laisser maîtresse absolue en toutes choses[32] ». Or, cet homme gouverné par sa femme, tendre père qui aimait sa fille « beaucoup, mais qui n'avait pas la fermeté de s'opposer aux manières barbares qu'on avait pour elle » tient exceptionnellement tête à son impérieuse épouse sur *un* point : la légitimité de la lecture de romans pour les jeunes filles[33].

29 Lhéritier, « Les Enchantements de l'éloquence », éd. citée, p. 75.

30 Lhéritier, « Les Enchantements de l'éloquence », éd. citée, p. 75.

31 Lhéritier, « Les Enchantements de l'éloquence », éd. citée, p. 77. Lhéritier elle-même souligne d'ailleurs la nature digressive de la « broderie » qui est qualifiée d'« apologie des romans » puisque la marâtre, qui ne comprend rien aux discours du père qui défend le roman, « ne put laisser achever l'apologie des romans que le marquis allait continuer » (p. 76-77).

32 Lhéritier, « Les Enchantements de l'éloquence », éd. citée, p. 71. Perrault évite de représenter un homme soumis aux volontés de sa femme en mettant en scène une veuve.

33 Lhéritier, « Les Enchantements de l'éloquence », éd. citée, p. 74.

Lorsque la marâtre lui déclare que les romans ne servent qu'à enseigner la malice aux jeunes filles, le marquis lui rétorque que, au contraire, privée de tous les plaisirs, Blanche peut bien « en prendre un qui lui donnera de l'ouverture d'esprit et de la politesse ». Au sujet de la lecture de romans, le marquis déclare : « Je suis ravi quand je vois des filles de qualité s'occuper à lire, si elles s'y appliquaient toutes, on ne les verrait pas si embarrassées de leur loisir ; […] ». La marquise rétorque que « Pour les demoiselles qui n'ont pas le sol, elles ne doivent savoir que le ménage, et s'y occuper toujours ; au moins, si elles veulent faire les liseuses, il faut que ce soit dans de bons livres, et non pas dans ceux où l'on apprend la malice ». Le père lui rétorque « brusquement » que :

> On n'apprend pas la malice […] dans les beaux romans que je vois que ma fille lit […] au contraire, dit-il, on n'y trouve que de grands sentiments, que de beaux exemples ; on y voit toujours le vice puni, toujours la vertu récompensée ; et même l'on peut dire que pour les personnes bien jeunes, la lecture des romans est en quelque façon meilleure que celle de l'histoire même, parce que l'histoire, étant entièrement assujettie à la vérité, présente quelquefois des images bien choquantes pour les mœurs. L'histoire peint des hommes comme ils sont, et les romans les représentent tels qu'ils devraient être, et semblent par-là les engager d'aspirer à la perfection[34].

Outre le fait qu'ils mettent en scène des modèles de modestie dont les jeunes filles peuvent s'inspirer, les romans enseignent encore « la politesse du langage », et une moralité irréprochable[35].

Le conte donne raison au père, lui-même grand lecteur de romans : « Le père de Blanche ne se trompa point : cette belle fille joignit en peu de temps une politesse achevée à sa douceur naturelle[36] ». C'est grâce à ses lectures, grâce aux romans, que Blanche a en effet pu elle-même développer les dons qu'elle aurait dû recevoir des fées, dons que Dulcicula se contentera de confirmer.

L'enchantement que produit Blanche sur le prince ne doit donc *rien* à la magie ni aux fées, et ses dons sont encore confirmés par une troisième

---

34 Lhéritier, « Les Enchantements de l'éloquence », éd. citée, p. 75-76.

35 Cette déclaration est à considérer dans le contexte des débats sur la naissance et la légitimité du roman souvent critiqué par ses ennemis pour son immoralité, mais défendu par ses adeptes pour sa plus grande moralité que l'histoire.

36 Lhéritier, « Les Enchantements de l'éloquence », éd. citée, p. 77.

rencontre qui, dans les autres versions du conte, constitue la rencontre centrale. Remise de ses blessures, Blanche retourne à la fontaine pour y chercher de l'eau. Elle y rencontre une dame qui lui demande à boire. Cette dame, la fée de l'élément II. C7, s'appelle ici *Eloquentia nativa*, et elle aussi est charmée par la « politesse achevée » que Blanche a ajoutée « à sa douceur naturelle » grâce à ses lectures romanesques : « Elle la trouva si aimable dans ses manières que du remerciement elle entra en conversation, la jeta sur mille sujets agréables et délicats dont Blanche ne fut point embarrassée ; elle y répondit avec tant d'esprit, de douceur et de politesse qu'elle acheva de charmer celle à qui elle parlait[37] ».

Blanche reçoit enfin le don qui symbolise le conte : celui de produire en parlant des objets rares et précieux. La fée, « toute pénétrée de l'éloquence et des manières obligeantes de Blanche [...] lui donna pour don qu'il sortirait de sa bouche des perles, des diamants, des rubis et des émeraudes chaque fois qu'elle ferait un sens fini en parlant[38] ». Alix reçoit le don inverse : « à chaque mot qu'elle dirait, il sortirait de sa bouche des crapauds, des serpents, et des araignées, et d'autres vilains animaux dont le venin fait frémir tout le monde ». Le prince épousera Blanche alors qu'Alix, détestée de tous, y compris de sa propre mère, ira finir ses maussades jours « *au coin d'un buisson*[39] ».

Quand, lors de la troisième rencontre, et la deuxième avec une fée, arrive finalement le don symbolique associé au conte, sa fonction est devenue fort limitée, pour ne pas dire inutile. Blanche n'a pas attendu qu'une fée lui fasse le légendaire don pour séduire le prince, c'est avant tout son éloquence et sa modestie qui y ont œuvré. Le don symbolique qu'elle reçoit de la fée prend ici, une fois encore, valeur de confirmation. Comme le déclare *Eloquentia nativa* au prince qui voudrait la remercier de sa générosité envers sa bien-aimée : « [...] vous n'avez nulle part à ce que j'ai fait pour elle : la douceur et la politesse de cette aimable fille m'ont charmée, sa conversation est toute admirable, rien n'égale le tour heureux de ses expressions, et j'ai voulu que les perles et les rubis sortissent de sa bouche pour marquer la douceur et le brillant qu'on trouve dans ses paroles[40] ».

---

37 Lhéritier, « Les Enchantements de l'éloquence », éd. citée, p. 86.
38 Lhéritier, « Les Enchantements de l'éloquence », éd. citée, p. 86-87.
39 Lhéritier, « Les Enchantements de l'éloquence », éd. citée, p. 89-90.
40 Lhéritier, « Les Enchantements de l'éloquence », éd. citée, p. 90.

Le raffinement que Blanche a acquis par ses lectures devient encore plus évident quand il est comparé aux réponses que font les autres héroïnes du même conte-type. Dans ces contes, et notamment chez Perrault, le don n'est en rien justifié par le personnage de l'héroïne : les fleurs et pierres précieuses qui sortent de sa bouche équivalent bien à une richesse, mais elles ne correspondent en rien à la nature de l'héroïne comme c'est le cas chez Lhéritier. Dans « Les Fées », une « pauvre femme » demande à boire à la fille cadette envoyée chercher de l'eau pour sa mère. L'héroïne répond à celle-ci un fort prosaïque : « Oui-dà, ma bonne mère ». Il n'y a pas là véritablement de quoi enchanter, et on ne peut lire qu'avec amusement la moralité du conte :

> Les Diamants et les Pistoles,
> Peuvent beaucoup sur les Esprits ;
> Cependant les douces paroles
> Ont encor plus de force et sont d'un plus grand prix[41].

Comparées aux prosaïques paroles de l'héroïne de l'Académicien, celles de l'héroïne de Lhéritier n'en paraissent que plus douces mais surtout plus brillantes.

Pour démontrer par son conte l'importance de la lecture romanesque pour la jeune lectrice, Lhéritier manipule donc la séquence des éléments du conte en donnant à Blanche le pouvoir de développer son éloquence par la lecture de romans avant même sa rencontre avec le prince et les deux fées. Cette inversion des rencontres permet à la conteuse de montrer de quelle manière l'éloquence, jointe à la douceur et à l'honnêteté, est en réalité le véritable don des fées. Parée de ces qualités, son héroïne reçoit des dons qui ne peuvent être qu'inutiles et redondants. Certes, l'héroïne de Perrault et celle de Lhéritier ont aussi ce don de produire des pierres précieuses chaque fois qu'elles parlent. Chez Perrault, bien que la morale déclare, en contre-pied du conte, que les « douces paroles » valent mieux que des diamants ou pistoles, c'est bien ce don qui arrête le prince pour qui « un tel don valait mieux que tout ce qu'on pouvait donner en mariage à une autre, […][42] ». Rien de tel chez Lhéritier où la séduction du prince a lieu *avant* le don des fées. Ici aussi, il s'agit d'un don lucratif. Mais il n'intervient qu'alors que le prince a *déjà* été conquis

---

41 Perrault, « Les Fées », dans *Contes*, p. 165 et 167.
42 Perrault, « Les Fées », dans *Contes*, p. 167.

par la douceur, la bonté, et l'éloquence de l'héroïne qui sont ses *vraies* richesses, et constituent le véritable trésor dont peut se parer une Dame, sans l'aide des fées ni intervention merveilleuse.

En ce qui concerne l'un des éléments fondateurs du genre, le don des fées, « Les Enchantements de l'éloquence » est un conte ironique qui montre que celui-ci est en réalité bien inutile, et prouve que la véritable fée est en chacun et chacune de nous. Libre à nous de nous faire le don merveilleux de l'éloquence et de la douceur. On pourrait voir dans « Les Enchantements de l'éloquence » une illustration de la morale d'un autre conte de Perrault que j'ai déjà mentionné, « Les Souhaits ridicules », conte qui a paru deux ans plus tôt dans *Le Mercure galant* :

> Bien est donc vrai qu'aux hommes misérables,
> Aveugles, imprudents, inquiets, variables,
> Pas n'appartient de faire des souhaits,
> Et que peu d'entre eux sont capables
> De bien user des dons que le Ciel leur a faits[43].

On pourrait se demander pourquoi Lhéritier est passée par ces « bagatelles » et « ces broderies » pour nous prouver cette morale plutôt que, comme Perrault, par… une aune de boudin ? Et pourquoi utiliser le genre du conte de fées pour démontrer précisément que les dons des fées sont en réalité bien inutiles tant ils ne peuvent être qu'une confirmation des dons que l'on peut se faire par l'étude et la lecture ?

L'originalité du conte de Lhéritier prend toute sa signification quand les aventures de Blanche sont replacées dans leur contexte : les comédies de Molière qui mettent à mal les *Femmes savantes* et autres *Précieuses ridicules*, mais aussi la Querelle des Anciens et des Modernes, notamment sur la cause des femmes.

Dans son conte, « bagatelle » qui n'en est pas une faite de « broderies » qui n'en sont pas non plus, Lhéritier reprend sur un mode féerique les critiques émises par Molière dont les comédies ont à jamais ridiculisé les (mauvaises) lectrices des romans de Scudéry : les romans ne sont ici bons qu'à distraire deux provinciales qui souffrent d'un « jeûne effroyable de divertissements ». Elle s'attaque également à Boileau pour qui les lectrices, et spécialement celles de Scudéry, ne peuvent être que des femmes délurées et corrompues. Les « livres d'amour », Boileau l'avait

43 Perrault, « Les Souhaits ridicules », dans *Contes*, p. 123.

dit, conduisent les lectrices à « […] bientôt en grande eau sur le fleuve de Tendre / Naviguer à souhait, tout dire et tout entendre », et à bientôt « Suivre à front découvert Z… et Messaline[44] ».

Dans son *Dialogue des héros de romans* et dans le *Discours sur ce dialogue*, Boileau avait fustigé Scudéry qui avait fait de Cyrus, roi promis par les Prophètes, un Artamène plus fou que tous les Céladon dont l'occupation principale est de gémir, se lamenter et de filer « le parfait amour » au lieu de s'occuper de sa carrière de noble et fier guerrier[45]. Selon Boileau toujours, Scudéry avait récidivé dans sa *Clélie* dont les héros seraient encore plus fous que Cyrus et qui, au lieu d'étudier la topographie des pays à conquérir, passeraient leur temps « à tracer des Cartes géographiques d'Amour[46] ».

Boileau l'Ancien dénonce chez la romancière sa déformation de la noble Antiquité au service d'une galanterie toute soumise au sexe féminin. Du plus noble guerrier, Cyrus rebaptisé Artamène serait devenu un « grand Pleureur[47] ». Clélie et tous les héros romains seraient plus fous encore. Lhéritier a bien entendu les critiques et la satire de Boileau. Dans « Les Enchantements de l'éloquence », dès son tout premier recueil donc, elle y répond d'une manière ironique en prenant la défense du roman, et de son amie Madeleine de Scudéry, dans un conte d'un genre nouveau qu'elle contribua à légitimer.

En reprenant les critiques faites aux lectrices et aux femmes auteurs par Boileau, en les détournant et en les attribuant à une instance d'énonciation et de validation bourgeoise, vulgaire et inculte, Lhéritier invalide la légitimité de ces propos. La porte-parole de la position des Anciens est non seulement la veuve d'un financier, et c'est tout dire pour l'aristocratie de l'époque, mais elle a en plus gardé « avec soin les sentiments et la manière de la famille dont elle était », une famille riche mais sans éducation et de basse extraction. Comme c'est souvent le cas

44 Boileau, *Satire X*, dans *Satires, Épîtres, Art poétique*, édition présentée, établie et annotée par Jean-Pierre Collinet, Paris, Gallimard, 1985, p. 127-128.

45 Boileau, *Discours sur ce Dialogue*, dans Boileau, *Œuvres complètes*, introduction par Antoine Adam, textes établis et annotés par Françoise Escal, Paris, Gallimard, Bibliothèque de la Pléiade, 1966, p. 445.

46 Boileau, *Discours sur ce Dialogue*, p. 445.

47 Boileau, *Dialogue des héros de roman*, dans Boileau, *Œuvres complètes*, introduction par Antoine Adam, textes établis et annotés par Françoise Escal, Paris, Gallimard, Bibliothèque de la Pléiade, 1966, p. 457.

dans le genre du conte, « telle mère, telle fille », et « Les Enchantements de l'éloquence » ne constitue pas une exception. Comme la mère et sa fille chez Basile, « [...] il n'est presque pas possible de voir deux personnes plus populaires et plus rustiques qu'elles étaient[48] ».

Le personnage de la mère est, comme Boileau, convaincu que la lecture d'un « livre d'amour en catimini » ne peut avoir que des conséquences néfastes sur ses lectrices : si les jeunes filles « veulent faire les liseuses, il faut que ce soit dans de bons livres, et non pas dans ceux où l'on apprend la malice[49] ». Or, ce porte-parole ironique des Anciens ne peut déchiffrer le titre du roman que lit Blanche qu'« avec beaucoup de difficulté, parce que c'était un nom grec fort rébarbatif et qu'elle prononça très mal[50] ». S'agirait-il des aventures de Cyrus, ce « grand Pleureur » dénoncé par Boileau ? Ce n'est pas impossible, c'est même fort probable...

Chez Lhéritier, la lecture est la seule source de dons magiques : loin d'y devenir une nouvelle Messaline, comme Boileau le suggère, la lectrice se dote elle-même des charmes de l'éloquence qui enchantent le prince, conduisent la première fée à confirmer ces dons et la seconde à matérialiser les paroles merveilleuses en de véritables pierres précieuses. *A contrario*, celle qui ne lit pas, et qui donc pourrait avoir l'assentiment de Boileau, court « de spectacle en spectacle, et de berlan en berlan », et elle affole les deux fées tant elle est emportée et vulgaire. Contrairement à ce que déclare Boileau sur les lectrices des romans de Scudéry et du roman en général, celles qui lisent se dotent des dons magiques de l'éloquence alors que celles qui ne lisent pas, loin de devenir la femme parfaite, finissent par cracher à chaque parole « des crapauds, des serpents, et des araignées », bref, par tenir des propos « dont le venin fait frémir tout le monde[51] ».

L'histoire de cette héroïne qui est récompensée pour sa gentillesse en recevant le don magique de produire des pierres précieuses à chaque parole, est atemporel et universel. Mais il ne s'est attaché à aucune version, et aucune héroïne de ce conte, ni la Cicella de Basile, ni la Blanche de Lhéritier, pas plus que l'héroïne de Perrault, n'a connu la gloire de ses consœurs Cendrillon ou encore la Belle au bois dormant. Au XIXe siècle,

48 Lhéritier, « Les Enchantements de l'éloquence », éd. citée, p. 71.
49 Lhéritier, « Les Enchantements de l'éloquence », éd. citée, p. 127.
50 Lhéritier, « Les Enchantements de l'éloquence », éd. citée, p. 245-246.
51 Lhéritier, « Les Enchantements de l'éloquence », éd. citée, p. 89.

le nom de son auteur ne sera pas encore tombé dans l'oubli. Il figure encore dans *Le Monde enchanté, choix de douze contes de fées, de Perrault, Mlle Lhéritier, Mme d'Aulnoy, Mlle de La Force, le Comte de Caylus, Mme Leprince de Beaumont* paru en 1883. Mais les « Enchantements de l'éloquence » n'y figure plus. Les frères Grimm raconteront bien après Perrault et Lhéritier les exploits d'une héroïne maltraitée par sa mère qui se blesse en filant près d'une fontaine dans laquelle elle tombe et qui, pour avoir servi patiemment et gentiment une « Dame Holle », rentre chez elle couverte d'or alors que son impertinente et paresseuse sœur rentrera couverte de poix. Mais l'histoire de cette héroïne ne traversera pas les siècles, pas plus que celle de ses plus anciennes cousines napolitaine ou française.

Désormais destiné avant tout à des enfants, le conte de fées se doit d'être court, et de ne pas prendre le chemin du Petit Chaperon Rouge, mais plutôt celui du loup, pour arriver aussi directement que possible à la morale. Certaines des revendications de Lhéritier ne sont plus d'actualité depuis que la légitimité des femmes auteurs n'est plus à prouver, depuis que l'éducation est obligatoire pour tous, garçons et filles, et surtout depuis que la lutte est entamée, mais pas encore gagnée, pour l'égalité des sexes. On sait cependant que, dans des endroits encore trop nombreux du monde, on interdit l'accès de jeunes filles au savoir et à la moindre éducation, et que leur combat pour apprendre à lire n'est pas gagné face, non pas à une belle-mère acariâtre et vulgaire, mais face à des obscurantismes de tout crin. C'est aussi pour cette raison que « Les Enchantements de l'éloquence » a peut-être, plus que jamais, gardé toute sa pertinence. Même si la poudre dont ce conte est couvert a passé de mode, sa leçon est, plus que jamais, actuelle.

MÉTAMORPHOSES DU CONTE II

Les tribulations d'une héroïne européenne née en France, « Rapunzel »

Restée longtemps dans l'ombre de Cendrillon, son exacte contemporaine, une autre héroïne de conte de fées a fait un retour remarqué sur scène il y a quelques années. Elle s'appelle Raiponce. On avait annoncé en 2015 « Raiponce revient à la Porte Saint-Martin dès le 3 octobre » dans une comédie musicale qui lui était consacrée, *Raiponce et le Prince aventurier*, spectacle qui était une reprise du même spectacle mis en scène l'année précédente à l'Espace Pierre Cardin où il avait connu un grand succès[1].

Cinq ans plus tôt, les studios Disney avaient produit *Tangled* distribué en France sous le titre de *Raiponce*. La base de données IMDB indique que « Rapunzel aux longs cheveux magiques a passé sa vie entière dans une tour, mais maintenant qu'un voleur en fuite l'a rencontrée par hasard, elle est sur le point de découvrir le monde pour la première fois, et qui elle est vraiment[2] ». Quant aux « auteurs », le même site indique que le scénario est dû à Dan Fogelman. Le conte de fées qui en est la source est attribué aux frères Grimm.

Parallèlement à la production des studios Disney, la comédie musicale était décrite dans les termes suivants :

> « Raiponce », le célèbre conte des frères Grimm est enfin adapté en spectacle moderne, énergique, et plein d'humour, dans la grande lignée des comédies musicales anglo-saxonnes. Pensé pour tous les enfants (oui, même les garçons) mais aussi pour leurs parents, le spectacle « Raiponce et le prince aventurier » dépoussière le conte de fées et offre un véritable moment de partage en famille[3].

---

1 *Raiponce et le Prince aventurier*, sur une musique de Julien Salvia, paroles de Ludovic-Alexandre Vidal, livret d'Anthony Michineau.

2 « The magically long-haired Rapuzel has spent her entire life in a tower, but now that a runaway thief has stumbled upon her, she is about to discover the world for the first time, and who she really is ». Voir la fiche « Raiponce » sur imdb.com.

3 Voir le site officiel du spectacle : raiponce-spectacle.com. Consulté le 21/09/2015.

Ce conte, en sa version musicale nouvelle, ne s'adresserait plus uniquement aux enfants, mais à toutes les générations considérées dans un cadre familial. Il serait l'ouvrage des frères Grimm.

DES ORIGINES FRANÇAISES D'UN CONTE BIEN ALLEMAND : « RAPUNZEL » DES FRÈRES GRIMM

Si l'attribution des aventures de « Rapunzel » aux frères Grimm est exacte, elle oblitère les origines littéraires de ce même conte, origines que les frères Grimm avaient veillé à cacher mais qui n'en sont pas pour autant moins réelles. Et ces origines sont bien françaises. C'est peut-être bien une Rapunzel allemande qui revient à la porte Saint-Martin au début du vingt-et-unième siècle. Mais c'est une Raiponce bien française qui en était partie plus de trois siècles plus tôt, comme nous allons le voir.

Si ce conte fait bel et bien partie des *Kinder- und Hausmärchen* des frères Grimm – c'est le conte 12 du premier tome paru en 1812 – une version antérieure du même conte avait déjà paru, en France, plus d'un siècle plus tôt. Il s'agit d'un conte intitulé « Persinette » que l'on doit à une contemporaine de Charles Perrault, Charlotte-Rose Caumont de La Force, qui le publia en 1697 dans *Les Contes des Contes*, recueil qui est l'exact contemporain des *Histoires ou Contes du temps passé. Avec des Moralités* de Perrault.

Soixante ans avant que La Force ne donne aux aventures de cette héroïne aujourd'hui célèbre la forme que nous lui connaissons, et près de deux siècles avant que les frères Grimm ne la « germanisent », un autre auteur en avait déjà conté la merveilleuse histoire dans une version oubliée aujourd'hui. Les aventures de l'héroïne aux longs cheveux d'or enfermée dans une tour sans porte font en effet déjà l'objet du Divertissement premier de la Deuxième journée des *Cunto de li cunti* de Giambattista Basile (1634-1636). Elle s'appelait alors « Petrosinella ».

Aujourd'hui, cependant, comme en témoignent les commentaires sur la comédie musicale et les nombreuses autres adaptations des aventures de cette héroïne, on attribue ce conte systématiquement, et exclusivement, aux frères Grimm, oubliant ce que la tradition de ce conte doit à la littérature italienne en dialecte napolitain, mais aussi à la française, et en particulier à la tradition de la littérature de l'Âge classique. On a oublié que cette héroïne constitue un des legs les plus vivants du Grand Siècle aujourd'hui.

Il est, comme nous l'avons vu, toujours délicat, voire illusoire, de tracer avec précision ou certitude les éléments d'un conte qui auraient été repris d'un autre conte. Le cas de « Persinette » est, avec celui du « Roi Porc » de Murat dont il a déjà été question, assez exceptionnel pour être mentionné. En effet, son auteur donne une indication précise sur les éléments de ses propres contes qu'elle a pu puiser ailleurs. Dans un « Avis » placé à la fin de « Persinette » qui annonce le conte suivant, « L'Enchanteur », elle déclare :

> L'Enchanteur est pris d'un ancien livre gothique, nommé Perseval. On y a retranché beaucoup de choses qui n'étaient pas suivant nos mœurs. On y en a jouté bien d'autres aussi. Quelques noms sont changés. C'est le seul conte qui ne soit pas tout entier de l'auteur ; tous les autres sont purement de son invention[4].

Dans son édition critique, Raymonde Robert rappelle que « Paul Delarue a été le premier à faire remarquer que, contrairement à ce qu'affirme Mlle de La Force dans l'avertissement de *L'Enchanteur*, le sujet de ce conte n'est pas de son invention[5] ». Peut-on en effet accréditer les propos d'auteurs de contes de fées sur leur propre création et sur leur originalité ? Les modes de transmissions écrites et orales du conte de fées sont tels qu'il est parfois impossible de se souvenir d'où, de qui, de quand on tient une histoire que nous racontons… Peut-on en vérité jamais se vanter d'avoir inventé un conte de fées de *toutes pièces* ?

Pourquoi dès lors la conteuse se serait-elle prémunie contre de possibles critiques quant à son originalité dans un genre où on peut certes inventer, mais où il est difficile, voire impossible, d'éviter *toute* source

4 Charlotte-Rose Caumont de La Force, « Avis pour le conte suivant », dans *Mademoiselle Lhéritier, Mademoiselle Bernard, Mademoiselle de La Force, Madame Durand, Madame d'Auneuil, Contes*, édition critique établie par Raymonde Robert, Paris, Honoré Champion, Bibliothèque des Génies et des Fées, vol. 2, 2005, p. 339. Voir aussi *Le Cabinet des fées, ou Collection choisie des Contes des fées, et autres Contes merveilleux*, tome sixième, Paris et Amsterdam, 1785, p. 48.

5 Raymonde Robert, notice « Persinette » dans *Mademoiselle Lhéritier, Mademoiselle Bernard, Mademoiselle de La Force, et al. Contes*, p. 298.

d'inspiration quant aux personnages, motifs, événements, test, don, etc. Une des explications possibles réside dans la nature même de la naissance du conte de fées. Avant de faire les délices de leurs lecteurs et lectrices, les contes de fées ont d'abord circulé dans les salons où on les composait et où on les lisait.

Un des témoins les plus connus de cet amusement de salon est la Marquise de Sévigné. Le 6 août 1677, dans une lettre à sa fille, madame de Grignan, madame de Sévigné raconte que :

> Madame de Coulanges, qui m'est venue faire ici une fort honnête visite [...] voulut bien nous faire part des contes avec quoi l'on amuse les dames de Versailles ; cela s'appelle les *mitonner*. Elle nous mitonna donc, et nous parla d'une île verte, où l'on élevait une princesse plus belle que le jour ; c'étaient des fées qui soufflaient sur elle à tout moment. Le prince des délices était son amant ; ils arrivèrent tous deux dans une boule de cristal, alors qu'on y pensait le moins ; ce fut un spectacle admirable ; chacun regardait en l'air, et chantait sans doute :
>
> Allons, allons, accourons tous,
> Cybèle va descendre.
>
> Ce conte dure une bonne heure ; je vous en épargne beaucoup, en considération de ce que j'ai su que cette île verte est dans l'Océan ; vous n'êtes point obligée de savoir exactement ce qui s'y passe. Si c'eût été dans la Méditerranée, je vous aurais tout dit, comme une découverte que Monsieur de Grignan eût été bien aise d'apprendre.

Selon l'expression consacrée par l'épistolière dans cette lettre où elle jette un regard amusé sur les divertissements fort *honnêtes* d'aristocrates de haute volée, on *mitonne* des contes dès les années 1670, deux décennies avant que n'apparaissent les premiers contes de fées littéraires. Tel le pain qui est « préparé pour le potage et que l'on met dans un plat avec du bouillon pour le faire tremper longtemps sur le feu avant que de dresser le potage » (définition du *Dictionnaire de l'Académie française*, tome 2, 1694), chaque conte qui est « servi » est, à chaque fois, le résultat de la combinaison subtile d'éléments disparates d'origines variées qui finissent par constituer un ensemble cohérent, un goût, un conte unique. Bien malin est le convive ou l'auditeur, et plus tard le lecteur ou la lectrice, qui peut alors séparer le pain du potage ou encore identifier l'origine de chaque personnage, de chaque événement. Personne ne le sait, pas même ceux qui les racontent.

Peut-on véritablement voir, dans la défense de La Force qui déclare n'avoir imité d'autres modèles que *Perceforest*, un « Avertissement » sur l'originalité garantie de ses propres contes, exception faite de « L'Enchanteur » ? La Force craignait-elle qu'un *autre* conte calqué sur une trame proche ne paraisse à la même époque, comme ce fut le cas de Madame de Murat dont « Le roi Porc » est fort proche du « Prince Marcassin » de sa contemporaine Aulnoy ? C'est non seulement possible, mais probable. Il est, dans ce contexte, difficile d'accréditer la déclaration selon laquelle *seul* « L'Enchanteur » serait venu d'une *seule* source, *Perceval*, alors que Murat confirme ailleurs la circulation du recueil de Straparola parmi « les Dames qui ont écrit jusqu'ici en ce genre », dames auxquelles appartient l'auteur de « Persinette ».

On retrouve des revendications similaires d'originalité deux siècles plus tard, en Allemagne. Lors de la première vague du conte de fées littéraire, des conteuses louis-quatorziennes pouvaient clamer leur originalité dans le cadre de leur propre modernité. Deux siècles plus tard, ces raisons pour invoquer une création originale ne s'inspirant d'aucune source littéraire n'ont plus cours. D'autres raisons les ont remplacées. Chez les frères Grimm, la défense de leur propre originalité est en réalité moins poétique que politique et idéologique.

Le premier élan qui a poussé les Grimm dès leur premier volume de contes à se réclamer explicitement d'un corpus national, et à donner à l'Allemagne le recueil qui lui manque, se radicalise trois ans plus tard[6]. Dans leur « Préface à la première édition du tome 2 » paru en 1815, ils clameront, comme nous l'avons vu, que leur inspiration est purement allemande, et pour sa naissance et pour sa forme, et que *rien* n'a été emprunté de nulle part, nulle part qui ne soit pas purement allemand, cela va sans dire.

Il faut remettre ces déclarations non seulement dans leur contexte historique mais également dans le cadre idéologique qui informe la rédaction des deux volumes de *Kinder- und Hausmärchen*. Souvenons-nous qu'avant d'être les auteurs des contes avec lesquels ils sont désormais associés, les frères Grimm sont également philologues. Et

6 Dans la « Préface à la première édition du tome 1 » de 1812, les frères Grimm déclaraient déjà : « Nous nous sommes efforcés de saisir ces contes en les laissant aussi purs que possible [...] Il n'existe encore aucun recueil de ce genre en Allemagne. » (*Contes pour les enfants et la maison*, tome 1, p. 479).

que ces deux entreprises ne sont pas totalement éloignées mais plutôt complémentaires.

Jacob (1785-1863) et Wilhelm (1786-1859) Grimm sont des philologues et « collecteurs » de contes qui ont écrit à un moment crucial dans la naissance de l'État allemand : le deuxième volume de leurs *Kinder-und Hausmärchen* est l'exact contemporain de la naissance du Congrès de Vienne qui voit l'avènement de la Deutscher Bund, la Confédération germanique. Il faudra attendre le dernier tiers du siècle pour que soit théorisée, en France, l'idée de Nation telle que la définit Ernest Renan dans son discours prononcé en Sorbonne le 11 mars 1882. On n'en est pas encore officiellement à l'ère du *nationalisme* qui naîtra officiellement au siècle suivant : le terme qui fait référence à un « Sentiment qui consiste dans l'exaltation d'une idée nationale » ne fera son entrée dans le *Dictionnaire de l'Académie française* qu'en 1932.

Mais l'idée d'une *nation* qui exalte un sentiment d'appartenance et d'exclusion – pour appartenir, il faut exclure – est déjà bien présente dans la première moitié du siècle. Le *Dictionnaire de l'Académie française* contemporain de Perrault et des premières conteuses définit déjà une *Nation* de la manière suivante : « Terme collectif. Tous les habitants d'un mesme Estat, qui vivent sous les mesmes Lois, et usent de mesme Langage ». Quand les frères Grimm écrivent, l'Académie française œuvre déjà depuis près de deux siècles à la standardisation de la langue française, depuis sa création sous l'égide de Richelieu en 1634. D'une manière moins officielle, des salonnières avaient aussi contribué à son raffinement avant que leurs pâles imitatrices ne soient parodiées par Molière dans *Les Précieuses ridicules* et *Les femmes savantes*. Et, finalement, la tragédie, mais aussi le roman, et le conte de fées, avaient contribué à confirmer le statut officiel de la langue française qui avait remplacé la latine comme *lingua franca* de la culture et de la littérature.

Dans son discours « Qu'est-ce qu'une nation ? » mentionné plus haut, Ernest Renan avait mis à mal l'idée selon laquelle une nation peut être identifiée à une langue, ou à une race ou à une religion. Comment, demande-t-il, la Suisse, qui a « trois langues, deux religions, trois ou quatre races, est-elle une nation, quand la Toscane, par exemple, qui est si homogène, n'en est pas une[7] ? ». Ce n'était pas, semble-t-il, le

7 Ernest Renan, « Qu'est-ce qu'une nation », texte saisi par S. Pestel pour la « Collection électronique de la Bibliothèque municipale de Lisieux », 10 février 1997, n. p.

sentiment des frères Grimm plus tôt dans le siècle. Si une nation ne s'identifiait pas qu'à une langue, du moins avait-elle besoin de cette condition nécessaire, mais non suffisante, de l'utilisation d'une même langue pour unifier une nation germanique.

Mais pour parler une même langue, il faut d'abord que celle-ci soit définie, unifiée et réglementée. Deux siècles après Vaugelas et les débuts de l'Académie française pour la France, outre-Rhin, ce sera d'abord le travail de Jacob Grimm, auteur d'une *Deutsche Grammatik*, grammaire dont le tome 1 a paru en 1818-1819, soit quelques années seulement après les deux tomes des *Kinder- und Hausmärchen*. Dans le cadre linguistique de la nation naissante, les deux frères ont également entrepris une tâche pharaonique qui ne se terminera qu'avec la publication du dernier tome, un siècle et demi plus tard : la rédaction des premiers volumes d'un *Deutsches Wörterbuch*, dictionnaire historique de la langue allemande qui, outre les significations et usages de chaque mot, en donne encore l'origine. Jacob Grimm sera également l'auteur d'une *Deutsche Mythologie* dont les trois volumes ont paru en 1835, 1844 et 1854.

C'est déjà cette démarche d'unification qui préside à la rédaction des *Kinder- und Hausmärchen* dès 1812 et continuera avec, trois ans plus tard, la publication d'un second volume, et continuera bien des années encore avec la réécriture de certains contes, alors que grammaire et dictionnaire allemands voient le jour.

Quand paraît le premier volume des *Märchen*, la Campagne d'Allemagne des armées napoléoniennes bat son plein et ravage le pays. Or, la France, agresseur, est aussi identifiée au pays des premiers conteurs et premières conteuses de l'Ancien Régime dont *Le Cabinet des fées* avait préservé l'ouvrage dans 41 volumes publiés entre 1785 et 1789. Dans le cadre de la rédaction de contes dont certains, voire beaucoup, s'inspirent de ce corpus français, il est impérieux d'insister sur l'origine « purement allemande » des contes que les deux frères auraient alors réunis, non pas à partir de sources écrites venues de France, mais bien à partir de récits qui seraient à la fois oraux *et* tirés « du peuple », récits dont on pouvait ainsi prétendre avec un minimum de bonne foi qu'ils étaient bien allemands et « empruntés de nulle part ».

Plutôt que d'essayer de démontrer d'une manière hypothétique l'existence des dialogues intertextuels qui ont lieu au sein du corpus féerique, démonstration impossible tant les modes de transmission du conte de fées sont polymorphes, et leurs enjeux parfois si poétiques ou politiques, nous analyserons un dialogue intertextuel générique transnational et trans-séculaire précis : celui qu'entretiennent trois contes de fées qui nous racontent l'histoire d'une jeune et belle héroïne aux longs cheveux d'or qui est enfermée dans une haute tour sans porte[8]. De ces trois versions, seule celle des frères Grimm nous est restée aujourd'hui. Mais son histoire est bien plus ancienne, et elle n'est pas « purement allemande », mais bien européenne.

DE LA TRIPLE IDENTITÉ D'UNE HÉROÏNE ALLEMANDE

Par leurs ressemblances et leurs affinités, trois contes de fées littéraires nous donnent la possibilité d'analyser des formes de dialogues intertextuels concrets à travers des sources écrites et attestées. Il s'agit de « Petrosinella » de Giambattista Basile (« Fleur-de-Persil » dans la traduction française), de « Persinette » de Charlotte-Rose Caumont de La Force et de « Rapunzel » des frères Grimm[9]. La tradition folklorique du conte les a regroupés sous la catégorie du Conte-type 310 : « Persinette ». Si ce classement a l'avantage de permettre d'identifier, parmi un immense corpus, des contes appartenant à un même groupe, elle ne peut pas conduire à des conclusions qui vont au-delà de l'identification de ces affinités, et de l'appartenance à un conte-type particulier.

Dans le cadre d'une analyse littéraire, l'appartenance de contes spécifiques à un conte-type commun sert moins de point d'arrivée que de point de départ : pour rendre compte de la spécificité de dialogues intertextuels entre des contes, il convient de mener une analyse de

8 Je reprends ici la terminologie de « variation » et « reconfiguration générique » du conte à Ute Heidmann dans « Genres et textes en dialogue : une approche comparative », et en particulier « Le concept de (re)configuration générique », dans Ute Heidmann et Jean-Michel Adam, *Textualité et intertextualité des contes*, Paris, Éditions Garnier, 2010, p. 34-40.

9 Je reprends ici des éléments que j'ai développés dans « *Persinette* en Allemagne : le corpus "purement allemand pour sa naissance et sa mise en forme" des frères Grimm », dans *Le Dialogisme intertextuel des contes des Grimm*, sous la direction de Ute Heidmann, *Féeries. Études sur le conte merveilleux* XVIIe-XIXe *siècle*, 9, 2012, p. 29-54.

leurs spécificités textuelles précisément au-delà de leurs ressemblances. D'une certaine manière, ces contes raconteraient « la même histoire », mais l'intérêt, qu'il soit poétique, historique ou encore idéologique, de chaque conte, réside dans le moindre détail qui différencie une version d'une autre. Il s'agit donc, au-delà des ressemblances entre ces contes, de mettre en évidence ce que Delphine Denis a appelé « la singularité textuelle de chaque œuvre » pour en découvrir le véritable sens en tant qu'*artefact* textuel individuel[10].

Si la mise en exergue des éléments communs aux trois contes a ses vertus pour cataloguer et rassembler des contes d'une même famille, elle ne rend cependant pas compte de la reconfiguration de personnages, de motifs ou de formulations dans l'un ou l'autre registre plus approprié aux préoccupations esthétiques ou socioculturelles de leurs auteurs, ni de la reconfiguration de *la structure* même du conte qui a des conséquences essentielles pour la signification non seulement poétique, mais également idéologique, du conte. Dans un article consacré à « Cendrillon » (Perrault) et aux « Six Cygnes » (W. et J. Grimm), Pierre-Emmanuel Moog a, au sujet du premier conte et de « Aschenputtel » (W. et J. Grimm), fait une comparaison entre le conte de fées et la famille : « Je ne qualifierai pas ces contes comme étant des *versions* d'un même *conte-type*, comme le fait la tradition folkloriste, ces notions me semblant problématiques, et je préfère les qualifier de contes *apparentés* formant une *famille*, un peu à la manière dont Wittgenstein parle d'*air de famille*[11] ; [...] ». Ne pas aller au-delà de la parenté d'un conte ou, pour en revenir à notre comparaison, d'une personne après l'avoir constatée reviendrait à dire : « Ah oui, mais il est apparenté à la famille des Guermantes » pour expliquer la quintessence et les spécificités de natures aussi complexes que celles de Basin et de Palamède du même nom. On sait que les frasques du baron de Charlus qui se passionne pour un contrôleur d'omnibus et joue au jeu du bourdon et de l'orchidée avec Jupien, son ancien giletier, étaient assez spécifiques pour n'être pas celles de son frère. Pas plus du reste que celles de leur auteur, Marcel, dont les frasques nocturnes

10 Delphine Denis, « Préface », dans Ute Heidmann et Jean-Michel Adam, *Textualité et intertextualité des contes*, Paris, Éditions Garnier, 2010, p. 12.

11 Voir à ce sujet Pierre-Emmanuel Moog, « Interdit salutaire à travers deux cas merveilleux : "Cendrillon" (Perrault) et "Les six cygnes" (Grimm) », *Conte et morale(s), du XVIIe siècle à aujourd'hui*, dossier coordonné par Jean Mainil et Jean-Paul Sermain, *Féeries. Études sur le conte merveilleux XVIIe-XIXe siècle*, 13, 2016, p. 96, note 34.

étaient, elles aussi, assez particulières pour que son frère Robert ne les partage pas non plus.

Les trois contes, « Petrosinella », divertissement premier de la deuxième journée de *Lo Cunto de li cunti* de Giambattista Basile, « Persinette », deuxième conte des *Contes des contes* de Charlotte-Rose de Caumont de La Force et « Rapunzel », douzième conte des *Kinder- und Hausmärchen* des Grimm, dont il sera question ici, nous permettront de faire une analyse des dialogues intertextuels qu'entretiennent ces trois contes d'une manière qui n'oppose pas l'approche folklorique du conte-type à une approche littéraire dialogique. Notre analyse nous permettra, au contraire, de faire dialoguer ces deux méthodes et de partir des conclusions de la première pour peaufiner celles de la seconde, et ainsi de mieux comprendre les transformations formelles effectuées par la conteuse louis-quatorzienne et, plus d'un siècle plus tard, par les conteurs allemands, dans le contexte des préoccupations poétiques, esthétiques, socioculturelles et morales qui sont les leurs[12].

Cette analyse nous permettra de reconsidérer d'abord un double postulat énoncé jadis au sujet de ce conte par Paul Delarue et Marie-Louise Ténèze. Selon eux, « Mlle de La Force n'a donc pas inventé ce conte comme elle le prétend […] elle *paraît* avoir remanié *seulement* la fin du conte[13] ». Et ensuite, une autre déclaration sous la caution d'une mise entre parenthèses : « (Cette version [*Persinette*] *semble* avoir influencé celle de Grimm *en certaines de ses parties*[14]) ». Pour mieux mettre en évidence la « reconfiguration générique » du conte par La Force et ensuite les frères Grimm, j'analyserai trois épisodes formels du conte avant de conclure sur la reconfiguration de sa Moralité : la naissance de l'héroïne, son enfermement dans la tour et, finalement, sa libération.

12 Je partirai, pour l'analyse des différences entre les contes et leurs significations, du précieux *Catalogue raisonné des versions de France* intitulé *Le Conte populaire français* de Paul Delarue et Marie-Louise Ténèze. Dans l'analyse du conte-type 310, Delarue et Ténèze soulignent bien les affinités des trois contes, mais en minimisant l'importance de l'originalité de la conteuse française que nous analysons ici.

13 P. Delarue et M.-L. Tenèze font ici allusion à la déclaration de Charlotte-Rose Caumont de La Force dont il a été question plus haut selon laquelle, outre son conte de « L'Enchanteur », tous les autres contes seraient de son invention. La Force, « Avis sur le conte suivant », dans *Mademoiselle Lhéritier, Mademoiselle Bernard, Mademoiselle de La Force, Madame Durand, Madame d'Auneuil, Contes*, édition critique établie par Raymonde Robert, Paris, Honoré Champion, « Bibliothèque des Génies et des Fées », vol. 2, 2005, p. 339.

14 P. Delarue et M.-L. Tenèze *Le Conte populaire français*, tome 1, p. 181 et p. 179. C'est moi qui souligne.

UNE NAISSANCE TANT ATTENDUE

Chez Basile, il n'y a pas de couple parental, mais une mère seule qui se nomme Pascadozia. Chez La Force et les Grimm, les deux personnages restent, conformément à la tradition du conte, anonymes. Le conte gagne ainsi en universalité par la non-désignation spécifique du personnage de la mère. Derrière cette similitude d'éléments apparaît déjà une reconfiguration par les frères Grimm de la reconfiguration antérieure par La Force du conte de Basile :

> Deux jeunes amants s'étaient mariés ensemble après une longue poursuite de leurs amours ; rien n'était égal à leur ardeur, ils vivaient contents et heureux, quand pour combler leur félicité, la jeune épouse se trouva grosse, et ce fut une grande joie dans ce petit ménage[15].

Et :

> Il était une fois un homme et une femme qui désiraient avoir un enfant depuis longtemps déjà, mais en vain. Finalement, la femme eut espoir que le Bon Dieu allait exaucer leur désir[16].

Par rapport au conte napolitain, La Force reconfigure déjà le couple parental d'une triple manière. Elle ajoute un mari absent chez Basile. Ce mari est essentiel parce qu'il deviendra l'auxiliaire de la transgression à la fois dans « Persinette » et « Rapunzel ». Ensuite, elle s'éloigne du sujet populaire et de la spécificité du prénom présents chez Basile. Finalement, elle inscrit le couple parental dans un registre romanesque sentimental : la naissance heureuse se situe dans le cadre d'une « longue poursuite de leurs amours » et d'« ardeurs ». Plus d'un siècle plus tard, un tel discours sentimental n'a plus sa place dans un conte de fées qui s'adresse *en priorité* à des enfants. Il est reconfiguré chez les Grimm par l'expression d'un désir d'enfant, et sous la protection du « Bon

15 C.-R. de La Force, « Persinette », dans *Mademoiselle Lhéritier, Mademoiselle Bernard, Mademoiselle de La Force, Madame Durand, Madame d'Auneuil, Contes*, édition critique établie par Raymonde Robert, Paris, Honoré Champion, Bibliothèque des Génies et des Fées, vol. 2, 2005, p. 331. Toute référence à « Persinette » sera à cette édition.

16 Grimm, « Raiponce », dans *Contes pour les enfants et la maison*, p. 80.

Dieu ». Nous passons ainsi de la Carte de Tendre, de longues amours et d'ardeurs récompensées à un désir d'avoir un enfant, et à l'espoir d'une bénédiction divine.

La figure de l'agresseur, mais aussi la transgression elle-même, sont radicalement différentes chez Basile et chez les deux autres conteurs. Chez Basile, il s'agit d'une ogresse alors que chez La Force, c'est une fée et chez les Grimm, une magicienne, une « *Zauberin*[17] ». L'élément anthropophage associé à l'ogresse a donc disparu dès la version de La Force. Certes, il existe bien des ogres et ogresses dans des contes contemporains de « Persinette », dont la Belle-Mère souvent oubliée de « La Belle au bois dormant » et l'ogresse de « Finette Cendron » d'Aulnoy, mais il ne s'agit pas de la mère de l'héroïne, et ce sont deux personnages qui doivent être sacrifiés, contrairement au conte de Basile.

Ce n'est pas non plus à une ogresse qu'est confiée l'héroïne à sa naissance chez les Grimm. Ceux-ci n'utilisent pas le mot « fée » mais une périphrase qui définit la fonction de la fée dans l'univers du conte : c'est une « magicienne qui avait un pouvoir immense et que le monde entier craignait[18] ». C'est elle qui enlèvera l'héroïne pour la protéger de son propre destin, destin qui reste inexpliqué dans le conte français et dans le conte allemand.

La Force et les Grimm qui ont donc d'une part transformé la figure de l'ogresse en personnage féminin puissant, ont d'autre part ajouté une figure : le père. L'introduction d'un mari permet un transfert de la transgression de la mère vers le père. Ici encore, La Force a reconfiguré le conte sur un mode romanesque. Après l'aveu par la mère de son irrésistible envie de persil, « le mari soupira et se troubla pour une envie si malaisée à satisfaire ; néanmoins comme rien ne paraît difficile en amour… », le mari finit par accéder à la demande extravagante de sa femme et par aller voler lui-même le persil défendu.

Quand il est surpris en flagrant délit par la fée, le mari, contrit, demande pardon et déclare que « sa femme se mourrait si elle ne mangeait

---

17 Pour l'utilisation différenciée de la figure de la fée chez Perrault et des « weise Frauen » (femmes sages) chez les Grimm, voir l'article de Cyrille François « Fées et *weise Frauen* : les Faiseuses de dons chez Perrault et les Grimm », dans *Des* fata *aux fées : Regards croisés de l'Antiquité à nos jours*, textes rassemblés par Martine Hennard Dutheil de la Rochère et Véronique Dasen, Lausanne, Revue de la Faculté des lettres de l'Université de Lausanne, Études de lettres n° 289, 2011, p. 259-278.

18 Grimm, « Raiponce », dans *Contes pour les enfants et la maison*, p. 80.

pas un peu de persil ; qu'elle était grosse, et que cette envie était bien pardonnable[19] ». Chez les Grimm, ce discours de soupirs, de trouble, fait place à une considération pratique : « Son mari, qui l'aimait, se dit : "Plutôt que de laisser mourir ta femme, tu vas aller lui chercher des raiponces, quel que soit le prix à payer[20]" ». L'ironie présente en ce seul endroit dans « Persinette » – « Il fallait que, dans ce temps-là, le persil fût d'un goût excellent » – a disparu de la version des Grimm où consommer des raiponces est devenu une question de vie ou de mort.

La reconfiguration de la transgression par La Force a un effet direct sur le récit. Dans les versions française et allemande, ce n'est pas la mère qui sacrifie son enfant mais le père, et il s'agit moins d'un caprice que d'une menace sérieuse sur la santé de la mère, et donc de l'enfant à naître. La gourmandise vorace et irresponsable d'une femme qui agit seule et abandonne finalement son enfant a été remplacée par une vraie menace que la mère et l'enfant subissent et pour laquelle le père prend la décision d'abandonner l'enfant à une fée, et non plus une ogresse. La trame de l'histoire est conservée, sa signification complètement altérée.

Dans les trois contes, la naissance de l'héroïne donne lieu à des variations textuelles significatives. Contrairement aux deux autres contes, chez Basile, l'ogresse n'assiste pas à l'accouchement. Quand elle a sept ans, l'héroïne commence à fréquenter un maître d'école et elle rencontre en chemin l'ogresse qui la charge de rappeler à sa mère sa promesse. Elle le répète si souvent qu'à la fin, la mère, « excédée d'entendre ce refrain, dit à sa fille : "Si tu rencontres encore la vielle, et qu'elle t'interroge sur cette maudite promesse, réponds-lui donc : 'Eh bien ! Prends-la[21]'" ». L'ogresse saisit la fille « par les cheveux et l'emporta avec elle dans un bois [...] puis elle l'enferma dans une tour qu'elle fit surgir comme par enchantement[22] ».

Le baptême de l'héroïne, absent chez Basile, est, chez La Force et les Grimm l'occasion d'une double reconfiguration et d'une intensification dramatique. La fée/magicienne est présente lors de l'accouchement, et c'est elle qui donne à l'héroïne son nom. Cette présence et ce don mettent en évidence l'emprise de la fée/magicienne et elle minimise encore la

19 La Force, « Persinette », p. 332.
20 Grimm, « Raiponce », dans *Contes pour les enfants et la maison*, p. 80.
21 Basile, « Fleur-de-persil », *Le Conte des contes*, p. 146.
22 Basile, « Fleur-de-persil », *Le Conte des contes*, p. 147.

responsabilité parentale. Dès sa naissance, l'héroïne est remise à sa marraine. La Force et les Grimm concentrent ainsi l'intrigue sur un élément fondateur : le don de l'héroïne en échange du persil ou de la raiponce, et son destin, dès sa naissance, sous l'égide de la fée/magicienne. Les sept années de l'éducation de Petrosinella qui n'ont que peu d'intérêt dans le conte, ont été supprimées au profit d'une concentration chronologique et d'une intensification thématique du rôle de la fée/magicienne.

La présence de la fée/magicienne commune à La Force et aux Grimm souligne également des différences radicales dont ne peut pas rendre compte l'élément considéré dans le cadre du conte-type : « I. *La fillette promise à la fée* – D : Elle est invitée au baptême ; D1 : on donne un nom à l'enfant[23] ». La fée n'est pas invitée, c'est elle qui s'y invite, et ce n'est pas un anonyme « on » qui lui donne un nom, mais la fée/magicienne. De plus, et la reconfiguration est encore plus significative, les modalités du baptême révèlent une reconfiguration radicale par La Force, et plus tard, une seconde reconfiguration de cette reconfiguration significative par les Grimm.

Chez les Grimm, la scène du baptême de « *La fillette promise à la fée* » reste assez simple : la fée qui est apparue aussitôt après l'accouchement « donna à l'enfant le nom de *Rapunzel* et l'emmena avec elle[24] ». Chez La Force, le cérémonial de la scène traduit une obsession nobiliaire pour la distinction qui se manifeste ici par l'exhibition de signes extérieurs de richesses : la fée reçoit Persinette « dans des langes de toile d'or, et lui a arrosa le visage d'une eau précieuse qu'elle avait dans un vase de cristal, qui la rendit, au moment même, la plus belle créature du monde[25] ». Ce n'est qu'après ces « cérémonies de beauté » que la fée emmène l'héroïne.

Nous sommes alors à la fin du XVIIe siècle, dans la société aristocratique louis-quatorzienne, bien loin de « la touffe de l'herbette en question » qu'avait Petrosinella sur la poitrine à sa naissance. Les langes d'or, eaux précieuses et autres cérémonies de beauté qui ont remplacé le prosaïque bouquet de persil chez Basile, n'ont plus cours au XIXe siècle. Le conte ne s'adresse plus à l'époque à un lectorat adulte et aristocratique imprégné de romans héroïques et de ses superlatifs nobiliaires,

23 Delarue et Ténèze, ouvr. cité, p. 178.
24 Grimm, « Raiponce », dans *Contes pour les enfants et la maison*, p. 81.
25 La Force, « Persinette », p. 332.

mais plutôt à de jeunes lecteurs, voire à des adultes appartenant à une classe peu encline à remplir la tête de sa progéniture de tant de signes ostentatoires de richesses qui feraient d'elle une génération d'enfants gâtés, capricieux, et forcément déçus par une réalité nettement plus prosaïque. Au XVIIe siècle, les adultes pouvaient prendre pour argent comptant les descriptions hyperboliques de La Force ou, au contraire, prendre une ironique distance par rapport à ce récit idyllique. Mais ni ces richesses, ni cette possible distance ne sont de mise deux siècles plus tard quand le conte s'adresse à des enfants, protestants de surcroit, dont il s'agit de faire l'éducation morale par un récit édifiant.

DE L'ENFERMEMENT DE L'HÉROÏNE DANS LA TOUR

Par une même concentration de l'intrigue qui passe sous silence l'éducation de l'héroïne, Persinette et Rapunzel sont enfermées dans une tour à l'âge de douze ans. Les tours ont une même spécificité dans les trois contes, et c'est bien souvent ce qui nous permet, aujourd'hui encore, d'identifier d'emblée le conte et son héroïne : ces tours sont très hautes, et elles ne disposent pas de porte mais uniquement d'une fenêtre à leur sommet. Cette spécificité justifie un autre élément central du conte avec lequel il est identifié : la montée des visiteurs – quels qu'ils soient – dans la tour n'est possible que par les très longs cheveux de l'héroïne.

Mais cette tour est-elle « absolument identique » comme le déclare Raymonde Robert au sujet des contes de Basile et de La Force[26] ? La décomposition du conte selon ses éléments, « II. *La jeune fille dans la tour*. A. La fée met la jeune fille dans une tour ; A1 : qui n'a pas de porte ; A2 : où elle se fait monter par les longs cheveux de la belle[27] », inviterait à une telle conclusion. Mais celle-ci ne permet pas de rendre compte des reconfigurations dialogiques entre les versions. Nous ne savons rien de la tour chez Basile si ce n'est que l'ogresse la « fit surgir comme par enchantement, sans portes, sans escaliers, avec une unique

26 R. Robert, « Les Conteurs français lecteurs de Basile : Mlle Lhéritier, Mlle de La Force, un auteur anonyme, Cazotte », *The Romanic Review*, volume 99 (2008), numéros 3-4, p. 339.

27 Delarue et Ténèze, ouvr. cité, p. 178.

fenêtre, minuscule, où elle montait et descendait en glissant le long des cheveux de Fleur-de-Persil[28] ».

Chez La Force, la tour est inscrite dans le même registre que le baptême : tout, ici, est encore signe de richesse. La tour est « d'argent », elle contient « de grands et beaux appartements aussi éclairés que si la lumière du soleil y fût entrée, et qui recevaient le jour par le feu des escarboucles dont toutes ces chambres brillaient. Tout ce qui était nécessaire à la vie s'y trouvait splendidement ; toutes les raretés étaient ramassées dans ce lieu[29] ». Tout, ici, est superlatif, des « plus beaux bijoux » aux « garde-robes […] magnifiques », aux « mets les plus délicieux[30] ». L'éducation même de l'héroïne tient du stéréotype de l'époque : l'héroïne « ne s'ennuyait pas dans sa solitude ; elle lisait, elle peignait, elle jouait des instruments et s'amusait à toutes ces choses qu'une fille qui a été parfaitement élevée n'ignore point[31] ».

Les Grimm ne reprendront ni le décor superlatif, ni l'éducation romanesque digne d'un roman précieux ou héroïque, éducation qui serait du reste fort inutile pour une jeune allemande d'un milieu populaire du début du XIXe siècle. Non seulement les conventions esthétiques et romanesques ne sont, à leur époque, plus les mêmes, mais les préoccupations socioculturelles qui étaient celles de l'aristocratie de la fin du XVIIe siècle ont aussi changé. L'éducation « parfaite » d'une héroïne s'adresse désormais à *toutes* les petites filles d'une nation en formation, et il serait dangereux de donner à celles-ci non seulement des idées vaines de grandeur, mais également des idées fausses selon lesquelles la vie d'une jeune fille consiste à lire, peindre, et bien jouer d'un instrument. Outre une grande méfiance envers la nation voisine et turbulente conduite par Napoléon, on avait vu quelques années plus tôt – à peine deux décennies – ce qu'avait donné une pareille éducation aux sujets qui avaient fini sur l'échafaud.

La scène de la rencontre avec le prince témoigne également d'un triple décalage significatif entre les Grimm et le conteur napolitain, et un triple parallèle intertextuel avec la version de La Force. Ces éléments sont : le chant incantatoire, la rencontre initiale, et la manière dont cette rencontre se réalise.

---

28 Basile, « Fleur-de-persil », dans *Le Conte des contes*, p. 147.
29 La Force, « Persinette », p. 332.
30 La Force, « Persinette », p. 332-333.
31 La Force, « Persinette », p. 333.

Chez Basile, seule l'apparence de la chevelure attire l'attention du prince. Petrosinella passe la tête par la fenêtre de la tour et répand ses tresses au soleil :

> [...] avisant ces deux drapeaux dorés qui incitaient les âmes à s'enrôler dans les armées d'Amour, et, au milieu de ces ondes précieuses, un visage de Sirène qui ensorcelait les cœurs, [le prince] s'entiche follement de cet amoncellement de beautés[32] [...].

Chez La Force et les Grimm, ce n'est plus la chevelure, mais la voix de l'héroïne qui attire le prince. Chez La Force, cette spécificité découle de l'allusion qui est faite à la « voix divine » de Persinette, jeune fille dont l'éducation parfaite selon les goûts du temps, est détaillée. Les Grimm qui n'ont rien dit de cette éducation, ont cependant conservé cette voix qui tient donc désormais d'un don naturel.

La caractérisation de la princesse enfermée dans la tour témoigne également du message que le conte veut véhiculer selon son époque et le public auquel il s'adresse. La princesse peut ainsi être un personnage qui n'a pas froid aux yeux, observe le prince sans gêne ni peur, s'adresse à lui, et va jusqu'à l'inviter à la rejoindre. C'est le cas de la Petrosinella de Basile. La princesse de La Force et celle des Grimm sont plus retenues. Chez La Force, le registre qui décrit l'observation de l'héroïne s'inscrit une fois encore dans le romanesque et le sentimental : « Persinette, de son côté, perdit la parole quand elle vit un homme si charmant, elle le considéra longtemps tout étonnée, mais tout à coup, elle se retira de la fenêtre, croyant que ce fût quelque monstre, se souvenant d'avoir ouï dire qu'il y en avait qui tuaient par les yeux, et elle avait trouvé les regards de celui-ci très dangereux[33] ».

Dans le contexte de galanterie qui est le sien, La Force a reconfiguré les échanges entre l'héroïne et le prince. Il n'est plus question, comme chez Basile, d'un « amoncellement de beautés », d'un « grimoire de soupirs » et encore moins de prosaïques « baisers volants », de « clignements d'yeux », de « salamalecs[34] ». Chez La Force, ceux-ci ont été reconfigurés en un stéréotype de l'amour qui enchaîne par le regard qui... tue.

32 Basile, « Fleur-de-persil », dans *Le Conte des contes*, p. 147.
33 La Force, « Persinette », p. 333.
34 Basile, « Fleur-de-persil », dans *Le Conte des contes*, p. 147.

Les Grimm feront de leur héroïne un personnage encore plus réservé que celle de Basile qui invite le prince à monter dans la tour, ou celle de La Force qui observe le Prince mais se réfugie aussitôt dans la tour pour éviter de « mourir d'amour ». Rapunzel ne voit pas le prince. Ce détail a pour effet de rendre la tromperie du prince et son arrivée en haut de la tour encore plus surprenantes pour l'héroïne, et ainsi de garantir son innocence puisqu'elle n'a, littéralement, *rien vu* (venir), ni donc rien pré-*vu*.

Chez La Force et les Grimm, le prince contrefait la voix de la fée/magicienne et il prononce des paroles incantatoires : ici, « Percinette, descendez vos cheveux que je monte » et là, « Raiponce, Raiponce, / déroule tes cheveux pour que je monte ». La Force opère ici encore une reconfiguration du thème de la rencontre selon le goût du jour plus enclin à la pudeur qu'au début du siècle. Chez Basile, le prince « s'engouffra dans la chambre pour déguster un peu de persil à la sauce Amour[35] ». Le couple héroïque prend tant de plaisir à ces plats dégustés – « dévorés » serait plus exact – à cette « sauce », qu'une « commère de l'ogresse » qui voulait « fouiner dans la merde des autres » prévient celle-ci du « trafic et remue-ménage » qu'elle entend tous les soirs[36].

Chez La Force, le langage est à la fois sentimental et plus pudique. Arrivé en haut de la tour, le prince « pensa en tomber en bas, quand il remarqua de si près cette prodigieuse beauté [...] il lui embrassa les genoux avec une ardeur qui pouvait la persuader[37] ». D'abord effrayée, Persinette se trouble mais se laisse finalement convaincre, et elle accepte la proposition du Prince de l'épouser dans l'heure : « elle y consentit sans savoir presque ce qu'elle faisait, elle acheva de même toute la cérémonie[38] ». Il y a bien consommation du mariage chez La Force, ce qui entraînera la grossesse, l'exil et la pénitence de l'héroïne. Mais elle est décrite dans des termes indirects qui font référence à l'ignorance d'une héroïne naïve, plutôt qu'à une consommation quotidienne par une héroïne nettement plus enthousiaste et fort bruyante du reste.

Le mariage et sa consommation prennent une forme plus pudique encore chez les frères Grimm qui, au fil des versions, en ont encore adouci les connotations sexuelles. La première édition est, de toutes,

35 Basile, « Fleur-de-persil », dans *Le Conte des contes*, p. 147.
36 Basile, « Fleur-de-persil », dans *Le Conte des contes*, p. 148.
37 La Force, « Persinette », p. 335.
38 La Force, « Persinette », p. 335.

la plus explicite : Rapunzel et le prince « vécurent donc dans la joie et le plaisir pendant un certain temps, et la magicienne ne se rendait compte de rien, jusqu'à ce qu'un jour, Rapunzel lui parle en ces termes : "Dites-moi donc, Marraine, mes vêtements sont devenus si étroits et ne me vont plus[39]" » (1812). La grossesse explicitement mentionnée dans cette première version a disparu dans la dernière version de 1837. Ici, Rapunzel, d'abord effrayée, mais ensuite séduite par les propos du prince, fait, lors de leur première rencontre, un geste presque enfantin pour consentir aux désirs de l'amant : « voyant qu'il était jeune et beau, elle acquiesça et mit sa main dans la sienne[40] ». Il n'est même plus question ici d'achever la cérémonie comme chez La Force, même sans savoir ce qu'on fait. La cérémonie et la consommation du mariage sont résumées chez les Grimm par le geste pudique d'une enfant qui se laisse guider par sa confiance bienveillante et naïve.

LIBÉRATION DE L'HÉROÏNE

Après la rencontre du prince et de l'héroïne dans la tour, les contes de La Force et des Grimm se séparent radicalement des autres versions attestées du conte-type. C'est là que, selon Delarue et Ténèze, La Force *paraît* avoir remanié la fin du conte, et *seulement* la fin du conte. Dans cette dernière partie, et contrairement à la version de Basile et aux autres versions attestées du même conte-type, il n'y a pas chez La Force ni chez les Grimm de fuite du couple héroïque. Cette fuite rocambolesque chez Basile et qui a des connotations intertextuelles avec d'autres contes tels que « Peau d'Âne » (l'ogresse porte une peau d'âne) ou encore « Le Petit Chaperon rouge » (elle se fait dévorer par un loup) a pour conséquence de mettre le couple à l'abri de la fureur de l'ogresse trompée, et de laisser ainsi et la consommation du mariage et la fuite du couple impunies. Il n'y a chez Basile aucune punition de l'héroïne, aucune rétribution pour son comportement, ni celui du prince. Le conte conclut de la manière suivante avant d'énoncer la moralité :

39 Grimm, « Raiponce », dans *Contes pour les enfants et la maison*, p. 84.
40 Grimm, « Raiponce », dans *Contes pour les enfants et la maison*, p. 82.

> Alors les amoureux, enfin sortis d'ennuis, s'en allèrent piane piane vers le royaume du jeune homme, où, avec la permission de son noble père, le prince prit Fleur-de-Persil pour épouse[41] […].

Il n'y a, dans le conte de Basile, pas d'enfants (la trahison de l'héroïne ne vient pas de sa grossesse mais d'une voisine trop curieuse), ni d'aveuglement du prince, ni d'exil de la princesse, ni de pénitence pour le couple. Non seulement, ils s'enfuient, mais leur salut viendra du pouvoir magique de trois glands qu'ils pourront jeter lors de leur fuite pour égarer l'ogresse et la conduire à sa perte. Ironiquement, le don de ces objets qui permettent au couple héroïque d'échapper au courroux de l'ogresse et à sa vengeance est fait par l'agresseur lui-même. En effet, sans le vouloir, l'ogresse révèle la présence et la localisation des dons, permettant au prince de s'en emparer. Ces dons par l'agresseur raturent implicitement la punition qui n'est donc jamais infligée, contrairement aux versions de La Force et des Grimm.

La transgression par l'héroïne de l'interdit, mais aussi le mariage consenti, sa consommation et ses conséquences, ne peuvent plus chez La Force ni chez les Grimm rester impunis. Chez La Force, la fée, remarquant l'état de Persinette, se doute de la faute commise avec le prince et « point touchée de tout l'amour dont Persinette lui racontait des traits si touchants », elle la fait descendre de la tour et l'emmène dans une contrée lointaine et « très solitaire, mais assez agréable[42] ».

Chez les Grimm, ce n'est pas l'état de l'héroïne qui la trahit, mais l'héroïne elle-même qui le révèle à la magicienne. Elle avoue en effet à celle-ci lors d'une de ses visites : « J'ai bien plus de mal à vous hisser jusqu'ici que le fils du roi qui, lui, est en haut en un clin d'œil[43] ». Cette reconfiguration de l'aveu a un double effet. Tout d'abord, elle confirme encore la naïveté enfantine de l'héroïne déjà mise en scène lors de la proposition du prince. Cet aveu permet encore de court-circuiter toute allusion à la grossesse de l'héroïne. Celle-ci se retrouve en effet rejetée à la fin du conte lorsque nous apprenons *finalement* que Rapunzel « vivait misérablement avec les jumeaux, un garçon et une fille, qu'elle avait mis au monde[44] ».

41 Basile, « Fleur-de-persil », dans *Le Conte des contes*, p. 149.
42 La Force, « Persinette », p. 335-336.
43 Grimm, « Raiponce », dans *Contes pour les enfants et la maison*, p. 83.
44 Grimm, « Raiponce », dans *Contes pour les enfants et la maison*, p. 83.

Après avoir emmené l'héroïne dans l'endroit de son exil, la fée/magicienne revient à la tour d'une manière identique chez la conteuse française et les conteurs allemands. Elle utilise le même stratagème pour tromper le prince :

> [...] elle remonta à la tour, et se mettant à chanter du ton dont chantait Persinette, le prince, trompé par cette voix, et qui revenait pour la voir, lui redemanda ses cheveux, pour monter comme il avait accoutumé ; la perfide fée les avait exprès coupés à la belle Persinette, et les lui tendant, le prince parut à la fenêtre, où il eut bien moins d'étonnement que de douleur de ne trouver pas sa maîtresse[45].

Chez les Grimm, la scène du piège est décrite de la manière suivante :

> [...] le soir où elle avait répudié Rapunzel, la magicienne attacha au crochet de la fenêtre, en haut de la tour, les tresses qu'elle avait coupées. Quand le fils du roi vint et appela : "Raiponce, Raiponce / déroule tes cheveux pour que je monte." elle fit dégringoler les cheveux. Le fils du roi monta mais ce n'est pas sa Raiponce bien-aimée qu'il trouva en haut, c'était la magicienne qui le regardait d'un air méchant et fielleux[46].

Derrière les similarités évidentes des deux scènes apparaissent des différences significatives. Chez les Grimm, on s'éloigne une fois encore du discours galant qui fait de la fée une « perfide » et crée chez le prince « moins d'étonnement que de douleur » de ne pas trouver sa bien-aimée. Ce discours est remplacé par des adjectifs moins galants, mais plus pédagogiques et plus évocateurs pour des enfants tels que « méchant et fielleux ». De cette scène qui décrit un même événement chez deux auteurs naissent ainsi deux significations opposées. Chez La Force, le point de vue se situe du côté du prince amoureux déçu, désenchanté de ne pas retrouver sa bien-aimée, et chez les frères Grimm, il se situe du côté de la magicienne dont le regard implique la condamnation, sans égard, de l'amour du prince et de la princesse, et de leur conduite impardonnable.

Chez La Force et chez les Grimm, le prince se jette alors du haut de la tour. Chez La Force, le discours galant prédomine encore : le prince, « plus agité des fureurs de la douleur que contraint par la puissance de

---

45 La Force, « Persinette », p. 336.

46 Grimm, « Raiponce », dans *Contes pour les enfants et la maison*, p. 83.

l'art de la fée, se précipita du haut de la tour en bas. Il devait mille fois se briser tout le corps, il tomba sans se faire autre mal que de perdre la vue[47] ». Chez les Grimm, la scène est moins galante et elle est inscrite dans un registre de causalité. La perte de la vue par le prince n'est pas ici décrite comme une variation d'un métaphorique Amour « qui tue par les yeux » et rend aveugle, mais comme le résultat matériel, médical, du fait que des épines qui se trouvaient au bas de la tour lui ont crevé les yeux.

L'exil du prince et de la princesse, absent chez Basile et présent chez La Force et les frères Grimm, montre encore comment, derrière des événements similaires, peuvent se cacher des sens et des implications bien différents. Chez La Force, le prince « se nourrissait des herbes et des racines[48] ». Chez les frères Grimm, il ne se nourrissait « que de racines et de baies[49] ». Qu'il s'agisse d'herbes ou de baies, la pénitence du prince reste la même, au mot près. Mais il n'en va pas de même pour celle de l'héroïne. Chez La Force, elle reste relative et elle est exprimée dans des termes, une fois encore, romanesques. On n'est pas ici fort loin du Forez de l'Astrée : « Il y avait des prés, des bois, un ruisseau d'eau douce, une petite hutte faite de feuillages toujours verts ». Convention sociale, aristocratique et romanesque oblige, on se soucie peu de la nourriture de survie : à côté d'un lit de jonc marin, on trouve ainsi « une corbeille dans laquelle il y avait de certains biscuits qui étaient assez bons, et qui ne finissaient point[50] ».

Chez les Grimm, la pénitence de Rapunzel est reconfigurée dans le contexte d'autres préoccupations qui ne sont plus celles de Versailles, mais de l'Allemagne du début du XIXe siècle. Ici, la pénitence de l'héroïne a lieu « dans une contrée déserte où celle-ci dut vivre dans la détresse et la misère[51] ». Il n'y a plus, dans le conte allemand de 1812, de corbeille magique où tombent des biscuits comme par miracle. À l'époque de La Force, une telle profusion « miraculeuse » et digne « des doigts des fées » était devenue un art que reflète la littérature. Plus tôt dans le siècle, Vincent Voiture, habitué du cercle de Rambouillet, avait écrit au cardinal de la Vallette que la table exquise qu'il avait trouvée devant

47 La Force, « Persinette », p. 336.
48 La Force, « Persinette », p. 337.
49 Grimm, « Raiponce », dans *Contes pour les enfants et la maison*, p. 83.
50 La Force, « Persinette », p. 336.
51 Grimm, « Raiponce », dans *Contes pour les enfants et la maison*, p. 83.

lui avait été « servie par les Fées[52] ». En 1644, dans *Le Menteur*, Cliton félicite Dorante pour le festin qu'il a imaginé en lui déclarant :

> [...] Urgande et Mélusine
> N'ont jamais sur-le-champ mieux fourni leur cuisine ;
> Vous allez au-delà de leurs enchantements[53].

Boileau même aurait voulu avoir l'aide d'une fée pour servir au gourmet qu'est le comte de Broussin un dîner digne de lui : « Il faut donc que vous m'envoyiez une Fée, pour vous régaler selon la supériorité de votre goût », écrit-il à son invité[54].

À Versailles, la merveilleuse maîtrise de la nourriture avait été transformée en un art qui dominait la nature – les oranges y sont tout autant naturelles que les fontaines – et, à l'époque de la parution des premiers contes de fées, madame de Sévigné raconte comment le duc de Chaulnes, recevant le roi Jacques II, fait entrer celui-ci dans « une salle où les Fées avaient fait trouver un souper tout servi, tout chaud[55] ». On aimait croire, et faire croire, à de tels miracles sous Louis XIV, dans des scènes d'une magnificence inconnue jusque-là qu'une savante ingéniosité mettait en scène, et qui ne devaient rien aux légendaires doigts des fées...

Dans l'Allemagne de la deuxième décennie du XIXe siècle, dans un pays ravagé par de nombreuses et coûteuses guerres, par la famine aussi, il n'était plus question de mettre dans la tête des petits enfants lecteurs de contes le rêve fou de pareille pléthore, pas plus qu'il n'était question de les convaincre qu'une punition pour faute grave résulterait en un séjour dans un cadre idyllique, séjour calme passé à déguster des petits gâteaux qui apparaissent à profusion et comme par enchantement...

52 Cité par V. Delaporte dans *Du merveilleux dans la littérature française sous le règne de Louis XIV*, Paris, Retaux-Bray, 1891, p. 65.

53 *Le Menteur*, acte I, sc. VI ; cité par V. Delaporte, *op. cit.*, p. 65.

54 Cité par V. Delaporte, *op. cit.*, p. 65.

55 Lettre du vendredi 11 mars 1689.

RECONFIGURATIONS DE LA MORALE

Logique narrative oblige – le prince est aveugle – la scène des retrouvailles est occasionnée chez La Force et les Grimm par la voix de l'héroïne que reconnaît le prince. Cette réunion n'a pas lieu chez Basile puisque le prince ne devient pas aveugle et que le couple n'est jamais séparé. Elle semble bien être une invention de La Force. La configuration de cette scène par La Force et sa reconfiguration par les Grimm témoignent encore des préoccupations esthétiques et morales des époques respectives où les deux contes ont été écrits.

La scène des retrouvailles a des connotations sentimentales évidentes chez la conteuse louis-quatorzienne. Quand elle reconnaît le prince, Persinette « fit un cri perçant et s'élançant auprès de lui, son saisissement fut si sensible que, par un effet bien naturel, elle versa un torrent de larmes[56] ». Les Grimm qui n'écrivent plus pour des aristocrates amateurs de romans héroïques, mais principalement pour des enfants à une époque où le roman héroïque a passé de mode depuis bien longtemps, s'en tiennent à un factuel : « Raiponce le reconnut et se jeta à son cou en pleurant[57] ». Même les larmes thérapeutiques de l'héroïne qui, dans les deux contes, guérissent le prince de sa cécité, connaissent une reconfiguration évidente. Chez les Grimm, économie symbolique oblige, deux larmes suffiront pour le traitement de la cécité du prince, une pour chaque œil : « deux de ses larmes mouillèrent les yeux du fils du roi, et ils recouvrèrent la vue, de sorte qu'il vit aussi bien qu'avant[58] ». Nous sommes loin des larmes de Persinette qui coulent « à torrents » et qui ne sont autres, bien entendu, que des « larmes précieuses ». Chez les Grimm, les retrouvailles sentimentales, le registre émotionnel des larmes versées à profusion ont été reconfigurés en une rencontre finale décrite sur un registre, une fois encore, factuel : « Il emmena Raiponce dans son royaume où on le reçut dans la joie, et ils vécurent encore longtemps, dans le bonheur et la gaîté[59] ».

56 La Force, « Persinette », p. 337.
57 Grimm, « Raiponce », dans *Contes pour les enfants et la maison*, p. 83.
58 Grimm, « Raiponce », dans *Contes pour les enfants et la maison*, p. 83.
59 Grimm, « Raiponce », dans *Contes pour les enfants et la maison*, p. 84.

C'est dans la clôture et la moralité du conte que les Grimm ont reconfiguré le conte de La Force de la manière la plus radicale. Dans « Persinette » a lieu une seconde pénitence imposée par la fée qui est raturée de la version des Grimm. Cette deuxième pénitence est inscrite, une fois encore, dans un registre romanesque sentimental : au « spectacle bien touchant » des retrouvailles succède un tableau sentimental d'un couple parfait, un « beau prince » et « cette charmante princesse et ces aimables enfants » réduits à une « défaillance qui les mettait à deux doigts de la mort » : « Qui n'aurait pas été touché de voir ainsi mourante cette déplorable famille[60] ? ». Qui en effet ? La réponse est évidente : personne, pas même la fée. Il faut cette mise en scène pour qu'ait lieu le pardon final appelé ici « un miracle favorable », et pour que soit tirée la morale, explicite chez La Force, et absente chez les Grimm :

Tendres époux, apprenez par ceux-ci
Qu'il est avantageux d'être toujours fidèles ;
Les peines, les travaux, le plus cuisant souci,
Tout enfin se trouve adouci
Quand les ardeurs sont mutuelles ;
On brave la fortune, on surmonte le sort,
Tant que deux époux sont d'accord.

La moralité de La Force est inscrite dans le registre des « ardeurs » sentimentales et précieuses récurrentes dans le conte. Nous apprenons dès l'*incipit*, au sujet du couple parental en mal de descendance, que « rien n'égalait à leur ardeur ». Quand le prince rencontre Persinette en haut de la tour, « il lui embrassa les genoux avec une ardeur qui pouvait la persuader[61] ». De telles considérations galantes et précieuses sont bien lointaines des préoccupations esthétiques et poétiques, mais aussi du contexte idéologique et socioculturel des frères Grimm. Ceux-ci s'adressaient non seulement à un lectorat différent, des jeunes enfants en priorité, mais aussi à travers eux, à leurs parents. Les circonstances socio-économiques étaient différentes, l'Ancien Régime et ses valeurs qu'exaltait le conte de La Force avaient été mis à mal dès 1789. De plus, ces parents soucieux de la bonne éducation morale de leurs enfants

60 La Force, « Persinette », p. 338.

61 Je remercie Jean-Paul Sermain de m'avoir fait remarquer la répétition de cette thématique des « ardeurs ».

n'avaient sans doute pas de la grandeur française, passée ou présente, et des valeurs qui lui étaient associées de raffinement et d'exception, une idée positive alors que Napoléon mettait le pays à feu et à sang.

Les *Kinder- und Hausmärchen* qui devaient constituer un patrimoine purement allemand et, selon les théories du mouvement romantique, auraient trouvé leur origine dans le peuple, devaient rendre au peuple allemand « tout ce qui s'apparente aux légendes populaires ». En bref, les frères Grimm ne pouvaient donner que des contes conçus par, et pour, le peuple allemand. Les élans lyriques puisés dans des romans pastoraux ou héroïques qui s'adressaient jadis à une élite aristocrate française, palimpseste précieux que nous retrouvons dans le conte louis-quatorzien, auraient été mal venus, ou mal compris, dans un conte dit « populaire » s'adressant aux nouveaux lecteurs de 1812.

Comme nous l'avons vu, une analyse basée uniquement sur les éléments du conte-type ne permet pas de rendre compte des reconfigurations génériques spécifiques ni du véritable dialogue intertextuel qu'entretiennent les contes de Basile, de La Force et des Grimm. La signification de contes et de leurs dialogues intertextuels ne dépend en effet pas uniquement de la succession d'événements ni de leurs actants, mais aussi de l'épaisseur textuelle spécifique de chaque conte qui témoigne du contexte esthétique et socioculturel du conteur ou de la conteuse qui lui donne forme.

Dans la « Préface » à la première édition du premier tome de leurs *Märchen*, les Grimm qualifiaient le recueil de Basile d'« excellent à tous les égards » dans la mesure où « il ne comporte presqu'aucune lacune ni aucun ajout inapproprié[62] ». Dans la même préface, les Grimm reconnaissaient aussi la simplicité de Perrault, « à l'inverse de ses imitateurs, moins talentueux, Mme d'Aulnoy, Murat ». Le mérite de Perrault aurait consisté à « n'y avoir rien ajouté et à avoir laissé les choses telles quelles ». Or, rien, selon les Grimm, ne serait plus difficile, pour la langue française, qui est aussi celle de Charlotte-Rose Caumont de La Force « que d'être naïve et directe, c'est-à-dire de prétendre raconter des contes pour enfants ».

Le procès intenté aux « imitatrices » est injuste, et le principal chef d'accusation, faux. Elles n'écrivaient en effet pas pour des enfants mais pour leurs contemporains et contemporaines, adultes mondains que le

62 Grimm, « Préface à la première édition du tome 2 (1815) », p. 478.

Royaume de Féerie amusait beaucoup dans un Versailles d'intrigues, de manigance et d'ennui. La tradition esthétique était au romanesque sentimental descendu en droite ligne de la tradition héroïque et des revendications de raffinement héritées des Précieuses.

Les frères Grimm ont bien reconfiguré le conte de La Force pour lui donner sa forme universelle. Qui, aujourd'hui, ne connaît *Rapunzel* ? Et, inversement, qui connaît encore *Persinette* ? Certes, il y a chez la conteuse louis-quatorzienne des signes évidents qui trahissent des préoccupations poétiques et idéologiques d'une époque qui ont depuis longtemps passé de mode. Aux ardeurs des parents succèdent celles du prince et finalement, dans la moralité, celles du couple héroïque. On croit que le regard d'un amant peut tuer, on « pense mourir de douleur » en apercevant une beauté, on perd fort vite la parole, on se jette aisément aux genoux de la bien-aimée qu'on embrasse, on ne pleure pas mais on verse un « torrent de larmes » qui, « Ô, merveille ! », sont des larmes… précieuses.

En ce qui concerne les détails narratifs, tout est ici infiniment raffiné et supérieur et littéralement superlatif. Tout n'est que signe extérieur de richesse, de luxe, de distinction voire d'extravagance. Quelques années après la construction de Versailles et en plein soleil déclinant d'un long règne qui a entretenu avec le faste des liens étroits pour établir par lui sa légitimité et son pouvoir, sera-t-on surpris que tout, ici, soit plus grand qu'ailleurs, et que tout y brille de mille feux, comme dans le palais de l'auto-proclamé Roi Soleil ? On s'étonne que la tour dans laquelle est enfermée Persinette ne soit *que* d'argent, mais elle rappelle la pompe architecturale des monuments érigés dans le royaume pour signifier sa grandeur, y compris ses « appartements aussi éclairés que si la lumière du soleil y fût entrée » qui rappellent la Galerie des glaces[63]. Tout, dans cet univers merveilleux, témoigne d'une insistante ostentation de richesses : on ne voit que langes de toile d'or et eaux précieuses qui garantissent une parfaite beauté à celle qui les reçoit, on ne mange que les mets les plus délicats, on ne chante que merveilleusement, et la voix de l'héroïne ne peut dès lors être que divine.

N'oublions pas pour autant que La Force avait elle-même déjà reconfiguré le conte de Basile[64]. Certes, la reconfiguration de La Force a, dans

63 La Force, « Persinette », p. 332.

64 Marie-Catherine d'Aulnoy a publié en 1697, la même année que « Persinette », ses *Contes des Fées* mais ce ne sera que l'année suivante qu'Henriette-Julie de Castelnau, comtesse de

la double pénitence qu'elle met en scène, et dans sa moralité précieuse explicite, une dimension romanesque sentimentale teintée de pathos et de roman héroïque. Mais c'est bien elle qui a inventé la fin du conte que nous connaissons : l'exil et la pénitence du couple héroïque, et sa rédemption.

Dans « Persinette », la morale, qui est rendue explicite par les sept vers en clôture du conte, est inscrite dans un registre romanesque logique selon les termes du conte, mais qui, au début du XIXe siècle, sera devenu désuet. Chez les Grimm, l'absence d'une moralité explicite et d'une leçon morale claire laisse à chacun la liberté de l'interpréter selon ses propres termes. Cette reconfiguration rend le conte de 1812 beaucoup plus contemporain et universel que celui de 1697. Mais cela n'enlève cependant rien au fait que La Force avait déjà reconfiguré le conte dans son intrigue, et donc dans ses implications morales, étape transitoire, certes, mais nécessaire pour permettre aux Grimm, plus d'un siècle plus tard, de le récrire à leur tour en en supprimant l'esthétique galante et l'univers aristocratique, mais tout en conservant l'intrigue que lui avait donnée plus tôt Charlotte-Rose Caumont de La Force. C'est grâce à elle que le conte a pu migrer et arriver jusqu'à nous. Certes, il a dû être reconfiguré, rhabillé et drapé de nouveaux habits quand il fut destiné aux enfants de l'Allemagne du XIXe siècle. Il n'en reste pas moins que c'est grâce à La Force qu'a pu survivre cette héroïne, de la Naples du début du XVIIe siècle à Kassel et dans l'Allemagne en formation deux siècles plus tard[65]. C'est grâce à cette conteuse que Raiponce/Rapunzel a pu naître d'un conte en dialecte napolitain pour devenir un conte qui a amusé les aristocrates contemporains de Louis XIV, et faire ensuite les délices des enfants de l'Allemagne naissante avant de, finalement, véritable héroïne d'un conte pan-européen, prendre de nouveaux habits et de remonter sur scène au XXIe siècle, en France et en Europe.

Murat, publiera ses *Contes de fées*. La désignation « Contes des fées » perdurera jusqu'au XIXe siècle.

65 Alors que « Raiponce et le Prince aventurier » séduisait encore un large public parisien, on créait en 2018 un *Sprookjesmusical*, une comédie musicale basée sur un conte de fées, à Anvers et à Gand, qui n'est autre que *Rapunzel*.

DEUXIÈME PARTIE

UN RENOUVEAU RÉPUBLICAIN

RENAISSANCES DU CONTE DE FÉES LITTÉRAIRE AU XIXe SIÈCLE

Contrairement à la dernière décennie du Grand Siècle qui s'était passionnée pour le genre nouveau du conte de fées littéraire, le siècle suivant, siècle des Lumières et des Philosophes, connaîtra un désintérêt pour le merveilleux. Comme l'a rappelé Jean-Paul Sermain :

> Le rejet du merveilleux, de Diderot à Germaine de Staël, accompagne un projet de participation sensible, d'identification, de « vérité », qui domine la littérature d'imagination dans la deuxième moitié du XVIIIe siècle. [...] on peut interpréter comme des étapes d'une méfiance croissante à l'égard du conte de fées les genres qui en dérivent, le récit libertin, le conte moral, l'histoire fantastique[1].

À cette méfiance envers le merveilleux au siècle des Philosophes, il existe cependant deux exceptions notoires et qui semblent confirmer la règle dans la mesure où ces deux auteurs ont bien entretenu des liens privilégiés avec le merveilleux, mais chacun d'une manière qui se démarque des contes de fées littéraires de la première vague (1695-1705) : Antoine Galland (1646-1715) et Jeanne-Marie Leprince de Beaumont (1711-1780).

Au début du siècle des Lumières, alors que retombe la première vague du conte de fées à laquelle avaient participé Aulnoy, Perrault, Lhéritier, Murat, et La Force, on se passionne pour un merveilleux inédit, celui mis à la mode par Antoine Galland dans ses *Mille et Une Nuits* (1704-1717). Nombreux seront, à travers le siècle, les auteurs qui s'en inspireront pour publier leurs propres *Mille et Un Quart d'Heure, Contes tartares* (1715, Thomas-Simon Gueullette) ou encore *Mille et Une Heure, Contes péruviens* (1733, *idem*), quand on n'en fait pas des *Mille et*

1 Jean-Paul Sermain, *Le Conte de fées du classicisme aux Lumières*, Paris, Éditions Desjonquères, 2005, p. 11.

Une Fadaise, Contes à dormir debout (1742, Jacques Cazotte[2]). Cette veine merveilleuse orientale connaîtra un certain succès à travers le siècle avec, notamment et pour ne citer que deux des romans les plus connus, *Le Sopha* de Crébillon (1737) ou encore *Les Bijoux indiscrets* de Diderot (1748). Mais leur caractère satirique ou libertin distancie ces contes et ces romans des modèles originels du siècle précédent.

Un autre auteur se démarque de la méfiance envers le merveilleux qui règne au siècle de *L'Encyclopédie* par une production vaste mais dont nous n'avons retenu qu'un seul conte aujourd'hui universellement connu : Jeanne-Marie Leprince de Beaumont, auteur de « La Belle et la Bête » (1757). Ici aussi, l'auteur suit une veine radicalement différente de celle, romanesque parfois, et ironique souvent, des contes de la première vague. En tant que gouvernante de petites aristocrates anglaises qu'elle doit éduquer et à qui elle doit enseigner la langue de Voltaire, elle écrit des contes qui ne s'adressent plus à des adultes amusés mais à des enfants, comme en témoignent plusieurs de ses titres, *Le Magasin des enfants* et *Le Nouveau Magasin des enfants*. Par sa visée explicitement moralisatrice, le ton volontiers pédagogique de ses contes ainsi que le public auquel ils s'adressent, Leprince de Beaumont se démarque explicitement des auteurs de contes de fées du Grand Siècle.

Cette indifférence envers le conte de fées littéraire tel que l'avaient pratiqué les contemporains de Louis XIV va cependant de pair avec une certaine nostalgie qui se manifeste alors que le siècle et l'Ancien Régime touchent à leur fin. Paraîtront ainsi entre 1785 et 1789 les quarante-et-un volumes du *Cabinet des fées, ou Collection choisie des Contes des fées, et autres Contes merveilleux* qui constituent les archives de la mémoire littéraire collective du conte de fées de l'Ancien Régime.

Cette nostalgie pour le genre merveilleux d'antan, Voltaire lui-même l'avait exprimée plus tôt dans le siècle, en 1764, quand il disait regretter le temps béni des « bons démons, des esprits familiers, / Des farfadets aux mortels secourables ! », avant de conclure :

> On a banni les démons et les fées ;
> Sous la raison les grâces étouffées
> Livrent nos cœurs à l'insipidité ;

2 Voir l'étude de Jean-Paul Sermain, Les Mille et Une Nuits, *entre Orient et Occident*, Desjonquères, Paris, 2009.

> Le raisonner tristement s'accrédite ;
> On court, hélas ! après la vérité.
> Ah ! croyez-moi, l'erreur a son mérite[3].

Le siècle suivant confirmera, et d'une manière plus radicale encore dans sa seconde moitié, la suprématie du « raisonner », et la défaite désirée par certains, mais qui n'adviendra pas, des bons démons et autres farfadets bienveillants. Dès 1822, Auguste Comte publiait son *Plan des travaux scientifiques nécessaires pour réorganiser la société* mais surtout, dans les deux décennies suivantes, ses *Cours de philosophie positive* (1830-1842). Plus tard dans le siècle, le « raisonner » s'appliquera à des sciences précises telles que la médecine avec l'*Introduction à l'étude de la médecine expérimentale* de Claude Bernard en 1865, avant de contaminer la littérature dans *Le Roman expérimental* de Zola en 1880. Selon l'auteur naturaliste, « [...] si la méthode expérimentale a pu être portée de la chimie et de la physique dans la physiologie et la médecine, elle peut l'être de la physiologie dans le roman naturaliste ». Pour développer son propre programme du « roman expérimental », il suffira donc à Zola de « remplacer le mot "médecin" par le mot "romancier" pour rendre [sa] pensée claire et lui apporter la rigueur d'une vérité scientifique[4] ».

Mais la pensée scientifique qui contamine le savoir au XIXe siècle, y compris les sciences humaines en formation, ne fait pas que des émules. Le début du siècle s'était inscrit sous le signe du Romantisme qui, centré sur la sensibilité individuelle, n'en était pas pour autant favorable au merveilleux. Pour reprendre les mots de Christian Chelebourg, Germaine de Staël, figure emblématique du mouvement, « voit dans l'abandon des prestiges de l'imagination un progrès de l'esprit et de l'art » et dans le merveilleux « le contraire de la création [qui] la condamne à l'éternel retour des mêmes intrigues, des mêmes effets, des mêmes propos[5] ».

3 Voltaire, *Ce qui plait aux dames*, cité par Mathurin de Lescure, « Histoire des fées et de la littérature féerique en France », dans *Le Monde enchanté, choix de douze contes de fées, de Perrault, Mlle Lhéritier, Mme d'Aulnoy, Mlle de La Force, le Comte de Caylus, Mme Leprince de Beaumont*, Paris, Firmin-Didot, 1883, p. XXXV. Mathurin de Lescure utilise cette citation pour illustrer le désintérêt pour le merveilleux au XVIIIe siècle, et ainsi justifier un retour nécessaire au siècle précédent pour y trouver des contes exemplaires dont il publie une sélection.

4 Émile Zola, *Le Roman expérimental*, Paris, Charpentier, cinquième édition, 1881, p. 12-13 et p. 2.

5 Christian Chelebourg, « La Quadrature du conte. La féerie en France au temps du Romantisme (1800-1848) », *Romantisme*, 2015/4, no 170, p. 37-38.

Chateaubriand, autre figure emblématique romantique, est moins sévère envers le merveilleux, mais il s'agit chez lui d'un merveilleux essentiellement chrétien.

Il faudra attendre encore pour que soient exaucés les vœux de Voltaire et que renaissent les bons démons et les farfadets secourables, du moins en littérature. Car si l'époque n'est guère favorable au conte de fées littéraire, cela ne veut pas dire que « la matière féerique » ait pour autant disparu. Elle triomphera sur les planches et dans les spectacles d'un nouveau genre qui apparaissent alors et lui sont consacrés : les *féeries*[6].

Une des premières caractéristiques de ces féeries où figurent des personnages et des intrigues du conte de fées de l'Ancien Régime sera morale. L'imagination y sera sacrifiée à l'édification, telle cette « Féerie théâtrale » intitulée *La Belle au bois dormant* que l'on doit à Jean-Nicolas Bouilly et à Théophile Dumersan et qui sera jouée au Théâtre du Vaudeville en 1811. Dans les autres *Féeries* qui connaîtront à travers le siècle une immense popularité, le merveilleux mis en scène se rapproche de celui du premier conte de fées littéraire qui avait, lui aussi, triomphé auprès d'un public adulte et mondain amusé par un merveilleux extravagant, bien souvent comique et ironique[7]. En particulier, l'ambiance amusée, souvent parodique de ces spectacles dont l'intrigue est affranchie de la plus élémentaire vraisemblance, n'est pas sans rappeler les contes et les récits-cadres d'Aulnoy. Ce n'est pas un hasard si un de ses contes que nous analysons plus loin, « La Chatte blanche », se prêtera à des adaptations aussi nombreuses (et farfelues) que populaires en *féeries.*

6 Voir C. Chelebourg, « La Quadrature du conte », p. 39. Pour une analyse de ces *féeries*, voir Noémie Courtès, « Cendrillon mise en pièces, ou la seconde immortalité de Perrault au XIXe siècle », dans *Féeries. Études sur le conte merveilleux XVIIe-XIXe siècle*, « Le conte, la scène », numéro 4, 2007, p. 73-88. Voir également les travaux de Roxane Martin et de Sophie Lucet cités plus loin.

7 Voir Roxane Martin, *La Féerie romantique sur les scènes parisiennes (1791-1864)*, Paris, Champion, 2007. Pour une analyse de *Féeries* plus tardives, voir Sophie Lucet, « Les Belles rendormies. Féeries fin-de-siècle », dans *Féeries. Études sur le conte merveilleux, XVIIe-XIXe siècle*, numéro 12, 2015, p. 131-153.

LE RETOUR DU MERVEILLEUX : LA LITTÉRATURE POUR ENFANTS

Dans le domaine littéraire qui nous intéresse ici, parallèlement à ces *féeries* à grand spectacle, le conte de fées de l'Ancien Régime allait connaître une autre renaissance, dans un autre contexte : celle de la littérature pour enfants[8]. Dès 1861, soit quatre ans avant la publication de l'*Introduction à la médecine expérimentale*, un certain P.-J. Stahl, pseudonyme de Pierre-Jules Hetzel, s'érigeait déjà contre une pensée scientifique unique et conquérante. Hetzel était bien connu dans les milieux littéraires, non seulement en tant qu'écrivain pour enfants et pour adultes, mais également en tant que traducteur, et éditeur. On lui doit notamment, en 1845, *Le Diable à Paris*, un recueil collectif de contes par des auteurs les plus en vue, Honoré de Balzac, George Sand, et Charles Nodier. On lui doit aussi une adaptation et la publication d'un roman promis à un brillant avenir, *Les Patins d'argent : histoire d'une famille hollandaise et d'une bande d'écoliers*, roman de Mary Mapes Dodge publié en 1865 et qui paraîtra en France dix ans plus tard sous le nom de J. P. Stahl[9]. Dans le domaine du conte de fées, on doit à P.-J. Hetzel l'édition la plus mémorable des contes de Perrault à l'époque, édition toujours connue aujourd'hui : les *Contes de Perrault* accompagnés de *Compositions de Gustave Doré*, avec une « Préface de P.-J. Stahl » publiés aux éditions J. Hetzel, en 1862.

Dans cette édition qui voudrait réhabiliter officiellement les contes de Perrault, P.-J. Stahl dénonce la chasse, non pas aux sorcières, mais bien aux fées, qui règne dans tous les domaines. Dans sa propre « Préface », il s'adresse à un lecteur fictif, témoin de son temps et imbu des croyances que son époque a érigées en vérités :

---

8 J'entends par là un corpus officiellement destiné à des enfants et non pas le corpus qu'a légitimé, bien plus tard, la discipline de « la littérature de jeunesse ». Voir notamment Nathalie Prince, *La Littérature de jeunesse*, Paris, Armand Colin, 2e éd., 2015.

9 Pour une analyse de la contribution de P.-J. Hetzel à l'édition du livre pour enfants, on pourra lire l'article en ligne de Cécile Pichon-Bonin, « La naissance des éditions pour enfants : l'exemple de Jules Hetzel », sur le site *Histoire par l'image*. Sur la personnalité multiple de Hetzel éditeur, traducteur, adaptateur, on lira l'analyse de Jean-Paul Gourévitch, *Hetzel : Le bon génie des livres*, Monaco, Le Serpent à plumes, 2005.

> Vous êtes positif : pourquoi avez-vous une bague au doigt ? Pourquoi cachez-vous dans votre poitrine ce médaillon qui renferme… quoi ? un chiffre, une initiale, une date, une mèche de cheveux, une fleur […] ?
>
> Vous voulez supprimer les Fées, cette première poésie du premier âge. Ce n'est pas assez : supprimez la poésie tout entière, supprimez la philosophie supprimez jusqu'à la religion, jusqu'à l'histoire, jusqu'à la science ; car en vérité le merveilleux est autour, sinon au fond de tout cela. Perrault est de trop ! Mais alors Homère est aussi de trop ! Virgile, Dante, l'Arioste, le Tasse, Milton, Gœthe, et cent autres livres profanes et les livres saints eux-mêmes, sont de trop ! Avec quoi s'il vous plait, les élèverez-vous donc, vos malheureux enfants ? Vous ne leur apprendrez ni le grec, ni le latin, ni l'allemand, ni l'anglais ; vous leur interdirez aussi les fables, car enfin dans Ésope, dans Phèdre, dans La Fontaine, dans Lessing, dans Florian, cet autre classique du jeune âge, on voit que les bêtes parlent ; et cela aussi peut paraître contre nature à des gens qui cependant ne devraient guère s'en étonner[10].

En mettant l'œuvre de Perrault sur un même niveau que les grands classiques grecs, latins mais aussi plus récents, et dans des langues étrangères, P.-J. Stahl contribue à la reconnaissance officielle de l'œuvre de l'Académicien, mais également du merveilleux, et en particulier du conte de fées qu'il compare aux fables antiques dont la légitimité est bien établie.

Dès ses origines héritées des Lumières, le scientisme a donc cohabité avec une tendance opposée qui revendiquait la légitimité de l'imagination. À la fin du siècle, un autre spécialiste du conte confirmera cette double tendance du siècle quand il déclarera : « il est dans la nature de tout système d'engendrer son contraire[11] ». Ce qui avait été vrai au siècle de Descartes le sera aussi à celui d'Auguste Comte, de Claude Bernard, et de Zola.

Dans le dernier tiers du XIXe siècle, l'application des sciences à tous les domaines fera l'objet de nombreux débats, dont un, dans un domaine en particulier, l'enseignement, et en particulier, l'enseignement de la morale, qui sera particulièrement soutenu. Avec la proclamation de la IIIe République, et avec la promulgation des lois rendant l'éducation primaire obligatoire et laïque naît une double nécessité : celle d'éduquer les petits citoyens et les petites citoyennes de la nouvelle république, et

---

10 P.-J. Stahl, « Préface », dans *Les Contes de Perrault, Dessins par Gustave Doré*, Paris, J. Hetzel éditeur, 1862, p. IX.

11 V. Delaporte, *Du merveilleux dans la littérature française sous le règne de Louis XIV*, Paris, Retaux-Bray, 1891, p. 5.

celle de leur donner une formation morale qui soit radicalement laïque. Mais où trouver ce corpus favorable à la transmission d'une éthique aux enfants qui sont désormais scolarisés et à qui l'école laïque, et républicaine, se doit aussi de transmettre des valeurs morales ? Dans la science ? Certains y ont cru. D'autres se sont érigés contre une dernière conquête du scientisme dans un domaine où il n'avait, et ne pouvait avoir, aucune autorité. Mais pour le remplacer par quoi ?

POSITIVISME ET INSTRUCTION MORALE

Dans sa conférence du 10 avril 1870 sur « De l'égalité d'éducation », Jules Ferry déclare que l'éducation doit jouer un rôle central dans la création d'une nouvelle société radicalement démocratique : « L'inégalité d'éducation est, en effet, un des résultats les plus criants et les plus fâcheux, au point de vue social, du hasard de la naissance. Avec l'inégalité d'éducation, je vous défie d'avoir jamais l'égalité des droits, non l'égalité théorique, mais l'égalité réelle, et l'égalité des droits est pourtant le fond même et l'essence de la démocratie[12] ». Une décennie plus tard, alors que se concrétise cette éducation désormais obligatoire, une « Circulaire adressée par M. le Ministre de l'Instruction publique aux instituteurs concernant l'enseignement moral et civique » datée du 17 novembre 1883 insiste sur le rôle que doit jouer une éducation morale dans la seule éducation qui puisse garantir une égalité réelle, et donc une véritable démocratie :

> La loi du 28 mars [1882] se caractérise par deux dispositions qui se complètent sans se contredire : d'une part, elle met en dehors du programme obligatoire l'enseignement de tout dogme particulier, d'autre part elle y place aussi au premier rang l'enseignement moral et civique. L'instruction religieuse appartient aux familles et à l'église, l'instruction morale à l'école.

S'il est aisé de signifier que la religion n'a plus sa place dans l'enseignement de la morale, ce qui devrait la remplacer reste beaucoup plus flou : « un précepte de la morale commune », « l'humble et sûre région de la morale

12 Jules Ferry, « De l'égalité d'éducation. Conférence populaire faite à la salle Molière le 10 avril », Paris, « Société pour l'instruction élémentaire », Au Siège de la société, 1870, p. 8.

usuelle », bref, il s'agirait de « poser dans l'âme des enfants les premiers et solides fondements de la simple moralité ». Quelques pistes sont bien explorées : inculquer « le respect dû à la loi », « flétrir l'égoïsme et [faire] l'éloge du dévouement ». Certes, mais comment ?

Selon la même circulaire de Jules Ferry de 1883 adressée aux premiers concernés, les instituteurs :

> Une seule méthode vous permettra d'obtenir les résultats que nous souhaitons. C'est celle que le Conseil supérieur vous a recommandée : peu de formules, peu d'abstractions, beaucoup d'exemples et surtout d'exemples pris sur le vif de la réalité. […] Ce n'est pas le livre qui parle, ce n'est même plus le fonctionnaire, c'est pour ainsi dire le père de famille dans toute la sincérité de sa conviction et de son sentiment[13].

Les instituteurs sont ainsi censés s'inspirer d'ouvrages, « des traités d'instruction morale et civique qui ont été, cette année, adoptés par les instituteurs dans les diverses académies ». Mais d'un corpus concret qui pourrait faire en sorte « que les enfants rapportent de votre classe de meilleures habitudes, des manières plus douces et plus respectueuses […] enfin tous les signes d'une incessante amélioration morale », il n'est jamais question. Si la méthode prônée recommande peu d'abstractions, elle verse elle-même dans cela même qu'elle critique et incite à éviter à tout prix. Mais où donc trouver le corpus qui illustrerait et transmettrait cette « instruction morale » ?

Il existait à l'époque des manuels qui enseignaient la morale aux jeunes écoliers. Avaient paru, dès le début du siècle, des *Syllabaires* qui apprennent, en même temps que l'écriture, le règne animal, et des leçons de morale : « J'ai bien lu, maman me donnera des cerises. Si je suis bien docile et que je ne manque pas à mon devoir, papa m'achètera un cheval blanc ». Mais ce qui était acceptable en 1842 ne l'était plus dans le dernier quart du siècle où l'éducation obligatoire, gratuite *et* laïque ne pouvait plus enseigner : « Voyez le ciel, brillant d'étoiles, la terre couverte de fleurs, de fruits et d'animaux : c'est Dieu qui a fait tout cela, lui seul est tout-puissant. Pour plaire à Dieu, il faut que chacun fasse ses devoirs[14] ».

---

13 Jules Ferry, « Circulaire adressée par M. le Ministre de l'Instruction publique aux instituteurs concernant l'enseignement moral et civique », le 17 novembre 1883.

14 *Syllabaire ou Le Petit Buffon de la jeunesse, orné de gravures ; suivi de plusieurs instructions de morale, de petits contes et de fables, pour donner aux enfants les principes et le goût de la lecture*, Paris, Éditions Derche, 1842.

Parmi les mots à cinq ou six syllabes qui sont enseignés aux tout-petits, on trouve *Anatomiquement, Authentiquement, Avantageusement*, etc. Hasard de l'alphabet, mais choix délibéré des mots retenus, *Fabuleusement* est repris, mais il figure entre *Excommunication* et *Géométriquement. Merveilleux* n'y figure pas alors qu'on y trouve *Acariâtre, Indocilité* et ce fort utile mot dès le plus jeune âge : *Inconstitutionnellement.*

Dans le dernier quart du siècle, quand se fait ressentir vivement le besoin d'un corpus qui permette l'éducation morale des petits citoyens de la IIIe République, un livre viendra combler ce besoin. Son succès sera aussi grand que tenace : *Le Tour de la France par deux enfants.* Signé par un certain G. Bruno, mais en réalité l'ouvrage d'une certaine Augustine Fouillée, née Tuillerie, ce livre, encore disponible aujourd'hui dans la collection « Librairie Classique Eugène Belin », affiche son double but dès son sous-titre – « Devoir et Patrie » – et la « Préface » :

> PRÉFACE
> Sans omettre dans cet ouvrage aucune des connaissances morales et pratiques que nos maîtres désirent trouver dans un livre de lecture courante, nous avons essayé d'en introduire une que chacun considère aujourd'hui comme absolument indispensable dans nos écoles : la connaissance de la patrie[15].

Trois ans après la parution du *Tour de la France*, Jules Ferry, répondant aux opposants d'une instruction généralisée, avait fait cette déclaration prophétique qui n'a rien perdu de sa pertinence ni de son actualité : « Pour nous le livre, entendez-vous, le livre, quel qu'il soit, est l'instrument fondamental, irrésistible, de l'affranchissement de l'intelligence[16] ». Selon Jean-Pierre Bardos, auteur de la « Postface » qui accompagne les rééditions du manuel depuis l'édition du centenaire en 1977, *Le Tour de la France par deux enfants* a exaucé le vœu du ministre de l'Instruction publique. Non seulement, il était « gonflé de savoir à chacune de ses pages, mais aussi [...] il a pu donner à de nombreux écoliers le goût de lire[17] ».

Certes, ce manuel enseignait la morale et des notions de patriotisme à une époque de déchirement à la fois émotionnel et géographique.

15 *Le Tour de la France par deux enfants. Devoir et Patrie. Livre de lecture courante, avec 200 gravures instructives pour leçons de choses, par G. Bruno*, Paris, Librairie Classique d'Eugene Belin, 2013 [1877], p. 3.

16 Cité par Jean-Pierre Bardos dans sa « Postface », *Le Tour de la France par deux enfants*, p. 330.

17 J.-P. Bardos, *ibid.*

André et Julien, les deux enfants qui partent faire « Le Tour de la France » quittent, à la mort de leur père, leur Lorraine natale rattachée à l'Allemagne depuis la défaite de la France face à l'armée prussienne et ses alliés. Le dernier souffle du père ayant été de dire à son fils aîné « – France », celui-ci fait au mourant la promesse solennelle de « [demeurer] les enfants de la France », de quitter Phalsbourg et de « [rester] Français, quelque peine qu'il faille souffrir pour cela[18] ».

Mais *quid* du merveilleux revendiqué par les spécialistes de l'éducation, les éditeurs ou ministres qui prônaient un retour de l'imagination ? Jules Ferry avait eu raison d'affirmer que le livre, *tout* livre, contribuait à l'affranchissement de l'intelligence. Mais ce manuel voué à une énorme popularité au fil du temps pouvait-il suffire à lui seul à inculquer aux petits citoyens et aux petites citoyennes un sens moral désormais affranchi du religieux ? Ne pouvait-on pas voir aussi dans *Le Tour de la France* l'exacerbation de ce que certains porte-parole d'une nouvelle éducation pleinement morale avaient reproché aux défenseurs d'une éducation faite exclusivement de science, de faits et de phénomènes ?

Où donc trouver ce corpus qui pourrait transmettre aux plus jeunes un sens moral ? Pour essayer de répondre à cette question, écoutons ces penseurs, éditeurs, ministres, membres de l'Institut qui prônent alors un changement radical dans l'éducation et une réhabilitation de l'imagination et du merveilleux.

En 1877, dans son édition des *Contes de Perrault*, J.-T. de Saint-Germain avait déjà fait un lien explicite entre un positivisme tout-puissant et l'éducation lacunaire des enfants qui ne peut être complétée que par une réhabilitation du merveilleux et du féerique :

> Dans ce siècle un peu positif, quelques esprits absolus ont proposé d'interdire à l'enfance toute œuvre d'imagination et de fantaisie. Selon ces austères précepteurs, l'éducation consisterait à faire entrer dans une charmante petite tête autant de faits qu'elle en pourra contenir sans éclater[19].

Quelques années plus tôt, Édouard Laboulaye, homme politique et littérateur aujourd'hui méconnu mais qui était de son vivant une figure publique respectée, membre de l'Institut, enseignant au Collège de France,

---

18 G. Bruno, *Le Tour de la France par deux enfants*, p. 10.

19 J.-T. de Saint-Germain, « À une mère », dans *Les Contes de Perrault, précédés d'une préface par J.-T. de Saint-Germain*, Paris, Théodore Lefèvre, 1877, p. II.

juriste, sénateur sous la IIIe République, et lui-même auteur de *Contes bleus* (1863) et de *Nouveaux contes bleus* (1866), avait prêté sa plume et son autorité à la cause d'une réhabilitation du conte de fées en préfaçant un recueil de *Contes allemands du temps passé.* « Non », y déclarait-il, « les contes de fées ne sont point un mensonge et l'enfant ne s'y trompe pas. Les contes sont l'idéal, quelque chose de plus vrai que la vérité du monde[20] ».

Le sénateur, juriste mais aussi ardent défenseur de la liberté – il est non seulement l'auteur de *Recherches sur la condition politique des femmes depuis les Romains jusqu'à nos jours*, mais il insuffla également l'idée du don de la *Statue of Liberty* aux États-Unis – défendait dans cette même « Préface » le conte de fées par l'argument suivant :

> Autrefois, dans le bon temps, c'est-à-dire quand nous étions jeunes, les contes des fées tenaient une grande place dans l'éducation. *Le Magasin des enfants*, de madame le Prince de Beaumont [*sic*], donne une assez juste idée de ce vieux système, qui régnait il y a cinquante ans. [...] bons ou méchants, nous espérions tous qu'en récompense de l'ennui qu'on nous avait imposé, on nous réciterait quelqu'un de ces beaux contes qui font rêver tout un jour, comme *la Belle et la Bête* ou *le Prince Charmant*[21].

Le conte, conclut-il, « était la partie morale de l'enseignement[22] ». Pour illustrer la contribution morale du conte de fées à toute bonne éducation, Laboulaye donnait pour exemple, non plus deux contes de Leprince de Beaumont, mais bien quatre de Perrault :

> *Riquet à la houppe* nous montrait que l'esprit vaut mieux que la beauté ; *Cendrillon* nous enseignait la modestie, et *le Chaperon-Rouge* [*sic*] la prudence. C'est là que notre génération prenait ces convictions robustes que les révolutions et la vie n'ont pas ébranlées. Nous savions par l'exemple de *Barbe-Bleue* qu'ici-bas tout finit, ou doit finir, par le châtiment du crime et le triomphe de la vertu[23].

Or, selon Laboulaye, ce corpus si fondamental pour l'éducation morale de tout enfant, aurait été à l'époque non seulement négligé, mais, pire

20 Cité dans Lescure, ouvr. cité, p. XXXV-XXXVI.

21 Éd. Laboulaye, « Préface », dans *Contes allemands du temps passé, extraits des recueils des Frères Grimm, et de Simrock, Bechstein, Franz Hoffmann*, et al., *Traduits par Félix Frank et E. Alsleben*, Paris, Librairie académique Didier et Cie, 1869, p. I.

22 Laboulaye, « Préface », p. I.

23 Laboulaye, « Préface », p. II. Catherine Bernard avait aussi publié un « Riquet à la houppe », mais les autres titres font clairement allusion aux contes de Perrault qui étaient plus populaires au XIXe siècle.

encore, dédaigné : « Aujourd'hui », déplore-t-il, « les maîtres de l'enfance repoussent avec dédain ces chimères[24] ». On ne voudrait « plus que des faits, des chiffres et des lois ». Or, une telle éducation, un tel système imposé est « faux parce qu'il est incomplet ». Selon Laboulaye, les nouveaux « sages » « ne voient qu'un côté de la nature humaine. Leurs petits prodiges courent risque de n'être que de petits monstres, et peut-être seront-ils encore plus mal élevés que leurs grands-parents[25] ».

Pour Laboulaye, la morale ne peut venir des lois des sciences seules, et elle ne peut s'apprendre que par ce qui manque à l'homme dans cette éducation, la pièce « la plus importante » dans cette « ingénieuse machine » qu'est l'être humain : son imagination qui, avec la sensibilité, « est chez nous la faculté qui essaye de réaliser l'idéal, c'est-à-dire, ne vous en déplaise, quelque chose de plus parfait et de plus vrai que ce qu'on voit et ce qu'on touche ici-bas ». Cet « avenir meilleur », ce « monde plus grand » et avant tout moral, c'est l'imagination qui permet de les envisager, de les construire. Mais où trouver ce corpus garant de la transmission de valeurs humaines et humanistes ? Où peut-on trouver l'expression morale de cette « pièce manquante », l'imagination ?

LE CONTE DE FÉES, GENRE MORAL

Le corpus le plus propice à fournir des leçons de morale et à satisfaire un besoin d'imagination existe déjà : le conte de fées. À la suite des inquiétudes, et des réclamations faites par des savants, des éditeurs ou des responsables politiques qui réclament une autre dimension essentielle à l'éducation, celle de la morale par l'imagination, le conte de fées pourra renaître et se développer dans la seconde moitié du XIXe siècle grâce à deux des éléments qui le constituent : sa nature morale et son caractère éminemment plastique et transformable.

Depuis qu'on en fait, mais plus explicitement encore depuis qu'on en écrit et qu'on les publie, on sait que les contes servent à transmettre *autre chose* qu'eux-mêmes, quelque chose qui y est inclus, mais les dépasse : une

24 Laboulaye, « Préface », p. II.
25 Laboulaye, « Préface », p. II.

morale[26]. Charles Perrault et sa contemporaine Marie-Jeanne Lhéritier ont, dès les premiers recueils, théorisé cette nature particulière du conte de fées qui fonctionne comme le légendaire cheval de Troie.

Dans la troisième édition d'un volume qui reprend les premiers contes en vers, « Griselidis », « Peau d'Âne », « Les Souhaits ridicules », Perrault expose dans sa « Préface » sa propre poétique, en insistant à deux reprises sur une spécificité particulière du conte de fées. Il déclare d'abord que :

> [...] les gens de bon goût [...] ont été bien aises de remarquer que ces bagatelles n'étaient pas de pures bagatelles, qu'elles renfermaient une morale utile, et que le récit enjoué dont elles étaient enveloppées n'avait été choisi que pour les faire entrer plus agréablement dans l'esprit et d'une manière qui instruisît et divertît tout ensemble[27].

Au sujet des contes dont il dit s'être inspiré, il déclare encore :

> N'est-il pas louable à des Pères et des Mères, lorsque leurs Enfants ne sont pas encore capables de goûter les vérités solides et dénuées de tous agréments, de les leur faire aimer, et si cela se peut dire, les leur faire avaler, en les enveloppant dans des récits agréables et proportionnés à la faiblesse de leur âge[28].

L'année suivante, l'autre porte-parole des Modernes et elle-même auteur d'un premier recueil qui inclut des contes, Marie-Jeanne Lhéritier, déclare dans sa « Lettre à Madame D. G*** » incluse dans ses *Œuvres meslées* :

> Nos ancêtres, qui étaient ingénieux dans leur simplicité, s'apercevant que les maximes les plus sages s'impriment mal dans l'esprit, si on les lui présente toutes nues, les habillèrent, pour parler ainsi, et les firent paraître sous des ornements. [...] Et comme ces récits n'avaient pour but que l'instruction des jeunes gens, et qu'il n'y a que le merveilleux qui frappe bien vivement l'imagination, ils n'en furent pas avares; les prodiges sont fréquents dans leurs Fables[29].

26 Une partie de cette analyse a paru dans « Transmissions d'un conte : Mais qui a finalement mangé le Petit Chaperon rouge », dans *Le conte de fées français et sa transmission*, textes rassemblés par Jean-Paul Sermain, *Francofonia, Studi e ricerche sulle letterature di lingua francese* 73, automne 2017, p. 107-123.

27 Perrault, « Préface », dans *Contes*, p. 49.

28 Perrault, « Préface », dans *Contes*, p. 52.

29 M.-J. Lhéritier, « Lettre à Madame D. G*** », dans *Mademoiselle Lhéritier, Mademoiselle Bernard, Mademoiselle de La Force, Madame Durand, Madame d'Auneuil, Contes*, édition critique établie par Raymonde Robert, Paris, Honoré Champion, Bibliothèque des Génies et des Fées, vol. 2, 2005, p. 35.

Les « si cela se peut dire » et le « pour parler ainsi » de Perrault et de Lhéritier témoignent d'un corpus qui se cherche encore, mais aussi, et surtout peut-être, d'une réflexion qui naît en même temps que les premiers contes. Le conte de fées ne sert-il en définitive à ne transmettre qu'*autre chose* que lui-même ? Pour paraphraser Alfred de Musset pour qui « Qu'importe le flacon, pourvu qu'on ait l'ivresse », on pourrait se demander alors si « Qu'importe le conte, pourvu qu'on ait la morale ».

Près de deux siècles après Perrault et Lhéritier, le conte de fées considéré comme un moyen de nourrir ce que la science ne peut pas, l'imagination, devient le corpus par excellence qui permet d'inculquer une morale laïque à une nouvelle classe de citoyens, les enfants de la République émergente. Les contes ne pourront pas être empreints d'une quelconque morale religieuse, mais seront soumis à un seul but : l'exaltation de l'imagination qui permet de considérer « un avenir meilleur » et un « monde plus grand[30] ». L'imagination sera ainsi réhabilitée par le biais du merveilleux, et en particulier, du conte de fées, véritable antidote contre un scientisme et un positivisme dominants. Mais un problème se pose alors : où trouver ces contes de fées pour enfants ?

Les contes des frères Grimm ont pu d'abord constituer un corpus idéal pour cette nouvelle éducation morale. Leurs *Kinder- und Hausmärchen* avaient un avantage majeur sur ceux de Perrault et de ses contemporaines : ils s'adressaient d'emblée aux enfants, nouveaux lecteurs à qui le conte de fées était désormais destiné. Certes, ils avaient été écrits en allemand mais ils furent traduits très tôt. Cinq traductions de *Contes* des frères Grimm furent ainsi publiées entre 1836 et 1869, de la première traduction par F.-C. Gérard, *Contes choisis de Grimm à l'usage des enfants* à celle de F. Franck et E. Alsleben, *Contes allemands du temps passé* pour laquelle Laboulaye avait rédigé la préface dont il a déjà été question, ainsi que, la même année, en 1869, celle de M. Buchon de *Contes populaires de l'Allemagne, recueillis par les frères Grimm*[31].

---

30 Sauf découvertes ultérieures, le mot « laïcité » serait attesté pour la première fois en 1871, mais il n'est pas le résultat d'une « génération spontanée » et a sans doute fait partie d'un phénomène de « mutation sémantique » plus tôt, comme le suggère Pierre Ognier dans *Une école sans Dieu ? 1880-1895. L'invention d'une morale laïque sous la IIIe République*, Toulouse, Presses universitaires du Mirail, 2008, p. 36.

31 Voir à ce sujet l'analyse du destin des contes des frères Grimm en France par Christiane Connan-Pintado et Catherine Tauveron dans *Fortune des* Contes *des Grimm en France. Formes et enjeux des rééditions, reformulations, réécritures dans la littérature de jeunesse*, Clermont-Ferrand, Presses Universitaires Blaise Pascal, 2013.

La publication, la même année, de ces deux derniers recueils témoigne d'un intérêt éditorial et national pour les contes allemands en général, et ceux des frères Grimm en particulier. Mais l'année suivante, pouvait-on encore s'inspirer, pour l'éducation des petits citoyens de la nouvelle République, d'un corpus qui était précisément associé à la nation responsable de la défaite de 1870 ? C'eût été une deuxième défaite, non pas militaire, mais littéraire, morale et donc idéologique. Les Allemands étaient dans Paris. Il était hors de question qu'ils s'insinuent *en plus* dans les classes d'école primaire et, par voie de conséquence, dans tous les foyers français et dans la tête des petits Français. Non, décidément, il fallait trouver ailleurs ce corpus merveilleux censé enseigner la morale : comme en Allemagne au début du siècle où la création d'un corpus *rein deutsch* était nécessaire pour l'unification du pays, de sa culture et de son éducation morale dès le plus jeune âge, il fallait à la France, et vite, un corpus qui s'adresse d'emblée à des enfants, et qui soit idéalement *rein französisch*.

Mais quels textes, quels contes pouvaient constituer pour la nouvelle république l'équivalent du corpus merveilleux qu'avaient donné plus tôt dans le siècle les frères Grimm à la nation allemande, corpus prétendument « collecté », mais en réalité élaboré et retravaillé pendant des décennies et destiné à représenter – mais plutôt à faire advenir – une nation allemande ? Outre l'exception notoire de Jeanne-Marie Leprince de Beaumont, le Siècle des Lumières avait vu la production d'un corpus merveilleux parodique, licencieux ou, au contraire, moral, qui n'était pas adapté au nouveau lectorat. Où donc trouver, dans un patrimoine bien français, ces contes devenus nécessaires à l'éducation morale des jeunes citoyens et citoyennes dans une nouvelle école primaire obligatoire et laïque ? Les frères Grimm avaient mis des décennies pour donner une version finale de leurs contes. Il fallait à la France un corpus disponible pour le système éducatif déjà mis en place.

Il existait bien un corpus tout désigné : celui qui avait été consigné dans les 41 volumes du *Cabinet des fées* à la fin du siècle précédent. Mais la réintroduction, deux siècles après leur création, des contes de l'Ancien Régime et, en particulier ceux de la dernière décennie du Grand Siècle, posait d'emblée un triple problème d'audience, de poétique et, finalement, d'esthétique.

UNE NOUVELLE AUDIENCE

Si les contes de fées écrits au tournant du Grand Siècle ont été rédigés pour l'amusement d'adultes, majoritairement des aristocrates qui ont envers le corpus nouveau une attitude amusée, les contes de la fin du XIXe siècle s'adressent, avant tout, à des petits enfants à qui il est question d'inculquer de manière sérieuse une morale claire et sans ambiguïté.

Pour prendre l'exemple des contes les plus republiés à l'époque, les contes de Perrault posent déjà un problème dans le cadre de leur nouvelle audience. Ils contiennent souvent des moralités ironiques qui vont à l'encontre de ce que semble enseigner le conte, quand ils ne contiennent pas des allusions graveleuses impropres à l'éducation morale de jeunes enfants.

Selon Éd. Laboulaye, ardent défenseur du conte de fées cité plus haut, la Moralité de « La Barbe bleue » est claire. Elle nous enseigne que la curiosité, « …malgré tous ses attraits, / Coûte souvent bien des regrets » (Perrault) et que, « ici bas tout finit, ou doit finir, par le châtiment du crime et le triomphe de la vertu » (Laboulaye). Certes, la leçon est noble. Mais le conte va à l'encontre de cette morale et prouve exactement le contraire : c'est *précisément* parce qu'elle est non seulement curieuse mais aussi menteuse que la femme, puis veuve, de la Barbe Bleue hérite de son immense fortune, qu'elle peut marier sa sœur Anne à un homme qui l'aime, acheter des charges de capitaine à ses deux frères, et – chose assez rare à l'époque pour être rappelée – qu'elle peut elle-même épouser un homme *de son choix*. Voilà bien une fortune inespérée pour les enfants d'une Dame de qualité dont la seule richesse ne semblait être que d'avoir deux filles « parfaitement belles ». La moralité peut bien claironner que la curiosité est un vilain défaut. Le conte prouve que, au contraire, elle peut être la source de richesse et de bonheur. Quant à double leçon que tire du conte Laboulaye, le châtiment du crime et le triomphe de la vertu, il faudrait soit que le lecteur s'identifie à la Barbe Bleue pour comprendre cette leçon et, avouons-le, ce n'est pas chose courante, soit associer la curiosité et le mensonge à une vertu, ce qui ne l'est pas non plus.

Quant à « Cendrillon », la « Moralité » peut bien prôner que « La beauté pour le sexe est un rare trésor / De l'admirer jamais on ne se lasse ; / Mais ce qu'on nomme bonne grâce / Est sans pris, et vaut mieux encore », ou encore que « La bonne grâce est le vrai don des Fées », le conte met en scène une autre logique qui tient lieu de moralité temporaire et implicite. À peine Cendrillon a-t-elle fait son entrée dans la salle où se tient la compagnie que :

> Il se fit alors un grand silence ; on cessa de danser et les violons ne jouèrent plus, tant on était attentif à contempler les grandes beautés de cette inconnue. On n'entendait qu'un bruit confus : « Ah, qu'elle est belle ». Le Roi même, tout vieux qu'il était, ne laissait pas de la regarder, et de dire tout bas à la Reine qu'il y avait longtemps qu'il avait vu une si belle et si aimable personne[32].

Ce n'est pas « la bonne grâce » de l'héroïne – et moins encore sa modestie, comme l'indique Laboulaye – qui séduit, c'est sa *beauté* qui stoppe net le bal. L'héroïne n'a pas encore prononcé un seul mot ni montré le moindre signe de sa bonne grâce que le prince et les hommes en général sont conquis alors que les dames inspectent son habit et sa coiffure « pour en avoir dès le lendemain de semblables ». S'il est censé démontrer les vertus de la bonne grâce vantées en guise de morale, le conte *montre* d'une manière qui n'a rien d'équivoque les vertus irrésistibles de la beauté apparente (voire tapageuse) puisque *même* le vieux roi est séduit par cette beauté alors que, de son propre aveu, il devrait y être insensible. La première moralité a beau théoriser sur les vertus de la bonne grâce *a posteriori*, c'est d'abord l'apparition conquérante de l'héroïne qui frappe l'imagination du lecteur.

Plus grave encore pour l'éducation des jeunes enfants à qui s'adresse le conte de fées au XIXe siècle, Perrault conclut dans son « Autre moralité » au sujet de la grâce, la beauté, l'esprit, le courage, la naissance, ou encore le bon sens que « [...] vous aurez beau les avoir, / Pour votre avancement ce seront choses vaines, / Si vous n'avez, pour les faire valoir / Ou des parrains ou des marraines[33] ». Sans appui familial, politique ou mondain, on ne peut rien. Voilà bien une morale dont on pouvait s'amuser sous le règne absolu du Roi Soleil. Mais il n'était pas question d'enseigner aux petits citoyens de la nouvelle République les vertus des cabales et des manigances auprès de soutiens puissants, système politique que le XIXe siècle n'avait que trop connu et auquel la IIIe République voulait précisément tourner le dos.

32 Perrault, « Cendrillon », dans *Contes*, p. 174.
33 Perrault, « Cendrillon », dans *Contes*, p. 178.

Que faire encore d'autres allusions indirectes mais bien réelles qui avaient amusé les contemporains de Perrault, mais risquaient de perturber les jeunes enfants ? Dans un autre conte, à son réveil, une Belle au bois dormant trouve à son chevet un prince embarrassé, maladroit dans ses mots et gauche dans ses gestes, alors que, nous dit encore le conte, la Belle désormais bien éveillée avait elle-même « eu le temps de songer à ce qu'elle aurait à lui dire, car il y a apparence (l'Histoire n'en dit pourtant rien) que la bonne Fée, pendant un si long sommeil, lui avait procuré le plaisir des songes agréables[34] ». Pourquoi *nous* dire ce que l'Histoire (qui n'existe évidemment pas en dehors du conte) ne dit pas, si ce n'est précisément pour nous dire autre chose d'une manière oblique et amusée : la princesse aurait eu le temps, pendant *cent ans*, de faire des « songes agréables » qui, dans la situation précise, lui donnent une longueur d'avance sur le prince. Or cette situation n'est autre que la nuit de noces. Il ne faut pas être un herméneute aguerri pour identifier clairement la nature de ces « songes agréables ». Comment traduire cela aux petits enfants, filles et garçons, deux siècles plus tard, sans un certain embarras ?

UNE NOUVELLE POÉTIQUE

Outre ces problèmes de morale et de moralité, de représentation ironique de personnages et, parfois, de grivoiserie, le conte de l'Ancien Régime avait une autre spécificité qui rendait sa réintroduction intacte difficile deux siècles plus tard dans le cadre de l'éducation de jeunes enfants : sa poétique. Les contes, plus longs et parfois encadrés des contemporaines de Perrault, ne correspondent plus au format destiné aux enfants. Le conte de fées doit désormais être non seulement court, mais il doit également produire une morale simple qui les instruise sans ambiguïté.

Les premiers contes qui paraissent dès 1690, mais en grand nombre à partir de 1697, participent alors à un genre naissant dont les contours génériques ne sont pas encore clairement identifiés. Pratiquant un genre « moderne » qui s'ignore encore et qui invente une forme nouvelle en ne

34 Perrault, « La Belle au bois dormant », dans *Contes*, p. 136.

négligeant pas pour autant l'héritage classique ni la mythologie grecque et latine, certains auteurs de contes de fées ont inséré leurs premiers récits merveilleux dans des genres alors reconnus, tels que le roman ou la nouvelle, par lesquels ils se trouvaient légitimés.

De telles justifications ne sont plus nécessaires à la fin du XIXe siècle où le conte est non seulement devenu légitime en tant que genre, mais où il est également plébiscité pour pourvoir une éducation morale aux jeunes enfants. Or, l'extraction des contes de fées de leur cadre narratif d'origine peut transformer radicalement leur signification, et donc la morale qu'ils sont censés transmettre.

Je prendrai pour illustrer les implications de la suppression des cadres narratifs d'origine un exemple dont nous savons qu'il était central aux considérations de ce genre « moderne » : le rôle des personnages féminins. Dans ce genre atemporel et d'un ailleurs indéfini ouvert à tous les possibles, on trouve des revendications qui auraient pu passer ailleurs que dans l'univers merveilleux pour des aspirations extravagantes au pouvoir par des femmes. Ces mises en scène de personnages féminins tout puissants avaient pu amuser les mondains au XVIIe siècle, mais elles auraient été inconvenantes, ou inacceptables, deux siècles plus tard, quand il s'agissait d'inculquer aux jeunes citoyennes de la nouvelle République des valeurs morales.

Un auteur de conte de fées bénéficiera, avec Perrault, d'une vaste réhabilitation au XIXe siècle, Marie-Catherine d'Aulnoy. La moitié des contes que celle-ci avait publiés dans la dernière décennie du Grand Siècle est encadrée dans des récits où la pertinence, et souvent l'impertinence, de ses contes étaient discréditées par leur instance d'énonciation : des folles fieffées de province, lointaines héritières de Cathos et Magdelon, les inoubliables « Précieuses ridicules » de Molière, ou une esclave grecque qui fait un conte à une vieille Espagnole fantasque qui le reprend à son compte. Des adultes pouvaient aisément percevoir cette distance ironique d'énonciation par rapport à des propos qui restaient néanmoins subversifs. Mais une fois les cadres éliminés et les contes publiés comme « libres », cette distance disparaissait, invitant à prendre les propos du conte pour argent comptant.

Or, ces contes, Aulnoy les avait présentés dans de savantes mises en abyme comme étant le résultat des élucubrations aberrantes d'esprits oisifs nourris aux *Amadis* et autres romans de chevalerie anachroniques.

Dépourvus de leur cadre, les contes prennent une vie indépendante, et leurs messages en deviennent d'autant plus subversifs que leurs propos sont désormais attribués à l'auteur du recueil, et non plus à un personnage de la nouvelle, auteur du conte dont la nouvelle-cadre ne valide pas l'autorité ou la légitimité.

Prenons comme exemple « Finette Cendron » qui combine en séquence « Le Petit Poucet » et « Cendrillon ». Dans la version publiée par Aulnoy en 1698, ce conte, ici appelé une « romance », est fait par Dona Juana, une duègne espagnole qui veille jalousement sur ses deux nièces et qui a l'idée saugrenue de s'amouracher du prétendant de l'une d'elles. C'est à ce dernier qu'elle fait le conte en question, conte qu'elle tiendrait d'une « esclave grecque », ce qui permet, en passant, à Aulnoy, de se disculper hypocritement de son invention. Dans la nouvelle espagnole qui sert de cadre au conte, dona Juana raconte elle-même cette « romance » dans des circonstances comiques. Celui à qui elle s'adresse est en effet alité à la suite des effets spectaculaires d'une purge médicinale qu'elle lui a assené pour le remettre sur pied. C'est alité que le jeune amant de la nièce écoute donc le conte fait par la tante amoureuse dans lequel sont vantées les vertus des initiatives prises par les personnages féminins. Or, ces initiatives, la vieille tante les fera siennes en poursuivant de ses assiduités le jeune amant effaré par la conquête agressive de la tante, conquête qui se terminera, bien entendu, par un fiasco total, et aux dépens de la conteuse de belles aventures.

Une telle mise à distance du message séditieux du conte que comprenaient bien les adultes amusés qui avaient lu les éditions qui reprenaient le texte original, disparaît complètement avec la publication du conte en texte indépendant et libre de tout contexte et paratexte. Or, cette transformation textuelle du conte en change, bien évidemment, toute la signification, et toutes les implications.

Dans le conte – originellement, donc, le fantasme d'une esclave grecque relayé par une vieille Espagnole – l'héroïne n'hésite pas à brûler vif un ogre, à décapiter sa femme avec une hache, à prendre toutes les décisions en ne respectant aucune forme d'autorité autre que la sienne. Alors que Cendrillon attend patiemment que le gentilhomme du roi vienne chez elle lui faire essayer la pantoufle égarée au bal, l'héroïne d'Aulnoy dont le nom fait explicitement allusion à celle de Perrault – Finette *Cendron* – décide d'aller, *elle-même* au palais, « crottant » en cours de route ses ingrates sœurs, demandant, *elle-même* la main du prince au roi et mettant à son futur mariage *ses* conditions. Voilà bien là des élucubrations dignes d'une vieille Espagnole. D'ailleurs, les Espagnols qui prêtent souvent leur nom à des histoires ou nouvelles comiques, ne sont-ils pas tous fantasques comme leur ancêtre, le valeureux don Quichotte, sans pour autant en avoir les nobles idéaux ?

Extrait de son cadre et privé de son lieu d'énonciation, ce conte présente comme héroïne une princesse bien turbulente dont les aventures risquent de tourner la tête aux petites citoyennes de la nouvelle République en leur faisant miroiter les avantages d'être une fille rebelle, de décider pour soi, de n'obéir à aucune autorité et de prendre en mains son propre destin. Qui, en 1870, aurait voulu que la République se peuple de pareilles amazones ou de semblables viragos ?

UNE NOUVELLE ESTHÉTIQUE

Le troisième problème que connaît le conte de fées lors de sa renaissance deux siècles après sa première apparition comme genre concerne son esthétique. Le conte de fées littéraire de l'Ancien Régime, surtout celui de la première vague (1690-1705), est un conte qui met en valeur, parfois d'une manière tellement exagérée qu'elle en devient ironique, la grandeur du Siècle de Versailles et du Roi Soleil. Tout ici brille, mais plus qu'ailleurs, tout y respire le luxe, le surplus, l'exception.

On s'était, à l'époque, plu à imaginer qu'on était revenu au temps des fées. Dans la première moitié du siècle déjà, Voiture assiste à la collation offerte par madame de Vigean à une Princesse, sans doute la mère du duc d'Enghien, à la Barre, hameau proche de Paris. Il s'imagine alors être face à une « table qui semblait avoir été servie par les fées[35] ». Plus tard dans le siècle, mais vingt ans avant la naissance littéraire de Cendrillon ou de Peau d'Âne, on se plaisait à imaginer que les plus belles réalisations vestimentaires qui tenaient du miracle étaient en réalité le

35 *Morceaux choisis des meilleurs prosateurs français du second ordre aux* XVIIe, XVIIIe, XIXe *siècles, avec une Introduction, et des notes historiques, philologiques et littéraires par* A. *Théry*, tome 1, Paris, Dezobry et Magdeleine, 1851, p. 131.

fruit du travail des fées. Ainsi, dès 1676, la Marquise de Sévigné décrit à sa fille dans une lettre datée du 6 novembre, une scène qui annonce la « Cendrillon » de Perrault d'une double manière :

> M. de Langlée a donné à madame de Montespan une robe d'or sur or, rebrodé d'or, rebordé d'or, et par-dessus un or frisé, rebroché d'un or mêlé avec un certain or, qui fait la plus divine étoffe qui ait jamais été imaginée : ce sont les fées qui ont fait cet ouvrage en secret ; âme vivante n'en avait connaissance. On la voulut donner aussi mystérieusement qu'elle avait été fabriquée. Le tailleur de madame de Montespan lui apporta l'habit qu'elle lui avait ordonné ; il en avait fait le corps sur des mesures ridicules : voilà des cris et des gronderies, comme vous pouvez le penser ; le tailleur dit en tremblant : « Madame, comme le temps presse, voyez si cet autre habit que voilà ne pourrait point vous accommoder, faute d'autre. » On découvrit l'habit : Ah ! la belle chose ! ah ! quelle étoffe ! vient-elle du ciel ? Il n'y en a point de pareille sur la terre.

Non seulement l'habit lui-même fait de fil d'or, véritable travail d'orfèvre, dépasse tout ce qu'on a vu jusque-là, et ne peut donc être que le travail des mains de fées. Mais la mise en scène est, selon Sévigné, tout aussi mystérieuse. Elle annonce, autant que la robe elle-même, ouvrage de fées et marraines bienveillantes, la célèbre héroïne de Perrault. L'ingrat habit présenté en premier et qui provoque la colère de la marquise tant le corps en a été réalisé sur « des mesures ridicules », n'est pas sans rappeler, plus encore que les « méchants habits » dont l'affuble sa belle-mère, « l'habit jaune [qu'elle met] tous les jours » que Cendrillon demande en vain à l'une de ses sœurs par alliance. L'habit dans lequel triompheront la Marquise de Montespan, et plus tard Cendrillon, ne peut être qu'un ouvrage merveilleux sans commune mesure avec les vêtements que porte le commun des mortels. Chez Perrault, cet habit est en effet l'ouvrage d'une bienveillante Marraine fée. En ce qui concerne la Marquise de Montespan, nul ne sait qui l'a fait et encore moins qui l'a fait faire :

> On comprend que c'est une galanterie ; mais qui peut l'avoir faite ? C'est Langlée, dit le roi. C'est Langlée assurément, dit madame de Montespan ; personne que lui ne peut avoir imaginé une telle magnificence ; c'est Langlée, c'est Langlée : tout le monde répète, C'est Langlée ; les échos en demeurent d'accord, et disent, C'est Langlée : et moi, ma fille, je vous dis, pour être à la mode, C'est Langlée[36].

36 « Un homme de rien » selon Saint-Simon, Monsieur de Langlée était considéré comme un homme de goût par des membres de la Cour de Louis XIV et par la célèbre favorite.

Le mot « assurément » prononcé par la Marquise, l'écho qui reprend en chœur le nom de Langlée, mais surtout le commentaire final qui explique la raison pour laquelle l'épistolière prétend y croire elle aussi – « pour être à la mode » – révèlent que c'est en réalité le tout-puissant monarque qui a ordonné ce travail digne des fées. Vingt avant l'héroïne de Perrault, c'est Louis XIV, qui, telle la marraine de Cendrillon, habille son héroïne digne d'un conte de fées pour qu'elle triomphe au bal du Roi.

Avant même sa construction, Versailles annonce les valeurs du conte de fées qui ne s'est pas encore catalysé en genre littéraire officiel. Quand il naît, le conte de fées reflète à son tour le caractère grandiose et démesuré du palais du Roi Soleil où les jardins et les fontaines témoignent d'une maîtrise absolue de la nature, les ingénieurs ayant officié, tels des fées, pour que jaillisse de terre une eau qui n'y était pas. On sait que la Galerie des Glaces n'est pas une vaine métaphore et que l'époque aime, mirage grandiose ici aussi, se regarder, faire miroiter, et se refléter. C'est à ce jeu que jouent en miroir Jupiter et Mélusine.

Tout, à Versailles comme dans le conte de fées, doit briller de mille et un feux, tout doit surprendre, ébahir, épater, faire rêver et surtout imposer l'admiration et le respect. C'est dans des palais qui s'en inspirent que devront avoir lieu d'autres noces royales et merveilleuses. Dans cet univers superlatif et hyperbolique du conte de fées de la première vague, la clôture du conte conduit en effet bien souvent aux noces flamboyantes entre une princesse de bonne naissance et un prince fort valeureux digne d'elle. Et voilà bien le problème… : nulle part il n'y est mention d'épouser un président de la République. Que faire, par exemple, de la conclusion de ce conte de l'Ancien Régime à l'aube de la IIIe République :

> « Seigneur, lui dit-elle, je ne suis pas venue pour vous arracher un trône que vous remplissez si dignement, je suis née avec six royaumes : permettez que je vous en offre un, et que j'en donne autant à chacun de vos fils. Je ne vous demande pour toute récompense que votre amitié, et ce jeune prince pour époux[37]. »

Ici non plus, la République n'a pas d'équivalent pour servir de clôture merveilleuse. Outre des allusions à la royauté quasi-systématiques et

37 Madame d'Aulnoy, « Finette Cendron », dans *Contes nouveaux ou les Fées à la mode*, Paris, Éditions Champion, 2008, p. 240.

dont dépend la spécificité générique du conte – il est convenu qu'une héroïne épouse un prince, héritier de la couronne –, le conte de fées de l'Ancien Régime met en scène un monde d'exception conscient de sa supériorité et du caractère éminemment luxueux de son univers exclusif.

Deux siècles plus tard, il paraît difficilement concevable de prôner une éducation républicaine égalitaire à des petits enfants, y compris les petits citoyens des classes laborieuses, en étalant les fastes d'un baptême dans des « langes de toile d'or » sanctifié par une eau tellement précieuse qu'elle donne la plus grande beauté du monde. Sans parler de cette jeune princesse qui dispose des plus beaux bijoux, des « garde-robes [...] magnifiques, autant que celles des reines d'Asie » et dont, en tant que princesse « parfaitement élevée », l'éducation consiste à lire, peindre, jouer d'un instrument et chanter[38]. Voilà bien un modèle d'éducation qu'il n'est plus question d'inculquer aux petites filles, futures ouvrières de la révolution industrielle, à une ère où la France doit affronter des forces intérieures hostiles (La Commune) et où tout citoyen devra tôt ou tard contribuer au relèvement national, et autrement qu'en se prélassant dans des draps tissés d'or, ou en apprenant à danser et chanter à la perfection. Où, dès lors, trouver le corpus idéal, ce corpus qui nourrirait l'imagination de jeunes lecteurs et lectrices sans pour autant la remplir de vains rêves d'un autre temps et d'une autre classe qui avait payé le prix fort pour y avoir cru ?

TEXTES ET RÉÉCRITURES

La réhabilitation du conte de fées de l'Ancien Régime qui s'accélère dès le milieu du XIXe siècle a pris deux formes opposées. On assiste d'une part à une officialisation du conte de fées en tant que genre littéraire qui a été trop longtemps, et injustement, oublié, et qui a droit à ses propres lettres de noblesse. Parallèlement à des éditions qui reprennent les contes dans un grand respect du texte original, présentent leurs auteurs, et

38 Je fais ici allusion à l'héroïne dont il a déjà été question, « Persinette ». Voir « Persinette » dans *Mademoiselle Lhéritier, Mademoiselle Bernard, Mademoiselle de La Force, et al.*, Paris, Honoré Champion, 2005, p. 333.

accompagnent le texte d'une introduction critique et historique, on trouve également des éditions qui s'adressent « Aux enfants » et qui prennent avec les versions originales de ces contes des libertés plus ou moins grandes qui vont, comme nous allons le voir, de la suppression de la moralité à une réécriture en profondeur.

Pour ne prendre pour l'instant qu'un exemple de la première réhabilitation du conte, en 1864, Charles Giraud, membre de l'institut et aussi ministre de l'Instruction publique et des cultes, dénonçait le statut du conte dans le domaine officiel de la littérature, et en particulier ceux de Perrault. Selon lui, la critique s'est fait, « pendant longtemps, chez nous, comme un point d'honneur de dépriser Perrault. C'est à peine si, dans nos cours de belles-lettres les plus accrédités, on a jadis daigné nommer ses *Contes* et la Harpe n'en dit pas un mot. » Dans sa « Lettre critique », il inscrit sa propre démarche de réhabilitation longtemps attendue d'un auteur injustement oublié dans un mouvement plus général. Le « sentiment de faveur » qui anime la dédicataire de l'édition des *Contes* est « partagé par un public nombreux. Et l'on revient généralement sur le jugement trop rigoureux de Boileau. Les érudits, les lettrés et les curieux ; les éditeurs de luxe et les reproducteurs à bon marché : tout le monde s'en mêle, et Perrault reçoit un peu tard, mais avec éclat, la réparation d'une longue injustice[39] ».

Pour la branche de la critique qui voit en Perrault l'auteur d'un chef-d'œuvre comparable aux grands classiques de la littérature française, la réédition des *Histoires ou Contes du temps passé* ne peut que respecter scrupuleusement le texte de l'édition *princeps*. À l'opposé, pour la critique qui croit que l'origine des contes de fées ne pouvait être que populaire et orale – une théorie entretenue par la légende romantique du peuple et d'un putatif « folklore », et par les appareils critiques qui accompagnent les traductions des contes des frères Grimm – Perrault n'était au mieux qu'un « passeur » de contes. Aussi doué fût-il, il n'aurait fait qu'apposer à des récits qui lui préexistaient un certain *trait de plume*.

Dans son « Introduction » aux *Contes choisis des frères Grimm*, Frédéric Baudry déclare par exemple que : « Tout le monde sait que Charles

39 Charles Giraud, « Lettre critique », dans *Les Contes des fées, en prose et en vers, de Charles Perrault, Nouvelle édition revue et corrigée sur les éditions originales, et précédée d'une lettre critique, par Ch. Giraud, de l'Institut*, Paris, Imprimerie Impériale, 1864, p. II.

Perrault n'a pas inventé les contes qui portent son nom, et qu'il n'a fait que les rédiger à sa manière. Les sujets qu'il a traités se transmettaient oralement de génération en génération, depuis le moyen-âge. Ce qu'il avait fait pour la France à la fin du dix-septième siècle, les frères Grimm, ces Ducange de l'Allemagne, l'ont fait pour leur pays au commencement du dix-neuvième[40] ». Le commentaire de l'éditeur des *Contes choisis* est d'autant plus tendancieux que, selon lui, l'Académicien aurait pris par rapport aux contes oraux (dont, en toute logique, personne n'a vu ni lu de trace) de grandes libertés. Il se serait notamment « permis sur le fond légendaire des broderies galantes, conformes au goût de son temps, et inspirées par l'influence de l'Astrée[41] ». Les frères Grimm, en revanche, auraient « recueilli avec soin tous les contes, les légendes, les facéties, les apologues que la tradition avait conservés dans les campagnes allemandes » sans rien y ajouter. On retrouve, quelques années plus tard, la même critique faite à Perrault chez Mathurin de Lescure, éditeur fort investi dans la réhabilitation du conte de fées littéraire : « Perrault, le premier, a recueilli ces canevas populaires, et les a quelque peu habillés, brodés, poudrés, tout en respectant leur naïveté et leur malice profonde[42] ».

Chez Perrault, le mal serait donc plus profond que chez les frères Grimm, mais moindre que chez ses contemporaines : sous la « poudre » et de nouveaux habits, on retrouverait chez lui les contes du peuple, intacts dans leur candeur et leur naïveté. Il suffirait de les rhabiller quelque peu, ou tout simplement de souffler sur cette poudre légère pour retrouver le conte « originel », un conte *vrai*, oral et populaire. La tâche est plus ardue dans les cas des autres conteuses. Que faire de ces « belles dames, les baronne d'Aulnoy, les comtesse de Murat, les comtesse d'Auneuil, les demoiselles de La Force et L'Héritier de Villandon [*sic*], qui ont exécuté de brillantes et galantes variations sur ces thèmes si nouveaux pour les oreilles aristocratiques et si anciens pour celles des rustres[43] » ? Comment *dépoudrer* et *rhabiller* ces légendes populaires couvertes d'oripeaux anachroniques ?

40 Frédéric Baudry, « Préface du traducteur », dans *Contes choisis des frères Grimm, traduits de l'allemand par Frédéric Baudry et illustrés de 40 vignettes par Bertall*, Paris, Hachette, 1859, p. I.

41 Baudry, ouvr. cité, p. I.

42 Lescure, « Histoire des fées et de la littérature féerique en France », p. III.

43 Lescure, « Histoire des fées et de la littérature féerique en France », p. III.

Selon Lescure, la tâche est difficile, mais elle n'est pas impossible. Au sujet des légendes populaires et orales qui auraient donné naissance au conte de fées, Lescure déclare en effet que : « Malgré les enjolivements dont elles furent l'objet, quand une fantaisie de mode, un caprice du goût, les introduisirent à la cour, et qu'elles furent façonnées au tour des Précieuses, elles gardent la frustre empreinte du pouce calleux qui le premier donna figure à leur argile, et l'indélébile parfum de la terre agreste[44] ». Dans le chapitre suivant, nous analyserons le retour du conte de fées littéraire du XVIIe siècle deux siècles plus tard à travers le destin d'un conte populaire à l'époque et qui le restera longtemps : « La Chatte blanche » de Marie-Catherine d'Aulnoy. Nous verrons comment ce conte sera « dépoudré » et rhabillé deux siècles après sa naissance littéraire pour un nouveau lectorat.

44 Lescure, « Histoire des fées et de la littérature féerique en France », p. II.

MÉTAMORPHOSES DU CONTE III

Les aventures d'une « Chatte blanche »

Lors de leur réhabilitation au XIXe siècle, les contes d'Aulnoy ont subi deux transformations dans des sens opposés : d'une part, des éditions qui retournent aux textes originaux et d'autre part, des textes qui prennent par rapport à ceux-ci des distances plus ou moins grandes, mais paraissent toujours sous le titre originel et sous le nom de leur auteur. Mais quelle que soit la version, transformée ou non, du conte qui paraît alors, les deux variantes éditoriales prennent d'emblée une distance avec l'œuvre originale. À la différence des contes de Perrault qui ont paru en textes libres, ceux d'Aulnoy étaient, pour la moitié, encadrés dans de longues nouvelles-cadres. Au XIXe siècle, même quand le texte des éditions originales d'Aulnoy est repris d'une manière scrupuleuse, les contes qui sont désormais présentés comme libres prennent une autre signification puisqu'ils ont été extraits de leur cadre narratif. Or nous avons déjà vu à quel point celui-ci est essentiel pour comprendre le message que chaque conte transmet.

UNE « CHATTE BLANCHE » POUR LES DAMES AU XIXe SIÈCLE

Depuis le début du siècle, certains contes d'Aulnoy avaient fait l'objet de rééditions dans des collections de contes de fées de l'Ancien Régime où ils côtoyaient des contes de Perrault et de Leprince de Beaumont. Dans le dernier quart du siècle, son œuvre fera l'objet de rééditions plus importantes et exclusives. Ainsi, en 1881, Mathurin de Lescure donnera une édition consacrée à ses contes sous le titre de *Mme d'Aulnoy, Les Contes des fées ou les Fées à la mode. Contes choisis publiés en deux volumes, avec une préface par M. de Lescure* dans la collection « Bibliothèque des Dames » aux éditions de La Librairie des Bibliophiles. On ne peut véritablement pas parler d'une édition scientifique au sens où on l'entend aujourd'hui puisque cette édition n'est pas accompagnée d'un appareil scientifique de notes critiques, linguistiques, ou historiques. Néanmoins, cette édition qui est préfacée par une notice bio-bibliographique, « Madame d'Aulnoy et les contes de fées », rend disponibles, deux siècles après leur première parution, les plus célèbres des contes de 1697 et de 1698.

La réédition de Lescure comprend en tout neuf contes (cinq contes pour le premier tome et quatre pour le second), soit un peu plus d'un tiers des 24 contes d'Aulnoy (15 pour les *Contes des fées* et 9 pour les *Contes nouveaux ou les Fées à la mode*). N'ont pas été repris les contes dysphoriques tels que « Le Mouton » ni les contes à forte contenance mythologique tels que « Serpentin vert ». La sélection retenue suit l'ordre des contes dans l'édition originale : « Gracieuse et Percinet », « La Belle aux cheveux d'or », « L'Oiseau bleu » et « Le Prince Lutin » du tome I des *Contes des fées*. Vient ensuite « La Princesse Rosette » qui clôture le tome I de l'édition de 1881.

Le choix du volume II de l'édition de 1881 présente cependant une exception à cette règle. Nous avons en effet d'abord un premier conte, « Finette Cendron » qui ne vient pas des *Contes nouveaux ou les Fées à la mode* mais bien des *Contes des fées* d'où sont tirés tous les autres contes du volume I. Les trois autres contes du volume II de l'édition de 1881 sont, eux, tirés des *Contes nouveaux ou les Fées à la mode*. Il s'agit de « La Biche au bois », « La Chatte blanche » et, finalement, « Belle-Belle ou le Chevalier fortuné ». Des quatre contes retenus ici, seul « La Biche au bois » est un conte dit libre, les trois autres étant des contes encadrés dans l'édition originale. Des contes encadrés dans les *Contes des fées*, « Le Mouton », « Fortunée », « Babiole », « Le Nain jaune » et « Serpentin vert », Lescure n'a donc retenu que « Finette Cendron » qui est passé dans le volume II et a rejoint deux autres contes encadrés, « La Chatte blanche » et « Belle-Belle ou le Chevalier fortuné » qui sont les deux premiers contes de la nouvelle « Le Nouveau Gentilhomme bourgeois » qui en compte six. Mathurin de Lescure suit donc, à la lettre, les textes d'Aulnoy, ainsi que leur ordre, exception faite d'un seul conte qui semble avoir trouvé une place plus appropriée parmi des contes qui ont été extraits de leur cadre dans le deuxième volume.

Contrairement à d'autres éditions qui reprennent des contes d'Aulnoy à côté de contes d'autres auteurs et qui ne mentionnent rien de l'encadrement originel de contes tels que « Finette Cendron » ou encore « La Chatte blanche », Mathurin de Lescure rappelle, par souci d'exactitude, la présentation initiale des contes dans un « Avis » préliminaire. Il mentionne ici quels contes sont « indépendants les uns des autres » mais aussi quels contes sont encadrés dans « une première nouvelle espagnole », dans « une seconde nouvelle espagnole » ou encore « dans l'*Histoire du gentilhomme bourgeois* ».

La réédition de ces deux volumes de contes d'Aulnoy constitue la troisième œuvre reproduite dans une collection au lectorat ciblé, la « Bibliothèque des Dames ». Cette collection a pour but de :

> [...] réunir des ouvrages qui doivent plus spécialement plaire aux Dames, et formera pour elles, à côté des grands classiques, dont elles ne doivent pas se désintéresser, une bibliothèque intime où elles pourront trouver un délassement à des lectures plus sérieuses. Comme *La Bibliothèque des Dames* ne comprendra que des ouvrages empruntés aux bons écrivains français, elle s'adresse également aux hommes, parmi lesquels elle ne pourra manquer de trouver un grand nombre d'amateurs.

Destinée à une bonne compagnie de dames et de messieurs qui pourraient ici se délasser de la vie... et des grands classiques, cette collection se présente explicitement « avec le luxe et l'élégance que commandent les personnes à qui elle est destinée », dans une édition soignée et tirée « à petit nombre sur Papier de Hollande[1] ». Dans cette collection, Aulnoy fréquente une de ses mythiques contemporaines, Marie-Madeleine de Lafayette, dont *La Princesse de Clèves*, aussi préfacée par Mathurin de Lescure, a déjà paru quelques années plus tôt dans la même collection[2]. Cette édition propose donc comme alternative à des lectures « plus sérieuses » des contes de fées qui s'adressent, comme les contes de la dernière décennie du XVIIe siècle, à des adultes, mais dans une version où les contes encadrés, dont « La Chatte blanche », sont privés de leur cadre narratif.

---

1 Voir l'encart à la « Bibliothèque des Dames » en fin du volume Madame d'Aulnoy, *Les Contes des Fées ou les Fées à la mode*, préface par M. de Lescure, Paris, Librairie des Bibliophiles, 1881.

2 Ont paru dans la même collection, avant les *Contes*, un ouvrage aujourd'hui oublié, *Le Mérite des Femmes* par G. Legouvé, et *La Princesse de Clèves* de Mme de Lafayette.

UN CONTE IRONIQUE ET COMPLEXE

« La Chatte blanche » qui a d'abord paru dans les *Contes nouveaux ou les Fées à la mode* (1698) est un conte doublement complexe. Ce conte résulte d'un double encadrement : l'un, génériquement identique, et l'autre génériquement différent. Dans le conte de « La Chatte blanche » du conte-type 402, l'héroïne raconte sa propre histoire qui est associée à celle de « Persinette » et de « Rapunzel » (conte-type 310). Le conte « La Chatte blanche » est lui-même encadré dans une « Histoire » comique aux accents quichottesques, « Le Nouveau Gentilhomme bourgeois[3] ». Ce conte a encore un autre statut exceptionnel par son contenu. Contrairement à beaucoup d'autres contes de fées littéraires, la tradition folklorique n'a pas pu identifier un nombre suffisant de thèmes centraux de « La Chatte blanche » pour l'associer à d'autres familles de contes. « La Chatte blanche » serait le pur produit de l'imagination d'une conteuse de la dernière décennie du XVIIe siècle, dans son contenu et dans sa forme.

Dans ce conte, un roi vieillissant mais qui n'est pas prêt à abdiquer envoie ses trois fils en quête, successivement, d'un petit chien, d'une pièce de toile très fine, et finalement, de la plus belle princesse de tout l'univers. Le fils cadet découvre, dès sa première quête, un palais enchanté habité par la Chatte Blanche du titre. En attendant l'échéance du retour chez le roi, et le don du chien et de la toile, le prince passe le temps de la quête dans ce palais auprès de la royale chatte qui règne sur un véritable monde enchanté, un monde « chatonique » (expression d'Aulnoy) aux accents parodiques. En ce qui concerne la plus belle princesse, la Chatte Blanche ne peut la lui donner : c'est elle-même, mais le prince doit auparavant lui couper la tête et la queue pour mettre fin à sa métamorphose. Redevenue princesse, la chatte raconte sa propre histoire avant d'épouser le prince, et de conclure le récit de « La Chatte blanche ».

Alors qu'elle est enceinte, une reine ne peut résister à la tentation de consommer des fruits merveilleux jalousement gardés par des fées. Elle accepte de céder à celles-ci sa fille dès sa naissance, en échange des

3 J'ai traité ailleurs des implications idéologiques et poétiques de cet encadrement. Voir *Madame d'Aulnoy et le Rire des fées : Essai sur la subversion féerique et le merveilleux comique sous l'Ancien Régime*, Paris, Éditions Kimé, 2001, et en particulier le chapitre IV.

fameux fruits. Le roi refuse d'abord d'honorer cet arrangement, mais il n'a finalement pas d'autre choix que de respecter la promesse faite par la reine. La princesse est enlevée et élevée par la fée Violente dans une haute tour qui, selon la tradition, est non seulement fort haute et avec une fenêtre haut perchée, mais qui est sans porte.

Un jour, la princesse aperçoit du haut de sa tour un prince dont elle s'éprend. Le prince la rejoint, le mariage est conclu, et consommé. Aulnoy ajoute alors un épisode que ne connaissent ni la version de Basile ni celle de La Force et qui permet de faire la transition entre le conte-cadre et le conte encadré. Dans cet épisode, l'héroïne rejette violemment l'époux choisi par la fée Violente, un certain Mignonnet qui est fort mal nommé du reste. Les fées courroucées font dévorer le prince par un dragon. Pour expier son comportement rebelle, la princesse est alors métamorphosée en chatte blanche, et elle ne pourra reprendre sa forme humaine qu'une fois qu'elle aura rencontré un autre prince semblable en tout au premier qui, seul, pourra lui faire reprendre sa forme humaine. Ce prince est bien entendu celui du conte-cadre qui accepte de lui couper la tête et la queue pour la désenchanter. Le prince et la princesse arrivent alors au royaume du roi vieillissant du conte-cadre. La princesse remporte le prix de beauté qui devait faire abdiquer le roi et faire accéder son fils vainqueur au trône, mais elle refuse le royaume qui lui est offert, préférant donner à chacun des trois fils du roi un de ses propres royaumes, et obtenir du roi son amitié et surtout la main de son fils.

Une première comparaison du conte tel qu'Aulnoy l'avait publié avec la version éditée par Lescure près de deux siècles plus tard, en 1881, permet de souligner un détail d'importance. Par la suppression du récit-cadre qui n'est plus republié depuis le *Cabinet des fées* (1785-1789), le conte perd son espace de composition, de lecture et de réception. Extrait de son contexte, et de la nouvelle qui le met en scène et incite le lecteur à prendre par rapport à son message et sa morale une distance ironique, le conte, présenté comme un conte isolé, indépendant, est désormais privé à la fois de son auteur et de son récepteur ou narrataire fictifs présents dans l'édition *princeps* et par rapport auxquels il prenait sens.

C'est donc un conte libre de tout péritexte que lisent les lectrices de la fin du XIXe siècle abonnées à la « Bibliothèque des Dames ». Grâce au légendaire « Il était une fois… » qui inaugure le conte, les aventures de « La Chatte blanche » deviennent le récit atemporel d'aventures affabulées qui ont eu lieu dans un passé et dans un pays non précisés. Or, le récit-cadre dans lequel le conte était énoncé était, lui, bien ancré dans une réalité que les premiers lecteurs et les premières lectrices avaient bien perçue comme contemporaine. Derrière le cadre d'énonciation et de réception – deux précieuses ridicules et un gentilhomme bourgeois de province sur lequel je reviendrai – la conteuse invitait de manière indirecte à considérer les implications d'un conte atemporel dans leur spécificité historique particulière : non seulement les comédies de Molière mais, plus largement, le Versailles et le règne du Roi Soleil. Privées de leur cadre, les spécificités du conte d'Aulnoy pouvaient passer, deux siècles après leur parution, dans une nouvelle édition sans récit-cadre, pour des extravagances spectaculaires qui émerveillaient, mais dont la nature satirique et critique passait désormais inaperçue.

Or, le conte de « La Chatte blanche » est un conte séditieux à plusieurs égards. Au lieu d'être isolée dans un désert pendant un an avant d'être réunie à son prince devenu aveugle et qui va alors recouvrer la vue, comme c'est le cas dans les autres versions du conte apparentées, l'héroïne d'Aulnoy règne en monarque absolu, rôle que ne pouvait alors remplir aucune femme dans la société française qui autorisait, au mieux, une Régente. Le palais de la Chatte Blanche ressemble à une parodie amusée du palais de Versailles récemment construit lorsque paraissent pour la première fois les *Contes nouveaux ou les Fées à la mode*. Au lieu d'y faire figurer la glorification d'une mythologie guerrière, musclée et de droit divin, Aulnoy décrit, dans une salle « superbe par ses dorures et ses meubles », non pas la figure de Jupiter ou d'Apollon chère au monarque quelque peu mégalomane, mais « l'histoire des plus fameux chats, Rodilardus pendu par les pieds au conseil des rats, Chat Botté, marquis de Carabas » ou encore un « Chat qui écrit[4] ».

L'appétit guerrier du Roi Soleil n'échappe pas non plus au regard amusé de la conteuse qui met en scène une Reine ordonnant « un combat naval entre [ses] chats et les plus terribles rats de la contrée ». Ce combat est décrit avec beaucoup d'amusement et selon une logique imparable dans un monde qui est, par ailleurs, soustrait aux plus élémentaires lois de la vraisemblance : « Les vaisseaux des chats consistaient en de grands morceaux de liège, sur lesquels ils voguaient assez commodément. Les

4 Madame d'Aulnoy, « La Chatte blanche », dans *Contes nouveaux ou les Fées à la mode*, édition critique établie par Nadine Jasmin, Paris, Éditions Garnier, 2008, p. 199-200.

rats avaient joint plusieurs coquilles d'œuf, et c'étaient là leurs navires ». Finalement, Minagrobis, « amiral de la flotte chatonique, réduisit la gent ratonnienne dans le dernier désespoir[5] ». Les néologismes amusés ainsi que les détails de ce combat et des équipages militaires dignes, non pas d'un Roi Soleil, mais d'une Reine Chatte, ne peuvent qu'amuser et indiquer par rapport à l'actualité du jour une distance ironique, voire critique, puisque les glorieux combats des armées de Louis-le-Grand se résument à n'être que l'expression d'une animalité combattive ou, plus prosaïquement encore, un jeu du chat et de la souris.

On sait à quel point le Roi Soleil, monarque conquérant, aimait également la chasse et la danse. En monarque absolu calqué sur Louis XIV, la Chatte Blanche ne mettra pas moins d'enthousiasme à aller, elle aussi, à la chasse. Ici encore, la conteuse prend par rapport à la tradition légendaire du roi une distance ironique. C'est donc montée sur… un singe, mais, évidemment, « le plus beau et le plus superbe qui se soit encore vu » qu'elle part à la chasse, accompagnée du prince qui, lui, est bien monté sur un cheval, mais celui-ci est… de bois, même s'il est, comme les chevaux royaux, recouvert d'une « housse et [d'une] selle en broderie d'or et de diamants[6] ». Tout ici, comme dans l'historiographie royale, sent le superlatif. Mais sur le mode amusé du parodique et du ridicule.

En ce qui concerne les fêtes merveilleuses qui avaient égayé les premières années du règne personnel du jeune Louis pendant les « Fêtes des Plaisirs de l'Île enchantée » en 1664, la cour de la *chatonique* reine n'a rien à leur envier : on y passe « des jours en fêtes agréables, tantôt à la pêche, ou à la chasse, puis l'on faisait des ballets, des carrousels[7] […] ».

On connaît également le goût prononcé de Louis XIV pour le ballet dans lequel il excellait et qui n'a pas peu contribué à faire advenir, et ensuite à glorifier, la figure du Roi Soleil. Chez Aulnoy, la reine partage ce goût, mais celui-ci prend, ici encore, une tournure parodique : « Après le souper, Chatte Blanche convia son hôte d'entrer dans un salon où il y avait un théâtre sur lequel douze chats et douze singes dansaient[8] ». Il ne faut pas être grand devin pour comprendre qu'Aulnoy égratigne ici la cour à Versailles dont il était notoire qu'on y *singeait* le Roi et tous

5 Aulnoy, « La Chatte blanche », dans *Contes nouveaux ou les Fées à la mode*, p. 215-216.
6 Aulnoy, « La Chatte blanche », dans *Contes nouveaux ou les Fées à la mode*, p. 204.
7 Aulnoy, « La Chatte blanche », dans *Contes nouveaux ou les Fées à la mode*, p. 205.
8 Aulnoy, « La Chatte blanche », dans *Contes nouveaux ou les Fées à la mode*, p. 203.

les grands. L'univers débridé du conte de fées lui permet de le faire en s'amusant.

Nadine Jasmin a parlé, fort justement, du « "coup de patte" humoristique du détournement, sur un mode ludique, d'un élément essentiel de la propagande monarchique : la représentation de l'historiographie royale qui s'étale stratégiquement dans les galeries, sur les murs et les plafonds de Versailles[9] ». Il s'agit bien d'un coup de griffe, ou d'un coup de patte toutes griffes sorties. Lors de ces représentations théâtrales, il est dit du reste qu'il est « […] aisé de juger des sauts et des cabrioles qu'ils faisaient, et de temps en temps, ils se donnaient des coups de griffes[10] ». Au travers de la mise en scène de cette royauté calquée sur celle de Louis XIV, mais sur un mode parodique, c'est la royauté elle-même qui est égratignée, mais dans une distanciation burlesque que permet l'animalisation de la cour dans un univers merveilleux où tout est permis puisque cet univers n'obéit pas aux lois de la raison, puisqu'il se situe dans un « Il était une fois… » imprécis, et dans une contrée tout aussi vague.

MÊME TEXTE, NOUVEAU CONTEXTE

L'édition de 1881 garde ces descriptions qui, plus de deux siècles après l'avènement de Louis XIV au pouvoir, peuvent encore amuser par leur extravagance, mais ont perdu de leur pertinence, et de leur impertinence. Extraites de leur cadre originel d'énonciation, ces descriptions perdent encore une autre dimension liée non plus au contexte politique, mais à leur spécificité poétique et péritextuelle.

En effet, « La Chatte blanche » est, dans le conte « Le Nouveau Gentilhomme bourgeois », un conte de fées écrit par Virginie qui en réalité porte un nom de baptême moins romanesque. Elle s'appelle Marie. Les célèbres Précieuses ridicules de Molière ne sont pas loin. Or, cette Virginie, auteur du fameux conte a, comme sa sœur Marthonide (qui s'appelle en réalité Marthe), et selon les dires de sa mère, « de l'esprit et le goût délicat. Elles aiment la lecture […] ». Preuve irréfutable de

9 Aulnoy, « La Chatte blanche », dans *Contes nouveaux ou les Fées à la mode*, note 7 p. 200.
10 Aulnoy, « La Chatte blanche », dans *Contes nouveaux ou les Fées à la mode*, p. 203.

leur érudition : « elles vous diront les *Amadis de Gaulle* par cœur[11] ». C'est dire s'il faut accréditer le conte que nous fait une telle Précieuse d'un nouveau genre, version féminine d'un nouveau don Quichotte de province qui ne partage pas avec son ancêtre espagnol ses nobles idéaux mais plutôt une imagination débridée que rien ne retient.

En plus de son auteur, la suppression du conte-cadre efface également le destinataire du conte. Or, celui à qui est fait le conte et qui se réjouit beaucoup de l'univers de « La Chatte blanche » n'est autre que le fils d'un ancien marchand de tissu de la rue Saint-Denis qui, lui-même enrichi, veut se distinguer en province. Pris lui aussi d'une fièvre architecturale démesurée, il fait construire un château où il faut, pour y accéder, gravir plus de marches qu'à Versailles. Pour couronner sa culture, il achète « la bibliothèque d'un académicien qui venait de mourir, ne doutant pas qu'il n'en sût bientôt autant que lui puisqu'il avait tant d'excellents livres[12] ». On reconnaît ici une allusion amusée aux Anciens et à leur vénération de l'*imitatio*, si ce n'est que celle-ci est détournée au profit d'un marchand aussi illettré que fantasque. Celui-ci veut en effet se faire passer pour un chevalier de bonne compagnie en s'inventant une illustre naissance aussi ridicule que son goût pour les livres de l'académicien qu'il a achetés. Notre gentilhomme bourgeois serait, à en croire ses propres dires, le noble descendant d'un certain Gilles de La Dandinardière, digne aïeul qui aurait été « nourri par Louis XI roi de France, au château d'Amboise, avec Charles VIII son fils » et qui, s'il ne fut connétable, « fut tout au moins amiral de terre[13] ».

Ancien commerçant enrichi mais illettré qui confond des termes par leur homophonie, La Dandinardière s'offusque qu'on veuille lui faire « des contes », se plaignant que, comme il fait « grosse dépense », ses marchands ne lui envoient que déjà trop de *comptes*. Mais il est vite détrompé, puis séduit, voire fasciné, par l'univers merveilleux de « La Chatte blanche » au point de finir par prendre le conte littéralement pour argent comptant, déclarant au prieur qui vient d'en terminer la lecture et qui lui demande s'il aime donc ce genre de fiction :

11 Aulnoy, « Le Nouveau Gentilhomme bourgeois », dans *Contes nouveaux ou les Fées à la mode*, p. 185-186.
12 Aulnoy, « Le Nouveau Gentilhomme bourgeois », dans *Contes nouveaux ou les Fées à la mode*, p. 162.
13 Aulnoy, « Le Nouveau Gentilhomme bourgeois », dans *Contes nouveaux ou les Fées à la mode*, p. 170-171.

> Ce ne sont point des fictions, ajouta La Dandinardière, tout cela est arrivé autrefois et arriverait bien encore sans que ce n'est plus la mode. Ha ! si j'avais été de ce temps-là, ou que cela fût de celui-ci, j'aurais fait une belle fortune [...] dans le temps des fées j'aurais bien trouvé le moyen d'avoir une reine ; avec tout cela, rien n'était plus commode, l'on faisait par trois mots de *brelic, breloc*, par une baguette, par un vrai rien, au lieu qu'à présent si l'on est né pauvre et que l'on veuille s'enrichir, il faut travailler comme des loups, bien souvent même sans réussir : *O tempora, o mores*[14] *!*

La célèbre citation de Cicéron achève de décrédibiliser ce porte-parole des amateurs de féeries qui prennent leurs rêves pour la réalité. Loin d'épouser une reine digne d'un conte de fées, le fanfaron finira par épouser l'une des deux filles du baron de Saint-Thomas, toutes deux grandes lectrices de romans et folles fieffées, grandes productrices de contes à la mode qu'elles débitent à la hâte sur des papiers volants sans même les relire. Respectant la clôture entendue du conte de fées, mais de manière parodique, la nouvelle-cadre verra le nouveau gentilhomme bourgeois convoler en justes noces, non pas avec une légendaire princesse, mais avec Virginie qui n'est autre que… l'auteur de « La Chatte blanche ».

Privé de son cadre de production et d'écriture mais aussi d'énonciation et de réception, le conte perd sa dimension d'autodérision. Au XIXe siècle, les critiques de nature historique et politique qu'il met en scène ont perdu de leur pertinence. À en croire les rééditions de ce conte dans la seconde moitié du siècle, les aventures d'une turbulente « Chatte blanche » semblent cependant encore amuser les adultes, jusqu'à la fin du siècle. Outre la réédition du conte dans le *Mme d'Aulnoy, Les Contes des fées ou les Fées à la mode* de 1881, on le trouve aussi dans une autre édition qui a paru dix ans plus tôt, les *Contes des fées tirés de Claude* [*sic*] *Perrault, de Mmes d'Aulnoy et Leprince de Beaumont et illustrés de 65 vignettes dessinées sur bois* aux éditions Hachette. Cette popularité ne survivra pas au siècle suivant. Quand, au XXe siècle, la même maison d'édition reprend ces contes sous un nouveau titre, *Cendrillon et autres contes tirés de Charles Perrault, de Mme d'Aulnoy et Mme Leprince de Beaumont*, parmi les quatre contes originellement repris, « La Belle aux cheveux d'or », « L'Oiseau bleu », « La Chatte blanche » et « La Biche au bois », seuls les deux premiers ont été retenus. On semble avoir oublié « La Chatte blanche »

14 Aulnoy, « Le Nouveau Gentilhomme bourgeois », dans *Contes nouveaux ou les Fées à la mode*, p. 241.

qui, dans sa version littéraire, mais privée de son épaisseur textuelle, de son lieu d'énonciation et de réception ironique, n'aura finalement séduit les adultes que l'espace de quelques décennies au XIXe siècle pour être aujourd'hui oubliée.

UNE « CHATTE BLANCHE » POUR LES PETITS ENFANTS

À la même époque que paraissent des éditions de contes d'Aulnoy *in extenso*, mais sans leur cadre, pour des adultes, d'autres éditions reprennent certains de ses contes, mais dans des versions altérées, pour les mettre à la disposition d'un nouveau lectorat : les enfants. Les transformations subies par le texte de 1697 près de deux siècles plus tard témoignent du désir de s'adresser désormais à ce nouveau public. Le genre se doit d'être plus bref et d'aller droit à l'essentiel, c'est-à-dire la Moralité ou, à défaut, la leçon morale que le conte transmet, tout en gardant cependant un minimum du « récit enjoué » dont Perrault avait jadis dit qu'il permettait l'enseignement de cette morale. Nous allons voir dans quelle mesure ces réécritures témoignent des changements idéologiques qui ont lieu dans les dernières décennies du XIXe siècle, notamment en ce qui concerne le rôle du merveilleux et celui de la femme.

Pour illustrer le renouveau du conte de fées de l'Ancien Régime près de deux siècles après sa première parution, dans un nouveau contexte idéologique, politique et poétique, je prendrai une des éditions les plus populaires de contes d'Aulnoy, les *Contes des fées par Mme d'Aulnoy, revue* [*sic*] *par Mlle Guerrier de Haupt* (1868). Marie Guerrier de Haupt (1835-1909), femme de lettres, éditrice et traductrice de romans et de contes en anglais aujourd'hui oubliée, donne dans ce recueil une version revue de onze contes d'Aulnoy précédés d'un avant-propos. Dans sa « Préface à lire par les mères », Guerrier de Haupt justifie son édition de la manière suivante :

> Nous avons pensé qu'il serait utile de faire d'abord un choix scrupuleux des meilleurs contes de madame d'Aulnoy, et de retrancher ensuite de ces contes

> toutes les expressions, tous les détails qui ne peuvent convenir dans un livre destiné à l'enfance[15].

Malgré « les changements indispensables », elle déclare avoir conservé aux *Contes* leur « cachet d'originalité naïve » : « nous n'avons supprimé aucune des merveilles du royaume de féerie, qui enthousiasment les imaginations de huit à dix ans », déclare-t-elle[16]. Comme Charles Giraud dans la longue « Lettre critique » qui précède son édition des *Contes des fées en prose et en vers, de Charles Perrault* quatre ans plus tôt, Guerrier de Haupt s'adresse en avant-propos aux mères qui sont responsables de l'éducation, et donc aussi de l'éducation morale, de leurs enfants en bas âge, et qui doivent donc veiller sur leurs lectures.

Guerrier de Haupt déclare en préambule que les *Contes* d'Aulnoy « offrent un mélange de naïveté et de finesse qui en rend la lecture agréable[17] ». Mais, précise-t-elle, si cette lecture est agréable, elle peut également se révéler être dangereuse :

> Les contes de madame d'Aulnoy ont été lus et relus par bien des générations ; mais de notre temps, les grandes personnes dédaignent ces sortes de fictions, et en laissent la lecture aux enfants. Malheureusement, ces contes qui plaisent tant aux jeunes imaginations, effraient souvent la prudence des mères par des expressions trop libres ou des détails peu convenables. Il arrive ainsi qu'une mère de famille, au moment de donner à son petit garçon, à sa petite fille, des contes que possèdent presque tous les enfants de leur âge, est partagée entre le désir de leur être agréable et la crainte de mettre entre leurs mains un livre inconvenant ou dangereux.

Pour rendre les contes d'Aulnoy plus inoffensifs, Guerrier de Haupt opte pour deux solutions. Tout d'abord, elle opère une sélection parmi les contes, évitant ceux qu'elle trouve trop scabreux. On retrouve cependant dans son édition non seulement des contes dysphoriques tels que « Le Nain jaune » peu propice à enthousiasmer une jeune imagination, mais également des contes qui contiennent des éléments cruels tels que « La Bonne Petite Souris ». Elle annonce avoir également « [retranché] ensuite de ces contes toutes les expressions, tous les détails qui ne peuvent

---

15 Marie Guerrier de Haupt, « Préface à lire par les mères », dans *Contes des fées par Mme d'Aulnoy, revue [sic] par Mlle Guerrier de Haupt, illustrés par Jules Désandré*, Paris, Bernardin-Béchet, 1868, p. III.

16 Guerrier de Haupt, « Préface à lire par les mères », p. III-IV.

17 Guerrier de Haupt, « Préface à lire par les mères », p. II.

convenir dans un livre destiné à l'enfance » et en particulier « ces mots, ces phrases entières qui leur faisaient interroger avec inquiétude le doux visage de leurs chers anges, en se demandant l'impression qu'une telle lecture aura pu produire sur eux[18] ».

Dans le cas qui nous intéresse ici, « La Chatte blanche », Guerrier de Haupt a élagué de longs passages descriptifs et parfois procédé à la suppression de mots ou de phrases qui, pour reprendre ses propres mots, auraient pu faire craindre aux mères attentives que le recueil des contes d'Aulnoy ne soit un livre « inconvenant ou dangereux ». Près de deux siècles après la première parution des *Contes des fées* et des *Fées à la mode*, les longues descriptions qui témoignaient d'un regard ironique sur les goûts extravagants du Roi Soleil et sur une cour en déclin, n'intéressent plus personne, a fortiori les enfants, jeunes futurs citoyens de la IIIe République. Le genre du conte de fées qui leur est désormais destiné se doit avant tout d'être bref, et le merveilleux est désormais mis au service d'une imagination régie par la morale et non plus par un regard amusé, et adulte, sur des prétentions nobiliaires et fantasques de bourgeois extravagants, ni sur les délires de provinciales incultes aux affabulations abracadabrantes, ni sur les actualités politiques et les débordements d'une royauté absolue vouée à une éclipse annoncée.

Il n'était pas pour autant question de supprimer toutes les descriptions : il faut, dans un conte de fées, maintenir l'imagination en éveil pour que soit finalement transmise une moralité fructueuse. Certaines descriptions sont ainsi conservées, en particulier celles qui mettent en scène le monde des animaux et qui, par leur décalage entre l'univers animal mis en scène et le monde humain dont ils reproduisent les comportements, servent à amuser des enfants. Ces descriptions qui contenaient des critiques désormais sans objet, sont devenues source de rire pour les enfants dont le conte exploite le goût pour les animaux qui, littéralement, singent le comportement des humains. Est notamment conservée la description, quelque peu simplifiée, d'un curieux orchestre qui n'apporte pas grand-chose au développement de l'intrigue. Dans le palais de la Chatte Blanche, le Prince est fort surpris de voir :

> [...] des chats se placer dans un petit orchestre arrangé exprès. L'un tenait un livre avec des notes, l'autre un rouleau de papier avec lequel il battait la

18 Guerrier de Haupt, « Préface à lire par les mères », p. III-IV.

> mesure ; les autres avaient de petites guitares. Tout à coup, chacun se mit à miauler sur un ton différent et à gratter les cordes de sa guitare. C'était une étrange musique, et le prince se bouchait les oreilles en riant de toute sa force des grimaces des musiciens[19].

Cette description semble encore avoir fait rire un jeune public deux siècles après la parution originale du conte par sa mise en scène d'animaux au comportement grotesque qui permet aux enfants de se projeter dans la figure du prince dont le rire leur est communicatif.

Outre les scènes comiques dans lesquelles sont décrits des animaux imitant le comportement d'humains, Guerrier de Haupt a également conservé des descriptions amusées qui sont plutôt d'ordre linguistique. L'issue d'un combat naval sans merci est décrite de la manière suivante : « Minagrobis, amiral de la flotte chatonique réduisit la gent ratonienne au désespoir en mangeant le général de leur flotte[20] ». Le comique extravagant de situation – un amiral qui gagne la guerre non pas en signant un traité d'armistice avec l'ennemi mais en le dévorant – joint au vocabulaire et au style enjoué de la description étaient faits pour plaire à « nos gentils lecteurs et [à] nos mignonnes lectrices » de huit à dix ans.

Si Guerrier de Haupt a conservé certaines scènes dans leur intégralité, il a fallu cependant supprimer les passages qui « ne peuvent convenir dans un livre destiné à l'enfance ». Chez Aulnoy, le prince passe trois fois une année à attendre l'échéance répétée trois fois du retour chez le roi à caresser la séduisante féline qui « composait des chansonnettes d'un style si passionné, qu'il semblait qu'elle avait le cœur tendre[21] ». Charmé par la galante et passionnée Chatte Blanche, le Prince en oublie jusqu'à son pays et, n'y tenant plus devant tant de tentations, de frustration – par la force des choses, leur intimité doit se limiter à des années de caresses « chatoniques » –, il implore la galante féline : « Ou devenez fille ou rendez-moi chat[22] ». Cette allusion directe au désir et à la nécessité de le satisfaire, est censurée chez Guerrier de Haupt.

Il n'est pas nécessaire d'insister sur le côté amusé mais surtout scabreux des amours entre un prince et une… Chatte. Si l'expression vulgaire pour désigner le sexe féminin n'a pas, à ma connaissance, encore cours

---

19 Guerrier de Haupt, *Contes des fées par madame d'Aulnoy*, p. 73.
20 Guerrier de Haupt, « La Chatte blanche », dans *Contes des fées par madame d'Aulnoy*, p. 84.
21 Aulnoy, « La Chatte blanche », dans *Contes nouveaux ou les Fées à la mode*, p. 205.
22 Aulnoy, « La Chatte blanche », dans *Contes nouveaux ou les Fées à la mode*, p. 205.

au XVIIe siècle – on imagine d'autre part fort mal Furetière l'inclure dans son *Dictionnaire universel* de 1690, sans parler de l'Académie française dans son propre *Dictionnaire* – elle est bien attestée à l'époque de Guerrier de Haupt. Il aurait dès lors été inconvenant de garder une telle expression devenue à double entente dans un texte qui s'adresse à « nos petits anges ».

Chez Aulnoy, le prince, après avoir consommé des liqueurs « avec plaisir », et oublié sa tâche (ramener le plus beau petit chien du monde au Roi son père), « ne pensa plus qu'à miauler avec Chatte Blanche[23] ». Cette expression qui a des connotations sexuelles évidentes est supprimée de l'édition pour enfants. Elle est remplacée par une périphrase nettement plus neutre qui enlève toute ambiguïté à la scène originelle : « Il ne pensait plus qu'à Chatte Blanche[24] ».

La reconfiguration la plus radicale et significative du conte par Guerrier de Haupt concerne la Moralité. Dans le conte d'Aulnoy, la Moralité porte sur les amours finalement heureuses d'un Prince et d'une « auguste princesse » :

> [...] Quand deux yeux enchanteurs veulent se faire aimer,
> On fait bien peu de résistance,
> Surtout quand la reconnaissance,
> Aide encore à nous enflammer
> Tairai-je cette mère, et cette folle envie,
> Qui fit à Chatte Blanche éprouver tant d'ennuis ?
> Pour goûter de funestes fruits,
> Au pouvoir d'une fée elle la sacrifie.
> Mères qui possédez des objets pleins d'appas,
> Détestez sa conduite, et ne l'imitez pas[25].

La Moralité est ici déclinée sur un mode galant hérité du roman précieux, « Reconnaissance » constituant avec « Inclination » et « Estime » les trois chemins qui mènent de « Nouvelle Amitié » à « Tendre » selon la Carte de Tendre que Madeleine de Scudéry avait mise en scène dans le premier tome de sa *Clélie, histoire romaine* (1654-1660). Chez Aulnoy, la Moralité concerne moins l'héroïne que sa mère, femme adulte, et désormais mère, qui a jadis cédé à ses funestes penchants, provoquant

23 Aulnoy, « La Chatte blanche », dans *Contes nouveaux ou les Fées à la mode*, p. 205.
24 Guerrier de Haupt, « La Chatte blanche », dans *Contes des fées par madame d'Aulnoy*, p. 76.
25 Aulnoy, « La Chatte blanche », dans *Contes nouveaux ou les Fées à la mode*, p. 240.

ainsi les aventures temporairement malheureuses de sa fille sacrifiée à ses impérieuses envies. Deux siècles plus tard, la Moralité est devenue :

> *Blâmons tous cette mère et la funeste envie,*
> *Qui fit à Chatte Blanche éprouver tant d'ennuis ;*
> *Pour goûter d'admirables fruits,*
> *Au pouvoir d'une fée elle la sacrifie !*
> *Mères, qui voudriez un trop friand repas,*
> *Détestez sa conduite et ne l'imitez pas*[26].

La morale galante sur un modèle précieux a disparu et la Moralité revue concerne uniquement les mères, et non pas les petites filles à qui s'adresse désormais le conte. Sans doute peut-on voir dans cette transformation une leçon indirecte qui concernerait les futures mères. La seconde moralité du conte d'Aulnoy était ironique dans son indécision en ce qui concerne les « appas » sacrifiés par les mères. Faut-il y voir une allusion aux fruits magiques que la reine désire, aux filles données en mariage par des mères peu scrupuleuses, ou plutôt aux appas que *possède* la reine ? Cette morale ambiguë a été transformée en condamnation de deux des sept péchés capitaux dans la version revue par Guerrier de Haupt : l'Envie et la Gourmandise.

Nous sommes donc passés ici d'un conte galant, précieux et ironique à un conte moralisateur condamnant l'attrait que pourrait avoir pour les mères un « friand repas ». Par la suppression du récit-cadre ironique, par la réécriture du conte mais aussi de la Moralité, la version de Guerrier de Haupt nous amène bien loin des appas ambigus du conte de l'Ancien Régime. Nous sommes désormais dans une parabole biblique qui, basée sur la trame du conte d'Aulnoy, en reprend de longs passages descriptifs mais s'adresse exclusivement aux mères qui sont mises en garde contre le péché, oubliant les amours finalement heureuses de l'héroïne éponyme du conte. Simplifié, infantilisé pour s'adresser à un nouveau lectorat, le conte originel, adulte et ironique, est ainsi récupéré pour s'adresser non pas aux petites filles mais à celles qui le leur lisent.

---

26 Guerrier de Haupt, « La Chatte blanche », dans *Contes des fées par madame d'Aulnoy*, p. 105.

DE LA NOUVELLE POUDRE POUR UNE VIEILLE HISTOIRE

Dans la seconde moitié du XIXe siècle, alors qu'a lieu une renaissance du conte de fées de la fin du XVIIe siècle, la critique justifie les éditions qui récrivent le texte de contes dont l'autorité littéraire est attestée, en s'inscrivant dans une immémoriale tradition de transformations du conte qui aurait connu dans la dernière décennie du Grand Siècle des avatars dus à une mode et à l'esprit du temps. Autre temps, autres contes. On peut ainsi alors rhabiller, *dé-poudrer* le conte populaire jadis poudré par les Précieuses. Ironiquement, et l'anecdote est révélatrice de cette évolution, la préparation du Prince pour dîner avec Chatte Blanche chez Aulnoy est décrite de la manière suivante : « Après qu'on l'eût poudré, frisé, parfumé, paré, ajusté, et rendu plus beau qu'Adonis, les mains le conduisirent dans une salle superbe par ses dorures et ses meubles[27] ». Près de deux siècles plus tard, quand revient le conte de fées d'antan, Guerrier de Haupt souffle sur l'antique et précieuse poudre de la manière suivante : « Après qu'on l'eût rendu plus beau qu'Adonis, on le conduisit dans une salle superbe[28] [...] ». Le devenir de « La Chatte blanche », depuis sa naissance littéraire en 1698 jusqu'à sa disparition au tournant du XXe siècle, soulève donc une question : suffit-il de souffler la poudre, de ne plus friser, ne plus parer ni ajuster pour devenir aussi beau qu'Adonis ?

L'histoire n'a pas donné raison aux théoriciens, ni aux conteurs, qui voulaient retrouver, derrière « La Chatte blanche » qu'avait donnée Aulnoy, le « parfum agreste » des légendes populaires. Au contraire... Le conte avait séduit les adultes dans la dernière décennie du Grand Siècle, non seulement par ses extravagances, mais aussi par sa mise en abyme d'un conte rédigé par une précieuse qui l'avait écrit pour un nouveau gentilhomme bourgeois de province aussi ridicule que fantasque. Privé de son cadre d'énonciation mais surtout de sa nature romanesque et sentimentale, et simplifié pour séduire les petites filles de la IIIe République et leur transmettre une moralité où sont condamnées

27 Aulnoy, « La Chatte blanche », dans *Contes nouveaux ou les Fées à la mode*, p. 199.
28 Guerrier de Haupt, « La Chatte blanche », dans *Contes des fées par madame d'Aulnoy*, p. 72.

l'envie et la gourmandise des mères, le conte n'a séduit qu'une génération de mères et leurs filles, le temps de quelques éditions[29].

« La Chatte blanche » connaîtra cependant un immense succès auprès des adultes au XIXe siècle, mais dans un autre genre, celui de grands spectacles appelés « Féeries ». Dans son numéro du vendredi 20 août 1852 en vente « À la porte de tous les Théâtres et Concerts », *L'Argus des Théâtres* annonce une « *Chatte blanche*, plus heureuse que ses devancières, chattes ou princesses » qui a « obtenu un succès qui rappelle aux véritables amateurs de féeries les belles soirées des *Pilules du Diable.* » Plus de trente ans plus tard, *Le Monde Illustré* du 9 avril 1887 parlera d'une « éternellement jeune et toujours amusante féerie ». « La Chatte blanche » doit sa nouvelle vie dans une « Féerie en 3 actes » aux talents incontestés de deux frères, maîtres inégalés dans l'art du vaudeville, de la féerie, de la revue et de l'opérette : Théodore et Hippolyte Cogniard. Or, dans ces *Féeries* grandioses qui furent courues du tout Paris, il n'était précisément pas question de « souffler » la poudre du conte originel pour en retrouver une « agreste » ébauche, mais au contraire d'en forcer le trait[30].

Né au siècle des grandeurs de Versailles, ce conte d'un auteur adulé de son époque qui avait amusé ses contemporains et ses contemporaines avec l'histoire d'une Chatte royale dont il fallait couper la tête et la queue pour que renaisse la princesse rebelle qu'elle avait été, n'est jamais véritablement devenu un conte populaire pour enfants. Mais il a fait, deux siècles encore après sa naissance, avec plus de poudre précieuse et de broderies spectaculaires encore, le plaisir d'adultes que ses frasques amusaient encore.

---

29 Les contes d'Aulnoy ont connu à nouveau une certaine popularité au siècle dernier, notamment dans des éditions pour enfants : *La Chatte blanche* aux éditions Larousse (1986), *La Chatte blanche et autres contes* aux éditions Grasset, dans la collection « Jeunesse : grands lecteurs » (1989). Les *Contes de Madame d'Aulnoy* ont également fait l'objet d'une réédition dans la collection (abrégée) du *Cabinet des fées* (tome 1, 1998) aux Éditions Picquier. Outre l'édition critique de Philippe Hourcade dite « Édition du tricentenaire » aux éditions de la Société des Textes Français Modernes (2 vol., 1997-1998) et celle de Nadine Jasmin aux Éditions Honoré Champion (1 vol., puis 2 vol., 2008), il existe également une anthologie plus abordable de *Contes de fées* d'Aulnoy aux Éditions Gallimard, collection « Folio Classique », depuis 2008.

30 Ainsi, « La Chatte blanche », féerie en 3 actes et 22 tableaux inclut-elle encore, pour ajouter au merveilleux et au spectaculaire de la mise en scène, des personnages tirés d'autres contes, tels « Forte-échine », « Fine-oreille » et « Trinquefort [Trinquet] » qui appartiennent à « Belle-Belle ou le Chevalier fortuné » du même auteur.

MÉTAMORPHOSES DU CONTE IV

Le Petit Chaperon Rouge : une héroïne franco-allemande

La réhabilitation des contes de Charles Perrault au XIXe siècle a suivi la même double tendance que celle de l'œuvre de sa contemporaine Marie-Catherine d'Aulnoy. D'une part, Charles Giraud donnera en 1864 des *Contes des fées, en prose et en vers, de Charles Perrault* une « Nouvelle édition, revue et corrigée sur les éditions originales, et précédée d'une lettre critique ». De l'autre, à la même époque paraissent des éditions qui prennent avec le texte original des distances plus ou moins grandes telles que l'édition des *Contes des fées de Charles Perrault revus et précédés d'une préface par F. Fertiault* qui a d'abord paru en 1845 et sera réimprimée en 1859 et en 1867, soit trois ans après l'édition officielle des contes, édition revue et corrigée sur l'édition originale par Giraud. Une autre édition des *Contes des fées de Charles Perrault. Édition dédiée aux enfants* de 1850 sera encore assez actuelle et répandue pour être attribuée comme Premier Prix de géographie plus de trente ans plus tard[1].

Au XIXe siècle, l'évolution du conte de fées d'origine française qui connaît une renaissance éditoriale et littéraire doit être considérée dans un autre contexte : l'existence, en Allemagne d'abord, en Europe et en France ensuite, d'un corpus vaste, plus contemporain et qui, dès sa composition, s'adresse au lectorat nouveau : les enfants, garçons et filles. En 1812, et en 1815, Jacob et Wilhelm Grimm avaient fait paraître le premier et le second volume de leurs *Kinder- und Hausmärchen* dont certains contes seront rapidement traduits et publiés en France[2].

1 Une copie des *Contes des fées de Charles Perrault. Édition dédiée aux enfants* sera encore offerte en guise de Premier Prix de Géographie à un certain Ed. Juiguet, le 1er août 1886, à Marolles-les-Braults, commune de la Sarthe. Source : gallica.bnf.fr/Ville de Paris/Fonds Heure Joyeuse. Consulté le 19/09/2018.

2 Voir à ce sujet l'analyse exhaustive des éditions des *Contes* des frères Grimm en France dans Christiane Connan-Pintado et Catherine Tauveron, *Fortune des* Contes *des Grimm en*

Pour mieux comprendre les mutations que subit le conte de fées lors de son retour en force au XIXe siècle, j'analyserai l'un des contes les plus connus du corpus français et allemand qui fait partie de la bibliothèque universelle de tout un chacun : « Le Petit Chaperon rouge ». J'ai choisi ce conte en particulier parce qu'il a, dès son origine littéraire, en 1695, connu plusieurs versions, y compris par le même auteur, et parce que si, aujourd'hui, tout le monde connaît l'histoire des aventures de la petite fille au chaperon rouge et de sa mère-grand, ce conte fait rarement l'objet d'une lecture attentive, ou d'une relecture, tant nous sommes convaincus de connaître l'histoire une bonne fois pour toutes.

L'histoire de ce conte pourrait à elle seule illustrer parfaitement la plasticité du genre, son adaptabilité par les transformations qu'il a subies pour survivre dans un nouveau contexte idéologique, socio-économique, politique et éthique. L'histoire du « Petit Chaperon rouge » est celle d'un récit qui s'est longtemps cherché, a beaucoup évolué à travers les siècles, les cultures et les langues, pour donner le récit aujourd'hui universellement connu qu'on peut résumer de la manière suivante. Il était une fois une petite fille de village à la coiffe rouge qui apporte à sa grand-mère malade de la confiture et une galette. Jeune encore et naïve, elle donne à un grand méchant loup des détails sur sa visite et son itinéraire. Le loup arrive en premier chez la mère-grand qu'il dévore avant de tendre un piège à l'héroïne et de la dévorer à son tour. Heureusement, un chasseur qui rode dans les parages sauve la petite fille et sa grand-mère. Le loup meurt et, preuve qu'on ne l'y reprendra pas, l'héroïne devenue plus sage et prévenue, tend un piège à un autre loup qui finit par périr fort justement. Tout est bien qui finit bien. Ainsi va le conte.

Mais ainsi ne va pas son histoire. Et, pour appliquer le modèle du conte au conte lui-même, on pourrait dire que cette version est elle-même une sorte de grand méchant conte qui aurait mangé toutes les autres versions… En bon chasseur, essayons à notre tour de les faire revivre.

France. Formes et enjeux des rééditions, reformulations, réécritures dans la littérature de jeunesse, Clermont-Ferrand, Presses Universitaires Blaise Pascal, 2013.

L'HISTOIRE D'UN AMOUR DÉVORANT

Des deux versions les plus connues du « Petit Chaperon rouge », celle de Charles Perrault (1697) et celle des frères Grimm (1812), c'est la dernière, plus optimiste, qui a le mieux survécu au temps et qui, aujourd'hui, est universellement connue. Dans la version de Perrault, comme on le sait, le loup survit, mais pas le Petit Chaperon Rouge. Dans celle des Grimm, le Petit Chaperon Rouge et sa grand-mère survivent, mais pas le loup. Mais en plus de ces deux versions, et cela est moins connu, il existe une autre version antérieure que l'on doit également à Perrault : celle du Manuscrit qui est de deux ans antérieure à l'édition de la version qui a paru dans les *Histoires ou Contes du temps passé. Avec des moralités.* Ce Manuscrit présenté à Mademoiselle, fille de Philippe d'Orléans et d'Élisabeth-Charlotte de Bavière contient une première version de cinq contes qui seront repris deux ans plus tard dans le même recueil. Ces contes sont successivement « La Belle au bois dormant », « Le Petit Chaperon rouge », « La Barbe bleue », « Le Maître Chat ou le Chat botté », et « Les Fées ».

Malgré la prééminence aujourd'hui de la version des frères Grimm, ce conte n'en reste pas moins, à son origine, la création littéraire d'un auteur français. Pour mieux comprendre l'évolution de ce conte, de ses origines jusqu'au XIXe siècle, nous analyserons les versions littéraires du « Petit Chaperon rouge » dans un ordre chronologique : les versions de 1695 et de 1697 par Perrault, celle ensuite des frères Grimm, de 1812, et, finalement, une autre version française de 1850, sous le nom de Perrault, mais dont le texte original a cependant été récrit.

Comme nous l'avons vu plus tôt, le conte, récit « enjoué » et divertissant, n'aurait d'autre but que de faire « avaler » une morale. À ce titre, la Moralité, leçon explicite et mise en vers en clôture du conte, joue un rôle central dans la transmission de cette morale. On sait d'autre part que, chez Perrault, les rapports qu'entretiennent conte et morale sont bien souvent complexes. Or, c'est précisément dans cette « Moralité » qu'a lieu un travail de réécriture et un remaniement textuel important et significatif entre la première version de 1695 et la version imprimée du conte dans les *Histoires ou Contes du temps passé. Avec des Moralités* deux ans plus tard.

La moralité du cahier Manuscrit va donc ainsi :

> Moralité
> Dans ce conte on peut voir qu'à de jeunes enfants
> Et surtout à de jeunes filles
> Belles, bien faites et gentilles
> Il prend mal d'écouter toutes sortes de gens
> Et que ce n'est pas chose étrange
> S'il en est tant que le Loup mange[3].

La morale du conte telle que nous la connaissons aujourd'hui n'est plus celle-là, c'est celle de l'édition des *Histoires ou contes du temps passé. Avec des Moralités*. Elle comprend à la suite de ces vers neuf autres vers qui reviennent explicitement sur l'élément du récit qui caractérise ce conte très particulier et sa fin dysphorique : le loup. Dans la version imprimée de 1697, le conte conclut de la manière suivante :

> Moralité
> [vers 1-6 cités plus haut]
>
> Je dis le loup, car tous les loups
> Ne sont pas de la même sorte ;
> Il en est d'une humeur accorte,
> Sans bruit, sans fiel et sans courroux,
> Qui privés, complaisants et doux,
> Suivent les jeunes Demoiselles
> Jusque dans les maisons, jusque dans les ruelles ;
> Mais hélas ! qui ne sait que ces Loups doucereux,
> De tous les Loups sont les plus dangereux[4].

Dans « Le Petit Chaperon rouge », la Moralité est donc constituée de 15 vers en une seule strophe mais dont les neuf derniers constituent un ajout par rapport à la première version du conte. Dans son analyse de *Textualité et intertextualité des contes*, Ute Heidmann a analysé minutieusement la construction de cette dernière moralité par le dialogue intertextuel qu'a entretenu « Le Petit Chaperon rouge » avec un autre

3 Je reprends l'édition du manuscrit d'apparat de 1695 tel qu'il a été édité par Jacques Barchilon dans *Perrault's Tales of Mother Goose. The Dedication manuscript of 1695 Reproduced in Collotype facsimile with Introduction and Critical Text by Jacques Barchillon*, New York, The Pierpont Morgan Library, 1956, p. 134. Une réédition en facsimile du manuscrit a paru aux Éditions des Saints-Pères en décembre 2016.

4 Perrault, « Le Petit Chaperon rouge », dans *Contes*, p. 145.

conte, par une autre conteuse proche de l'Académicien, Marie-Jeanne Lhéritier de Villandon, et qui a paru précisément entre le manuscrit de 1695 et le recueil de 1697. Il s'agit de « L'Adroite Princesse ou Les Avantures [*sic*] de Finette », quatrième nouvelle qui se situe entre « Les Enchantements de l'éloquence, ou les Effets de la douceur », et la « Lettre à Madame D. G*** » dans les *Œuvres meslées* qui a paru en 1695.

Dans l'apostrophe qui précède le conte de « L'Adroite Princesse » et qui est adressée à une autre conteuse, la comtesse de Murat, Lhéritier déclare, en guise d'introduction au conte qui suit, par « manière de persuader qu'il faut être toujours sur ses gardes » :

> [...] Craignez les Blondins doucereux
> Qui fatiguent les Ruelles,
> Et ne sachant que dire aux Belles
> Soupirent sans être amoureux.
> Défiez-vous des Conteurs de fleurettes,
> Connaissez bien le fond de leurs esprits ;
> Auprès de toutes les Iris
> Ils débitent mille sornettes,
> Défiez-vous enfin de ces brusques Amants
> Qui se disent en feu dès les premiers moments,
> Et jurent une vive flamme ;
> Moquez-vous de ces vains serments :
> Pour bien assujettir une âme
> Il faut qu'il en coûte du temps.
> Gardez qu'un peu de complaisance
> Ne désarme trop tôt votre austère fierté ;
> De votre juste défiance
> Dépend [*sic*] votre repos et votre sûreté[5].

Nul besoin d'insister sur l'écho qu'on entend des « Blondins doucereux » de Lhéritier dans les « Loups doucereux » de Perrault qui, ici, comme l'indique Heidmann, explicite, par sa référence intertextuelle, « le caractère allégorique du loup séducteur », mais aussi « pointe du

5 Marie-Jeanne Lhéritier de Villandon, « À Madame la Comtesse de Murat », « L'Adroite Princesse ou Les Avantures [*sic*] de Finette. Nouvelle », dans *Mademoiselle Lhéritier, Mademoiselle Bernard, Mademoiselle de La Force, Madame Durand, Madame d'Auneuil, Contes*, Édition critique établie par Raymonde Robert, Paris, Honoré Champion, Collection « Bibliothèque des Génies et des Fées », vol. 2, « L'Âge d'or du conte de fées (1690-1709) », vol. 1, « Le Cercle des conteuses », 2005, p. 93-94. Dans son édition, Raymonde Robert fait des deux premiers vers cités ici un seul. J'ai gardé le texte de l'édition originale (Lhéritier, *Œuvres meslées* Jean Guignard, 1696 [1695], p. 231).

doigt toutes les personnes qui connaissent parfaitement les stratégies de ces *loups doucereux* mais qui omettent d'en informer les jeunes filles[6] ».

Cette allégorie va de pair avec une autre qui, elle, n'est jamais démétaphorisée : celle de l'amour brûlant, *dévorant*. Car il est bien question chez Perrault de cet amour que dénonce Lhéritier et envers lequel elle recommande la plus grande prudence et la plus grande vigilance. Le *loup* séducteur du conte de Perrault n'est-il en effet qu'un de ces « brusques Amants » qui, d'emblée, prétendent être « en feu » et jurer une « vive flamme » ? Serait-il consumé par un amour brûlant, mais aussi dévorant, comme l'indique la définition du verbe *Dévorer* dans le *Dictionnaire universel* de Furetière de 1690, exact contemporain des deux conteurs donc :

> *Dévorer*, se dit figurément en choses morales. Quand cet amant regarde sa maîtresse, il la dévore des yeux.

Le conte de Perrault raconte que, juste avant qu'elle ne soit dévorée, le pauvre Petit Chaperon Rouge s'était exclamé :

> Ma grand-mère, que vous avez de grands yeux !
> C'est pour mieux voir, mon enfant.
> Ma grand-mère, que vous avez de grandes dents !
> C'est pour te manger !

Dans le double processus de métaphorisation du séducteur en loup, et de l'amour en passion vorace, il était logique de faire succéder aux yeux assassins les dents de l'amour dévorant, ce que faisait le conte dès la version de 1695. En plus d'avoir développé la métaphore du loup déjà présente dans la version de 1695 mais qui n'est pas encore explicitement reliée à la figure du séducteur et de son amour dévorant, Perrault va effectuer un autre changement à la Moralité par les neuf vers qu'il ajoute à la Moralité de 1695 deux ans plus tard.

Dans sa version imprimée, et définitive, le conte ne s'adresse plus à « […] de jeunes enfants / Et surtout à de jeunes filles / Belles, bien faites et gentilles » (1695) mais à de « jeunes Demoiselles » (1697) qui sont en âge d'être suivies, voire poursuivies, « Jusque dans les maisons, jusque dans les ruelles », par de jeunes séducteurs au grand appétit et aux longues dents, ces « brusques Amants » qui, voulant faire passer

6 Ute Heidmann et Jean-Michel Adam, *Textualité et Intertextualité des contes*, p. 91.

pour une éternelle flamme ce qui n'est au mieux qu'un feu follet, n'ont qu'une envie : dévorer du regard leur maîtresse, et la dévorer tout court.

Plus que le conte qui l'enrobait, c'est la Moralité qui fait passer la « morale utile » du « Petit Chaperon rouge ». Il est moins question de mettre en garde de très jeunes paysannes en visite chez leur grand-mère contre les mauvaises intentions de loups affamés que de prévenir les demoiselles de l'aristocratie et de la haute bourgeoisie en âge d'être mariées, contre des « loups doucereux » armés de grands yeux et de longues dents qui n'ont qu'une envie : faire à leur innocente proie de « vains serments » aussi ardents que leur « vive flamme » est inexistante. Car leur passion n'est pas que métaphoriquement dévorante. Une « jeune Demoiselle » séduite et abandonnée est en effet morte pour la société, son espoir d'un heureux mariage, anéanti par la perte de son honneur. Au siècle suivant, on verra encore Cécile Volanges retourner au couvent pour avoir écouté, et reçu dans sa ruelle, un fort doucereux loup du nom de Valmont.

Le conte du « Petit Chaperon rouge » ne s'adresse pas à une « petite fille de Village », comme pourrait le faire croire l'*incipit*. Pas plus que la morale à retirer de cette malheureuse histoire ne concerne « de jeunes enfants / Surtout de jeunes filles », comme le fait encore croire la Moralité de 1695. Ce sera l'affaire du conte de fées deux siècles plus tard. Dans la dernière décennie du Grand Siècle, comme le montre clairement la Moralité finale de 1697, c'est avant tout les « jeunes Demoiselles » en âge de se marier qu'il s'agit de mettre en garde contre l'irréparable danger de succomber, ne fût-ce qu'une fois, aux charmes de séducteurs doucereux et rusés. Aucun chasseur, aussi habile fût-il, ne peut réparer la perte de cet honneur-là.

L'HISTOIRE D'UNE PETITE FILLE QUE LE LOUP FAILLIT MANGER

Dans le cadre de leur entreprise nationaliste des *Kinder- und Hausmärchen*, Jacob et Wilhelm Grimm donneront leur propre « Rotkäppchen » (conte numéro 26) plus d'un siècle après que Perrault avait donné son propre « Petit Chaperon rouge ». Dans ce conte, la mère de Rotkäppchen met, dès le début du conte, en garde sa fille : « Mets-toi en route avant qu'il ne fasse chaud, et quand tu sortiras du village, marche bien gentiment et ne t'écarte pas du chemin, sinon, tu tomberas et tu casseras la bouteille, et ta grand-mère n'aura rien[7] ». Quand elle rencontre le loup, Rotkäppchen ne se méfie pourtant pas de lui et elle commet une deuxième erreur en s'éloignant du droit chemin et en s'enfonçant dans la forêt pour cueillir des fleurs pour sa grand-mère.

Une analyse comparative et différentielle des « Éléments du conte » (Conte-Type 333 : « Le Petit Chaperon rouge ») permet, au travers du dialogue intertextuel qu'entretiennent les frères Grimm dans la version du conte de 1812 avec Perrault dans sa version de 1697, de mettre en évidence la spécificité de l'héroïne allemande par rapport à son ancêtre française. Ces éléments concernent le troisième épisode : « III. *Chez la grand-mère* » :

A1 : Le loup arrive chez la grand-mère
A2 : apprend comment on ouvre la porte
A3 : mange la grand-mère
A6 : revêt les habits de la grand-mère
A7 : se met dans le lit.

B1 : La fillette arrive
B2 : apprend comment on ouvre la porte.

C3 : Le loup dit [au Petit chaperon rouge] de venir se coucher
C4 : elle se déshabille
C7 : elle se couche.

[D : étonnement du Petit chaperon rouge sur le corps de la grand-mère]

E1 : Dernière réplique du loup : « C'est pour te manger »
E2 : il dévore l'enfant[8].

Une lecture rapide du conte, lecture qu'on est censée en faire puisque, comme en atteste Perrault dès les premiers contes dans sa « Préface », les contes ne seraient que des récits « enjoués » destinés à faire passer une « morale cachée », nous inciterait d'abord à ne nous souvenir que des

---

7 Jacob et Wilhelm Grimm, « Le Petit Chaperon rouge » [Rotkäppchen], dans *Contes*, p. 163-164. Toute référence à ce conte sera à l'édition française *Contes pour les enfants et la maison, collectés par les frères Grimm*, édités et traduits par Natacha Rimasson-Fertin, Paris, José Corti, 2009.

8 Paul Delarue et Marie-Louise Ténèze, *Le conte populaire français*, Conte-Type 333, p. 375.

scènes similaires et qui raconteraient « à peu près » la même histoire, exception faite de la fin. Et pourtant, ces histoires sont bien différentes, et pas uniquement dans leur clôture.

Selon la répartition en ses éléments du conte de Perrault par Delarue et Ténèze, nous avons : III : A1, A2, A3, B1, B2, C3 et C7. Cela est exact, mais incomplet. Il manque en effet, pour la version de Perrault, l'élément A7 (« [le loup] se met dans le lit ») et C4 (« elle se déshabille »). Le conte de Perrault nous indique en effet que, une fois qu'il a dévoré la grand-mère, le loup « ferma la porte, et s'alla coucher dans le lit de la Mère-grand[9] ». Quand le Petit Chaperon Rouge est entré, le loup, se cachant sous la couverture, lui dit : « Mets la galette et le petit pot de beurre sur la huche, et vient te coucher avec moi ». Le Petit Chaperon Rouge obéit, elle « se déshabille, et va se mettre dans le lit [...] ».

Dans la « Rotkäppchen » des frères Grimm, tout d'abord, et contrairement à la version de Perrault, nous avons l'élément A6 : une fois qu'il a dévoré la grand-mère, le loup « revêt [ses] habits ». Arrivée chez sa grand-mère chez qui elle trouve la porte ouverte, Rotkäppchen « s'approcha du lit et en ouvrit les rideaux » où le loup est allongé, déguisé et travesti. Après la scène commune aux deux contes et sous forme de dialogue où la petite fille exprime son étonnement sur les parties du corps de sa grand-mère, et après qu'il a finalement répondu au Petit Chaperon Rouge « C'est pour te manger » (Perrault) ou « C'est pour mieux te dévorer » (J. et W. Grimm), le loup « d'un bond, [...] fut hors du lit et [...] avala le pauvre Petit Chaperon Rouge[10] ».

Ce sont à première vue des variantes de peu d'importance, et pourtant ... Chez Perrault, le Petit Chaperon Rouge qui s'est déshabillée, se glisse dans le lit de sa grand-mère où se trouve déjà le loup *nu*. Les frères Grimm ont éliminé ces détails potentiellement scabreux. Non seulement, ils ont revêtu leur loup des habits et du bonnet de nuit de la grand-mère mais, contrairement au Petit Chaperon Rouge de Perrault qui s'est déshabillée avant de rejoindre le loup nu, leur héroïne reste habillée, *et* elle ne rejoint pas le loup dans le lit.

L'étonnement qui est celui de l'héroïne de Perrault a également disparu de la version des frères Grimm. Quand elle rejoint le loup dans le lit, le Petit Chaperon Rouge a sans doute – mais l'histoire n'en dit

9 Perrault, « Le Petit Chaperon rouge », dans *Contes*, p. 144.
10 Jacob et Wilhelm Grimm, « Le Petit Chaperon rouge », dans *Contes*, p. 165-166.

rien – regardé *sous la couverture* puisque le conte nous indique qu'elle « fut bien étonnée de voir comment sa Mère-grand était faite en son déshabillé ». Faut-il voir ici un commentaire amusé ou la dénonciation de l'ignorance totale de ce Petit Chaperon Rouge qui prend le corps poilu d'un loup pour celui d'une dame adulte et âgée, confondant non seulement les espèces, mais également les sexes ? Est-ce là l'état des connaissances de jeunes filles (1695), mais, plus grave encore, celui de jeunes demoiselles en âge d'être mariée (1697) ?

Ce qui faisait rire et sourire des adultes à Versailles ne fait plus rire du tout au début du XIXe siècle en Allemagne, a fortiori quand il s'agit de jeunes enfants à qui il est hors de question d'inculquer une morale en suggérant une scène de zoophilie, fût-elle inversée (ce n'est en l'occurrence pas un humain qui se sert d'un animal à des fins sexuelles ou érotiques pour assouvir une pulsion, quelle qu'elle soit, mais bien l'inverse).

En France, plus tard dans le siècle, une telle situation risquée ne fera plus rire non plus d'ailleurs. J'ai plus tôt suggéré la possibilité de lectures en palimpseste de contes qui font que parfois, à notre insu, quand nous avons lu ou entendu une version d'un conte, nous gardons de cette version un souvenir teinté d'un autre conte, ou d'autres détails du même conte, mais qui proviennent d'une autre version.

Une version du « Petit Chaperon rouge » illustre parfaitement ce phénomène de contamination. Il s'agit de la version imprimée la plus connue du grand public et qui est communément appelée « de Doré », version du célèbre conte qui a paru un siècle-et-demi plus tard dans *Les Contes de Perrault. Dessins par Gustave Doré*[11].

Outre la gravure mettant en scène le loup perché sur un tabouret renversé, penché sur la grand-mère dont toute la confusion et la terreur sont remarquablement mises en scène, une autre gravure largement connue a sans nul doute contribué au rayonnement des contes de Perrault dans le dernier tiers du XIXe siècle et au-delà, en France et ailleurs : celle du Petit Chaperon Rouge qui se glisse dans le lit où le loup l'attend et dont on voit clairement tout l'effroi inscrit sur le visage et qui est mis au centre de l'illustration. Cette illustration de Gustave Doré a, dans l'édition des *Contes de Perrault* de P.-J. Stahl, un statut particulier. Outre une gravure en frontispice qui représente une dame âgée faisant

11 Voir *Les Contes de Perrault. Dessins par Gustave Doré. Préface par P.-J. Stahl*, J. Hetzel, éditeur, librairie Firmin Didot, Paris, 1862.

à de jeunes enfants la lecture de contes, cette illustration du « Petit Chaperon rouge » est la première d'un conte particulier à figurer dans tout le recueil. Elle figure même hors-texte puisqu'on la trouve dès l'« Introduction », entre les pages XII et XIII.

Or, cette illustration qui a immortalisé le conte de Perrault et sa malheureuse héroïne, n'est précisément *pas* une mise en scène de ce Petit Chaperon Rouge-là, mais bien d'un mélange d'éléments de l'héroïne de Perrault et de la Rotkäppchen des frères Grimm. La situation mise en scène par Gustave Doré est bien celle du conte de Perrault puisque le Petit Chaperon Rouge semble s'allonger dans le lit, aux côtés du loup, ce qui n'est pas le cas chez les frères Grimm où le loup, pour la dévorer, doit sortir « d'un bond [...] hors du lit ». Contrairement au conte de Perrault où le Petit Chaperon Rouge trouve dans le lit un loup nu, Rotkäppchen trouve, en s'en approchant, un loup qui a revêtu le « bonnet de nuit [de la grand-mère] enfoncé profondément sur sa tête[12] ». Et c'est ce loup-là que met en scène Doré. Si la situation illustrée ici est bien celle du conte de Perrault, les personnages, eux, sont inspirés du conte des Grimm.

Si on lit toujours les contes de Perrault dans la seconde moitié du XIXe siècle, comme en témoigne cette édition richement illustrée et de grand format, si on se passionne pour les aventures de son « Petit Chaperon rouge », ce n'est cependant plus le Petit Chaperon Rouge qu'on imagine et qu'on *voit*, mais bien sa lointaine descendante allemande Rotkäppchen. Un Petit Chaperon Rouge en déshabillé qui se glisse dans le lit où l'attend le loup revêtu des habits de la grand-mère est une invention de Doré qui n'illustre pas les *Contes* de Perrault, mais met en scène une héroïne mi-Chaperon Rouge, mi-Rotkäppchen. Le danger encouru par l'héroïne, petite fille naïve, reste bien présent. Mais sans risque d'offenser la pudeur par la mise en scène d'une double nudité.

Dans le dernier tiers du XIXe siècle, et à partir de 1862 en tous les cas, si *les mots* du conte sont encore acceptables, leur *mise en scène* ne l'est plus pour un jeune public. À l'image d'une petite fille déshabillée, et bien naïve, qui se glisse dans un lit avec un loup nu, on préfère un Petit Chaperon Rouge habillé qui, de surcroit, semble vouloir se protéger, à en croire la couverture que l'héroïne tient de sa main droite au plus près d'elle. L'illustration ne permet pas de voir si le loup a revêtu, comme l'indiquent les frères Grimm, les habits de la grand-mère *et* son bonnet de nuit, mais

12 Jacob et Wilhelm Grimm, « Le Petit Chaperon rouge », dans *Contes*, p. 165-166.

celui-ci, de généreuse proportion dans l'illustration, suffit à éviter la mise en scène explicite d'une situation indécente, celle d'une cohabitation animale et humaine scabreuse qui pourrait frapper l'imagination des jeunes lecteurs et lectrices : l'image d'un loup nu et d'une enfant, nue elle aussi, qui croit naïvement s'allonger auprès de sa grand-mère malade.

UN CONTE SANS MORALITÉ ?

L'édition illustrée par Gustave Doré donne du conte de Perrault une version fidèle au texte, mais qui a été amputée de sa Moralité. Or, nous avons vu à quel point la Moralité de ce conte en particulier importe pour son message. L'éditeur P.-J. Stahl suivait-il une tendance qui consistait à supprimer les moralités en vers considérées comme peu avenantes pour des enfants ?

Il serait illusoire, et inutile, d'essayer d'établir une tendance nette, affirmée, et confirmée par les éditions, de la suppression ou du maintien de la Moralité dans les éditions des *Contes* de Perrault au XIXe siècle : les deux tendances cohabitent tout au long du siècle. Au début du siècle, dès 1812, l'édition des *Contes des fées, contenant Le Chaperon rouge, La Barbe bleue, Le Maître Chat ou le Chat botté* et al., *Par Charles Perrault, de l'Académie Française*, à Avignon, chez Jean-Albert Joly, conserve la Moralité intacte. Ce sera encore le cas dans les *Contes des fées, par Perrault*, illustrée de gravures assez grossières aux Éditions B. Renaud (1845) ainsi que dans une édition de 1847, *Les Contes des fées, par Charles Perrault, illustrés par J.-C. Demerville* publiée par la « Librairie pittoresque de la Jeunesse ». La Moralité sera encore reprise dans des éditions postérieures à l'édition « Doré », telles que cette édition des *Contes de Perrault, Précédés d'une Préface de J. T. de Saint*-Germain (Théodore Lefèvre, 1877), celle des *Contes de fées tirés de Claude* [*sic*] *Perrault, de Mme d'Aulnoy et de Mme Leprince de Beaumont* (Hachette, 1871), ou encore celle de Charles Giraud déjà mentionnée (Paris, Imprimerie Impériale, 1864).

D'autre part, des éditions antérieures à l'édition dite « Doré » telles que le *Magasin des fées, ou Contes de fées de Perrault, de Mme Leprince de Beaumont, de Fénelon et de Madame d'Aulnoy* qui avait paru en 1838, avaient déjà supprimé la Moralité. Mais que signifie le conte quand il paraît à nouveau au XIXe siècle, sans sa Moralité ? La première implication de cette suppression est qu'il serait possible, voire souhaitable, de transmettre la morale du conte sans en transmettre la Moralité. Or, sans sa Moralité, « Le Petit Chaperon rouge » devient l'histoire d'une « petite fille de Village » toute jeune encore qui est envoyée chez sa grand-mère malade. Il ne s'adresse plus à « de jeunes Demoiselles » comme l'y incitait la Moralité de 1697. En chemin, cette petite fille rencontre le loup à qui elle a le malheur de dire chez qui elle se rend et, plus grand malheur encore, celui d'obtempérer à sa demande de le rejoindre dans le lit. Mais où est la mise en garde ? De quoi l'innocente petite fille serait-elle coupable ?

De courtoisie, d'avoir répondu à une question poliment posée ? De naïveté ? Sans doute. Mais est-ce sa faute si elle ignore tout de la nudité et du corps de la femme au point de croire que le corps d'une dame âgée en son déshabillé est fait comme celui d'un loup, mais avec tout en « plus grand » ? Non, décidément, cette histoire ne tient pas debout, c'est, comme on disait à l'époque, un conte à dormir debout. Aucune morale utile ici. Sans la Moralité qui, comme nous l'avons vu, a été réécrite entre le manuscrit d'apparat et la première édition du conte de 1697 pour s'adresser à de jeunes demoiselles, le conte ne s'adresse plus à personne. Il ne s'agirait plus d'un conte de mise en garde, mais d'un conte d'effroi qui aurait pour toute morale que « Le loup se jeta sur le Petit Chaperon Rouge, et la mangea ». Mais qu'apprend-on ici ?

Parmi les éditions du conte de Perrault au XIXe siècle, il existe encore des versions qui, entre le maintien et la suppression de la Moralité, ont, comme le Petit Chaperon Rouge, emprunté un *autre* chemin. Ces éditions témoignent du désir de réconcilier un corpus ancien avec la nouvelle dimension pédagogique du conte et son lectorat. Je prendrai deux exemples pour illustrer cette tendance éditoriale et textuelle nouvelle qui a contribué à la réhabilitation du corpus de l'Académicien au XIXe siècle mais est aujourd'hui largement oubliée.

Dès les premières années de la réintroduction du conte de fées de l'Ancien Régime en France, un certain F. Fertiault donnait une nouvelle édition des *Contes de fées de Charles Perrault, Revus et précédés d'une Préface* dans une collection dédiée aux « Illustrations de la jeunesse[13] ». Dans

13 *Les Contes de fées de Charles Perrault, Revus et précédés d'une Préface par F. Fertiault*, Paris, Alphonse Desesserts, « Librairie à Illustrations de la jeunesse », 1845.

un envoi « Aux jeunes lecteurs des contes de fées, et aussi un peu à leurs parents », Fertiault rappelle à ces derniers combien les contes de Charles Perrault ont bercé leur propre enfance. Selon lui, les « aventures morales et amusantes » qu'ils contiennent constituent « le premier code de toute jeune intelligence[14] ». Certes, comme le déclare Fertiault en s'adressant à ses jeunes lecteurs, Perrault a « fait un chef-d'œuvre, mais sans le destiner précisément aux enfants ; ce chef-d'œuvre, mes bons petits amis, moi je veux le conserver, mais en le purifiant tout à fait à votre intention ». En particulier, comme le fait remarquer Fertiault, l'un de ces changements informés par le fait que les contes s'adressent désormais principalement aux enfants, concerne les Moralités : « Un changement à remarquer est celui des *moralités* de chaque conte. Perrault les avait faites en vers ; je les ai rétablies en prose, beaucoup moins à cause de la faiblesse de la poésie que pour compléter ce que l'auteur y a laissé d'imparfait ». Chez Perrault, la Moralité serait « imparfaite » parce qu'elle « ne dit pas un mot de ce qu'elle devrait dire[15] ». Or, au XIXe siècle, quand on s'adresse à des enfants, il n'est plus question de le faire à demi-mot.

Dans le cas du « Petit Chaperon rouge », la Moralité de l'édition de 1697 avait détourné le conte des petites filles de village pour mettre au centre de ses préoccupations des « jeunes Demoiselles » en âge de se marier dont des « loups doucereux » menaceraient l'honneur. L'édition de 1845 renoue avec la version de 1695 par sa nouvelle moralité, en prose :

> Moralité
> Ceci vous prouve qu'il ne faut jamais écouter les conseils que lorsqu'ils viennent de gens prudents et sages, et que souvent il peut vous en coûter cher pour mettre de l'inexactitude à remplir les ordres qu'on vous donne ou les missions qu'on vous confie[16].

Ce genre de détournement du conte par la réécriture de sa moralité est encore le principe éditorial d'une édition plus tardive, et d'une autre nature. Il s'agit cette fois d'une édition religieuse, comme en attestent l'estampe en présentation du volume qui met en scène une jeune fille agenouillée priant devant une image de la Sainte-Vierge mais aussi l'appartenance du volume à une « Bibliothèque religieuse,

---

14 *Les Contes de fées de Charles Perrault*, préface par Fertiault, p. II.
15 *Les Contes de fées de Charles Perrault*, préface par Fertiault, p. IV et V, note 1.
16 *Les Contes de fées de Charles Perrault*, préface par Fertiault, p. 33.

morale, littéraire » publiée « avec approbation de Mgr l'Archevêque de Bordeaux ». Dans cette édition, le format versifié de la Moralité a été conservé, mais celle-ci a été récrite :

> Moralité
> Ce Chaperon-Rouge vous montre
> Que loin de dire son secret
> Au premier venu qu'on rencontre,
> Sur ce point, au contraire, on doit rester muet.
>
> De là découle aussi cette utile sentence
> Que je formule en mots bien courts :
> Vos parents ont pour vous et sagesse et prudence :
> Recevez leurs conseils et suivez-les toujours[17].

Quand on lit, ou relit, « Le Petit Chaperon rouge » dans la deuxième moitié du XIXe siècle, le conte s'adresse désormais à des enfants à qui il convient d'inculquer le respect des parents et de leurs recommandations. Mais cette transformation soulève un problème de taille : le conte ne justifie absolument pas cette morale. Il ne recommande pas une obéissance totale aux ordres de parents protecteurs tout simplement parce qu'il ne contient pas de conseil ni de mise en garde, ni d'interdit.

Quand elle est appliquée au conte lui-même, la nouvelle Moralité constitue un non-sens absolu : il n'y a chez Perrault aucun signe de « conseils » venus de gens sages et prudents, pas plus que de parents avisés. En revanche, ces conseils sont bien présents dans le conte des Grimm où la mère recommande à sa fille de partir avant la tombée de la nuit, de ne jamais s'écarter du droit chemin, de bien saluer sa grand-mère et de ne pas faire la curieuse une fois arrivée chez elle. De mise en garde d'une quelconque nature, il n'est pas question chez Perrault, et la moralité reste donc en porte-à-faux.

Une autre version originale du conte introduit des éléments du conte allemand dans le français et donne au conte un tour assez curieux dont on serait finalement bien en peine de reconnaître l'auteur. Ce conte, qui a paru dans le dernier quart du siècle alors que les *Contes* des frères Grimm sont connus en France, raconte bien l'histoire du « Petit Chaperon rouge » de Perrault (l'*incipit* est identique, il ne contient aucune mise en garde par la mère), mais conclut sur les aventures de « Rotkäppchen ».

---

17 *Contes des fées par Charles Perrault*, Limoges, Eugène Ardant et C. Thibaut, 1867, p. 23.

Ainsi, au moment où « ce méchant Loup se jeta sur le Petit Chaperon Rouge, et la mangea » qui constitue la clôture du conte de Perrault, la nouvelle version française de 1883 précise que, en réalité, « le méchant Loup se jeta sur le Petit Chaperon Rouge, et le saisit dans l'intention d'exécuter son mauvais dessein. Mais le Petit Chaperon Rouge s'échappa en sautant hors du lit et poussant des cris lamentables. » Alertés par les cris, les bûcherons qui avaient vu le loup pénétrer chez la grand-mère « se précipitèrent dans la chambre armés de haches et de bâtons, et tuèrent le Loup » avant de lui ouvrir le ventre et d'en sortir la grand-mère encore vivante qui, pour se remettre de ses émotions, mange le gâteau et boit le vin que le Petit Chaperon Rouge lui avait amenés.

Dans cette version, la Moralité a disparu comme texte apposé. Elle est intégrée dans la clôture du conte et c'est le Petit Chaperon Rouge elle-même qui la formule, comme elle le fait dans la fin intermédiaire du conte allemand :

> […] quant au Petit Chaperon Rouge, elle se disait : « Tu ne t'écarteras plus jamais toute seule du chemin et tu n'iras plus dans la forêt si ta mère te l'a interdit[18] » (« Rotkäppchen », Grimm, 1812).

> Alors le Petit Chaperon Rouge pensa en elle-même : – Je ne m'écarterai plus du chemin pour courir toute seule dans la forêt quand maman me l'aura défendu[19] (« Le Petit Chaperon rouge », anon., 1883).

Cette version hybride tirée de versions littéraires attestées, et adaptée au nouveau public du conte de fées, est en réalité à la fois illogique et cohérente. Elle est illogique puisque le Petit Chaperon Rouge fait le serment désormais de respecter les interdits, interdits que la mère exprime dans le conte allemand mais pas dans le conte français de 1883. Mais elle est aussi plus cohérente que les autres versions qui avaient supprimé, ou récrit, la Moralité puisque le Petit Chaperon Rouge a échappé au loup et peut tirer de sa mésaventure une leçon morale de précaution.

Les frères Grimm avaient bien compris que la désobéissance à une mise en garde par une petite fille bien gentille mais étourdie et naïve, devait être réparée pour que puisse être enseignée une leçon morale d'obéissance à l'instance parentale, et plus exactement maternelle. C'est

18 Jacob et Wilhelm Grimm, « Le Petit Chaperon rouge », dans *Contes*, p. 166.

19 « Le Petit Chaperon rouge », dans *Contes des fées pour les enfants, avec 12* gravures, Paris, W. Hinrichsen, [1883], p. 4.

cette version qui, aujourd'hui, a survécu auprès du grand public. Celle de Perrault aurait pu survivre également, mais uniquement avec sa Moralité d'origine. En effet, au XIXe siècle où le destin de la jeune fille et celui de la femme étaient inscrits dans les termes stricts du Code Napoléon, on ne voyait pas d'un bon œil qu'une jeune fille prenne des libertés avec des « loups doucereux », pas plus sous la Restauration que sous l'Ancien Régime. Se faire manger métaphoriquement par l'amour dévorant d'un loup doucereux avant le mariage n'était pas mieux considéré sous Napoléon ou Charles X que sous Louis XIV. Mais voilà, au XIXe siècle, le genre du conte ne s'adresse plus aux jeunes filles mais aux jeunes enfants qui ne peuvent pas *décemment* comprendre la moralité et ce qu'elle implique. Avec sa Moralité, avec ses ruelles où se glissent de jeunes loups affamés qui attendent patiemment qu'une jeune demoiselle accepte de se laisser « manger », le conte de Perrault n'a plus d'audience deux siècles plus tard. Mais sans sa Moralité, il n'a plus de sens. Pour survivre, pour avoir encore sens et pour pouvoir transmettre une leçon morale aujourd'hui encore, son héroïne a dû prendre l'habit de sa descendante d'outre-Rhin.

MÉTAMORPHOSES DU CONTE V

« La Belle au bois dormant », les avatars d'un conte qui dormit cent ans

Pour conclure notre périple à travers les premiers contes de fées et leurs avatars, de leur naissance littéraire au XVIIe siècle jusqu'à leur renaissance deux siècle plus tard, quel conte serait plus approprié que celui dont l'héroïne, tels les contes louis-quatorziens, a dormi cent ans, pour se réveiller, un jour, et rencontrer son prince charmant ? Quel récit universellement connu pourrait mieux illustrer le fabuleux destin du conte de fées, ses morts, temporaires ou fictives, ses longs sommeils qui ne sont qu'apparents, que l'histoire d'une princesse vouée à la mort par une fée contrariée, mais qui ne sera finalement condamnée qu'à dormir cent ans par une autre fée bienveillante ? Telle une Belle endormie, le conte aura dormi cent ans, et même un peu plus, jusqu'à ce que l'enchantement ait passé, et que la princesse, et les contes de l'Ancien Régime, puissent renaître pour ne plus nous quitter.

De toutes les héroïnes de Perrault et du conte de l'Ancien Régime, la Belle au bois dormant est de loin celle qui a connu le destin le plus flamboyant, du XIXe siècle, époque de sa renaissance, à aujourd'hui. Outre les rééditions du texte de Perrault dont il sera question plus loin, « La Belle au bois dormant » a connu, deux siècles après sa naissance littéraire, une grande popularité non seulement dans le monde littéraire mais également dans la culture du spectacle. Son succès ne s'est pas démenti depuis.

UN CONTE UNIVERSELLEMENT CONNU, MAIS PEU LU

Derrière l'immense popularité de « La Belle au bois dormant » se cache un conte qui est mal connu. Ce que Marc Escola a déclaré au sujet des contes de Perrault qui « jouissent d'un privilège assez rare : on les connaît sans avoir à les lire[1] » est plus vrai encore de « La Belle au bois dormant ». Tout le monde connaît la merveilleuse aventure d'une Belle qui se pique le doigt avant de s'endormir pendant cent ans pour finalement se réveiller aux côtés de son Prince qu'elle épouse et avec qui elle peut mener une vie aussi longue qu'heureuse. Tout le monde connaît le conte. Tout le monde croit le tenir de Perrault. Mais en réalité peu connaissent la version qu'en donna Perrault en 1697 dans ses *Histoires ou Contes du temps passé.* Nous essaierons, dans cette partie, de retracer l'origine et le destin de ce conte pour mieux comprendre les significations et implications de ses différentes versions successives.

L'histoire de « La Belle au bois dormant » est exceptionnelle, tant par sa genèse que par son devenir dans les siècles qui ont suivi sa publication. Son histoire est plus que toute autre intéressante et unique, parce que cette Princesse et son histoire n'ont pas dormi cent ans, mais bien plus, et qu'elle ne s'est pas endormie, ni réveillée, qu'une seule fois.

L'HISTOIRE D'UNE « BELLE ENDORMIE » QUI DORMIT TROIS SIÈCLES (1340-1697)

Contrairement à beaucoup d'autres contes, les folkloristes n'ont pas trouvé de traces orales qui seraient antérieures au conte de Perrault. Paul Delarue et Marie-Louise Ténèze en ont conclu que ce conte, du type 410 désigné d'après le titre que lui a donné Perrault, « La Belle au bois dormant », n'est en fait pas un conte-type car :

1 Marc Escola, *Marc Escola commente les* Contes *de Charles Perrault*, Paris, Gallimard, 2005, p. 11.

> ce conte, un des plus aimés du recueil de Perrault, et un des plus souvent reproduits dans les livres pour enfants, est presque totalement absent de la tradition orale française ; et ce qui est vrai pour la France, le serait aussi pour les autres régions (Allemagne, péninsule ibérique, Italie, Grèce, Russie, Arabie) où les rares versions recueillies se ramèneraient finalement à des sources livresques[2].

Les origines littéraires de « La Belle au bois dormant » sont d'autant plus intéressantes qu'elles sont multiples et qu'elles s'étendent sur plusieurs siècles.

Pour mieux pouvoir interpréter ce conte dans sa version originale de 1697 qui est aujourd'hui largement oubliée dans sa deuxième partie, nous allons d'abord remonter jusqu'aux éléments qui ont pu contribuer à l'élaboration du conte tel que Perrault l'immortalisa : un roman arthurien du XIVe siècle, et un conte, en dialecte napolitain, du début du XVIIe siècle. Pour mieux comprendre ce que ce conte est aujourd'hui devenu, nous analyserons dans un deuxième temps l'histoire du conte en aval : son destin plus d'un siècle après sa naissance, au XIXe siècle, où il prend la forme que nous lui connaissons aujourd'hui et que nous attribuons à Perrault, mais qui n'est pas vraiment de lui, ou en partie seulement.

LES AVENTURES DE ZELLANDINE, PREMIÈRE BELLE ENDORMIE (XIVe SIÈCLE)

Un texte a retenu l'attention de critiques en ce qui concerne des éléments communs avec le célèbre conte de Perrault[3]. Il s'agit de *Perceforest*, roman arthurien en prose datant du début du XIVe siècle dans lequel on peut lire l'aventure d'une princesse Zellandine dont les

2 Paul Delarue et Marie-Louise Ténèze, *Le Conte populaire français*, tome II, Nouvelle édition en un seul volume, Paris, Maisonneuve et Larose, 1997, p. 70. « La Chatte blanche » de Marie-Catherine d'Aulnoy semble également être d'origine purement littéraire dans ses origines.

3 La critique a également signalé des ressemblances entre « La Belle au bois dormant » et une nouvelle catalane en vers du XIVe siècle, *Frère-de-Joie, Sœur-de-Plaisir*. Voir Delarue et Ténèze, tome II, p. 70 vol. et également Perrault, *Contes*, édition de Jean-Pierre Collinet, p. 282-283.

éléments clefs rappellent la trame centrale du conte de Perrault. Dès la fin du XIXe siècle déjà, avec Charles Deulin, la critique avait ainsi intégré le roman arthurien dans le corpus intertextuel des *Contes de ma Mère l'Oye, avant Perrault* (1878). Plus récemment, Anne Collognat et Marie-Charlotte Delmas ont rappelé la parenté intertextuelle des deux textes en intégrant les passages de *Perceforest* concernés dans leur édition des *Contes de Perrault dans tous leurs états* (2007).

La connaissance que pouvaient avoir les contemporains de Perrault, et Perrault lui-même, de *Perceforest* est incertaine. Après une première édition de 1532, le roman qui avait d'abord été rédigé dans la première moitié du XIVe siècle, était tombé dans l'oubli. Peu d'éditions ont, à ce jour, survécu, et quand, des siècles plus tard, le roman est mentionné, c'est pour en souligner la rareté[4]. Certes, Jacques Barchilon a rappelé que *Perceforest* avait été traduit en italien dès 1558, et que Basile aurait bien pu en avoir connaissance[5]. À quelques exceptions près, cependant, le conte de fées n'est pas d'inspiration médiévale[6]. L'incertitude sur ses sources est encore amplifiée par le fait que, quand il naît comme genre littéraire résolument moderne au XVIIe siècle, conteurs et conteuses insistent peu – à quelques exceptions près dont nous avons traité – sur les traditions antérieures auxquelles le conte emprunte des éléments littéraires qu'il adapte sans les mentionner.

Dans *Perceforest*, l'épisode de « La Belle endormie » central aux contes plus tardifs, n'est qu'un épisode parmi tant d'autres, et les éléments qui constitueront la trame du conte sont disséminés dans deux des six longs volumes que compte le roman. Certes, comme l'a déclaré Noémie Chardonnens, l'épisode de la Belle endormie est central dans le roman arthurien, mais uniquement dans la mesure où « l'aventure sexuelle et à

4 On trouve une satire de cette rareté, et de l'obsession de sa possession que cela peut provoquer chez des amateurs, dans une scène d'*Angélique* de Nerval où un bibliophile cherche frénétiquement à sauver des flammes les *quatre volumes* de ce monument national qu'est *Perceforest*, et que tout le monde prend pour un fou.

5 Jacques Barchilon, « L'histoire de la Belle au bois dormant dans le *Perceforest* », *Fabula*, 31, vols 1-2, 1990, p. 17-23. Voir également l'article de Noémie Chardonnens, « D'un imaginaire à l'autre : La Belle endormie du *Roman de Perceforest* et son fils », dans *Des* fata *aux fées : regards croisés de l'Antiquité à nos jours*, volume édité par Martine Hennard Dutheil de la Rochère et Véronique Dasen, Lausanne, Études de lettres 3-4, 2011, p. 191-204.

6 On pensera à l'exception notoire de *La Tour ténébreuse et les jours lumineux* de Marie-Jeanne Lhéritier qui se situe au temps des croisades, et en Angleterre, et qui contient deux contes : « Ricdin-Ricdon » et « La Robe de sincérité » (1705). Lhéritier de Villandon voulait situer l'une des origines du conte de fées chez les Troubadours.

travers elle la conception de son fils [...] constitue l'apogée du parcours du chevalier ». S'il est central dans le destin du héros, l'épisode reste, d'un point de vue strictement narratif, anecdotique.

La première question est de savoir quels sont les éléments de ce roman de la première moitié du XIVe siècle que nous retrouvons dans les versions plus tardives des aventures d'une Belle endormie qui se concentreront dans le genre défini du conte au détriment de tous les autres éléments romanesques et chevaleresques.

Dans *Perceforest*, les trois déesses qui président à la destinée d'un nouveau-né, Lucida, Thémis et Vénus, sont invitées lors de la naissance de la princesse Zellandine. La tante de cette princesse qui lui fait par la suite le récit de l'épisode, raconte avoir alors dressé la table qu'elle a garnie de pain et de vin. Malgré le soin qu'elle avait apporté à ces préparatifs, « un incident advint pour la déesse Thémis, déesse, qui n'eut point de couteau ». Celui-ci est tombé sous la table. Lucida, qui vante l'accueil qu'elle a reçu, déclare avoir fait « naître cet enfant sain, bien constitué et apte à grandir, si l'on prend bien soin de lui ». Thémis, vexée d'avoir été privée de couteau, est moins généreuse, et elle déclare vouloir lui donner « une telle destinée que, au premier fil de lin qu'elle tirera de sa quenouille, pénétrera dans son doigt une écharde de lin, si bien qu'elle s'endormira d'un coup et ne s'éveillera que quand l'écharde sera extraite de son doigt ». Vénus, qui est entrée la dernière et qui a entendu le sort jeté par Thémis, déclare : « Dame, vous êtes en colère, j'en suis désolée, mais par mon art je ferai en sorte que l'écharde soit extraite et j'arrangerai tout[7] ».

Arrive ce qui doit arriver. Le preux chevalier, Troïlus (on trouve également l'orthographe Troÿlus) de Royalville, arrivé en Zellande en quête de sa Belle, est accueilli par une dame qui lui offre l'hospitalité et lui raconte l'aventure d'une Belle endormie. Il y a exactement un mois que, revenue d'une fête qui s'est tenue en Grande-Bretagne, celle-ci est tombée dans un état de léthargie profond. Quand elle s'est mise à filer,

> elle n'avait point achevé le premier fil que, prise par une grande envie de dormir, elle s'est couchée si bien que depuis elle ne s'est plus réveillée, qu'elle ne

7 Il existe une édition scientifique du *Roman de Perceforest* par Gilles Roussineau, Genève, Droz, 1987-2007. L'extrait cité ici est tiré de la réédition de l'épisode de Zellandine dans *Les Contes de Perrault dans tous leurs états*, édition établie et présentée par Annie Collognat et Marie-Charlotte Delmas, Paris, Omnibus, 2007, p. 247-248.

> boit plus ni ne mange plus, sans que sa peau ni son teint ne s'altèrent, ce dont chacun s'émerveille en se demandant comment elle peut continuer à vivre[8].

Le chevalier Troïlus veut alors retrouver la princesse. Il veut lui témoigner de sa gratitude parce que Zellandine qui est « sage et avisée », l'a jadis traité « avec honneur » lors de son séjour en Grande-Bretagne à tel point qu'il avoue : « tout l'honneur et le bien que j'ai me vient d'elle ».

Le chevalier trouve le château où gît la belle endormie. Avec l'aide d'un valet, il la rejoint. Après avoir hésité, il prend possession d'elle physiquement. Dire qu'il la séduit serait incorrect dans la mesure où Zellandine est plongée dans un état de léthargie profond. Dire qu'il la viole ne correspond pas, nous y reviendrons, aux termes du roman. Après cette aventure, appelé par son destin de héros, Troïlus repart vers de nouvelles aventures dignes d'un valeureux chevalier en quête de gloire[9].

Au bout de neuf mois naît un fils qui s'appellera Bénuic et qui aura une belle destinée puisqu'il donnera la lignée de Lancelot du Lac. La mère ne s'est pas réveillée en enfantant. Mais le nouveau-né, tendant le cou comme pour prendre le sein de sa mère et ne le trouvant pas, se met à sucer son petit doigt et se met à tousser très fort : il vient d'extraire l'écharde de lin qui avait causé l'état léthargique de la princesse depuis qu'elle s'y était piquée. La princesse se réveille, tout étonnée de son sommeil et de sa maternité. Sa tante qui veille sur elle explique sa situation de la manière suivante :

> – Belle nièce, ne pleurez pas ! Je vais vous dire ce qui vous est arrivé.
>
> Elle lui raconta du début jusqu'à la fin comment elle s'était endormie, comment le roi l'avait fait installer dans cette tour afin que les dieux pussent venir lui rendre visite.
>
> – Or il est arrivé, belle nièce, dit la dame, que Mars le dieu des batailles, père de notre lignage, vous a plus intimement visitée que nul autre dieu, mais, à ce qu'il me semble, ce fut pour améliorer votre santé. Et aussi afin que notre lignage reste issu d'une noble origine, il a eu une relation avec vous si bien qu'il vous a donné ce beau fils, qui vous a rendu votre santé, ce dont vous lui devez grâces et louanges[10].

Après bien des aventures, Troïlus revient à la cour de Zellande où il retrouve Zellandine dont il apprend non seulement le réveil, mais aussi la

8 *Perceforest*, dans *Les Contes de Perrault dans tous leurs états*, p. 226-227.
9 *Perceforest*, dans *Les Contes de Perrault dans tous leurs états*, p. 241.
10 *Perceforest*, dans *Les Contes de Perrault dans tous leurs états*, p. 246.

maternité. Il reconnaît alors en Bénuic son propre fils et, réunis, Troïlus, Zellandine et leur fils partent pour vivre ensemble en Grande-Bretagne.

Trois siècles après *Perceforest*, deux auteurs feront de cet épisode d'une héroïne qui se pique le doigt au fuseau la première fois qu'elle file avant de tomber dans un long sommeil, l'élément central de leur récit : Basile dans « Sole, Luna e Thalia », et Perrault dans « La Belle au bois dormant ». Nous allons à présent analyser ces deux contes pour mieux comprendre comment ils ont conduit au mythe de « La Belle au bois dormant » tel que nous le connaissons aujourd'hui.

LES AVENTURES DE THALIE, BELLE ENDORMIE NAPOLITAINE (1634-1636)

Quand Basile reprend des éléments similaires qui racontent les aventures d'une Belle endormie trois siècles plus tard, il n'est plus question de déesses de la destinée, et pas encore de fées. La prédiction du destin de l'héroïne est faite par « tous les savants et les devins de son royaume » consultés par un grand seigneur à la naissance de sa fille : « Après s'être bien consultés, ils conclurent qu'elle courrait grand danger à cause d'une écharde de lin ». Le seigneur fait donc interdire qu'on ne laisse entrer du lin dans le royaume, et qu'on file. Mais, comme chez Perrault, l'héroïne, curieuse, se pique au doigt : « une écharde de lin se planta sous un ongle et elle tomba morte par terre[11] ». À la découverte du funeste accident arrivé à sa fille, le seigneur « ordonna qu'on plaçât sa fille morte sur un somptueux siège de velours, [...]. Ensuite, pour effacer de sa mémoire toute trace de ce malheur, il fit clore toutes les portes et s'éloigna pour toujours de ce lieu fatal, cause de tous ses tourments[12] ».

Un roi qui chasse alors dans les parages pénètre par la fenêtre d'un « palais campagnard » à la recherche de son faucon égaré. Mais il trouve à la place « la chambre où Thalie reposait toujours ensorcelée ». Après de vains essais pour la réveiller, le roi, embrasé par un irrésistible désir, saisit

11 Basile, « Soleil, Lune et Thalie », dans *Le Conte des contes*, traduction du napolitain de Françoise Decroisette, Strasbourg, Circé, 1995, p. 427 et 428.

12 Basile, « Soleil, Lune et Thalie », dans *Le Conte des contes*, p. 428.

sa proie, et la viole. L'acte accompli, le roi s'en retourne à son palais « où il enfouit pour un long temps son aventure dans les profondeurs de sa mémoire[13] ». Freud a théorisé l'inconscient, mais il ne l'a pas inventé...

Comme dans *Perceforest*, neuf mois après cet épisode, la Belle endormie enfante. Dans le roman médiéval, elle met au monde un fils. Chez Basile, comme chez Perrault, elle mettra au monde deux enfants, un garçon et une fille. Cette double naissance a pour effet de poétiser la figure de la mère comblée, mais abandonnée, tout en ajoutant un élément qui pourra être une source de suspense dans la deuxième partie du conte comme nous le verrons. Dans le roman arthurien où il est principalement question des aventures de Troïlus et de la future descendance du preux chevalier, un fils suffira pour assurer une longue vie à la noble lignée.

L'épisode du réveil de Thalie rappelle celui de Zellandine :

> Un jour qu'ils voulaient téter, mais ne trouvaient pas les tétins, ils s'emparèrent à tâtons du doigt blessé et sucèrent tant que l'écharde finit par sortir. Il sembla à Thalie qu'elle s'éveillait d'un long sommeil, puis elle vit les deux trésors qui étaient près d'elle, leur offrit ses tétins, les caressa, les cajola et les chérit comme sa propre vie[14].

Après un certain temps, « la mémoire revint au roi » qui prend le chemin du palais campagnard, raconte (à sa manière) à la princesse éveillée les événements, se fait pardonner et repart chez lui en promettant de revenir bientôt.

C'est ici que se séparent les contes napolitain et français des aventures de Troïlus et de Zellandine. En effet, la réunion de l'héroïne, du héros et de leur fils, et leur fuite en Grande-Bretagne où ils vécurent longtemps et heureux, concluait l'épisode de la Belle endormie. Ironiquement, c'est également ici que se termine le conte de « La Belle au bois dormant » connu aujourd'hui du grand public : avec le réveil de l'héroïne enfin délivrée de son mauvais sort, et son union avec son prince. Mais il n'en allait pas ainsi chez Basile ou chez Perrault dont nous croyons pourtant connaître le conte. Pour mieux comprendre la signification et les implications de chaque récit et de leur clôture, ainsi que l'évolution du conte de Perrault, il faut remonter à deux éléments du récit : le personnage du prince et la séduction de la princesse.

---

13 Basile, « Soleil, Lune et Thalie », dans *Le Conte des contes*, p. 428.

14 Basile, « Soleil, Lune et Thalie », dans *Le Conte des contes*, p. 428.

La méthode folklorique n'a pas considéré utile de traiter ce conte répertorié sous la catégorie du conte-type 410 mais dont les sources seraient exclusivement littéraires[15]. L'épisode de la Belle endormie qui ne fait pas d'abord l'objet d'un conte (il constitue un épisode dispersé dans *Perceforest*) est devenu, trois siècles plus tard, l'élément central des contes de Basile et de Perrault. À première vue, ces éléments racontent une même histoire. Or, nous allons voir que c'est parce qu'ils racontent les mêmes événements, mais de manières différentes, que ces textes révèlent l'infinie richesse poétique du conte de fées qui reprend des éléments disparates pour en faire un récit cohérent unique, à un moment précis de son histoire, en lui donnant une signification particulière et des implications radicalement différentes.

Dans *Perceforest*, Troïlus qui recherche Zellandine, a été transporté par une aide magique dans la tour où il trouve la princesse endormie. Il essaie en vain de l'éveiller, mais rien n'y fait. Le noble chevalier se lamente, regrettant de ne pouvoir éveiller « la belle Zellandine qu'il aimait plus que lui-même[16] ». Contrairement aux deux contes plus tardifs, le prince connaît déjà la princesse pour qui il éprouve, comme nous l'avons vu, une vive reconnaissance.

La divinité qui veille sur la Belle endormie, Amour, exhorte le chevalier à embrasser la princesse, ce qu'il est sur le point de faire avant que Raison et Discrétion ne le retiennent. Commence alors un combat intérieur entre Honneur, Raison, Discrétion et Désir qui « se mit à l'aiguillonner et à lui dire qu'il ne devait pas s'abstenir pour autant, que Raison ne devait pas s'en mêler et qu'Honneur n'en était point entaché, car embrasser apporte remède de plusieurs manières, et spécialement ressuscite les personnes qui ont perdu connaissance[17] [...] ». C'est cette raison qui pousse Troïlus à embrasser la princesse « plus de vingt fois ». Si la princesse ne se réveille pas, son teint redevient vermeil, ce qui encourage le prince à l'embrasser plus encore.

L'état léthargique de la princesse retient toujours le prince qui se contente d'abord de donner du « plaisir à ses yeux en embrassant la

15 Pour reprendre le commentaire de Paul Delarue et Marie-Louise Ténèze, « [il] n'y a pas lieu pour ce conte-type de faire une décomposition en éléments, ni de dresser la liste des versions : aux trois versions citées [collectées dans des régions de France] il ne conviendrait de joindre que le texte littéraire bien connu de Perrault ». Delarue et Ténèze, ouvr. cité, p. 69-70.

16 *Perceforest*, dans *Les Contes de Perrault dans tous leurs états*, p. 238.

17 *Perceforest*, dans *Les Contes de Perrault dans tous leurs états*, p. 240.

princesse ». Il implore alors la mère d'Amour, Vénus, qui lui avait jadis promis que s'il arrivait à accéder à la tour, elle lui « enseignerait la fente où se trouve le fruit qui guérira la princesse ». Le chevalier aura bien besoin de cette aide car il reconnaît être novice en la matière. Vénus elle-même devra lui « apprendre à le cueillir » car, avoue-t-il, « je ne sais où pousse cette plante médicinale[18] ». Il n'est pas nécessaire de gloser sur le côté amusé, ironique et ouvertement sexuel de cette scène où, pour guérir la Belle endormie, il faut en réalité cueillir la thérapeutique fleur en la déflorant.

C'est uniquement sur l'injonction de Vénus, déesse et mère de l'Amour, que le chevalier couchera avec Zellandine : « Tu es bien lâche, chevalier, vu que tu es le seul au plus près d'une si belle jeune fille, que tu aimes plus que toutes les autres, et que tu ne couches pas avec elle[19] ! ». Un dernier combat dans son for intérieur a lieu quand Loyauté lui fait voir que « celui qui fait du tort à celle qu'il aime ne doit point être tenu digne d'être son amoureux[20] ». Ici encore, le texte renvoie, sous un langage amusé, à la fois guerrier et mythologique, à une réalité bien concrète du désir masculin, la nécessaire érection : « [...] aussitôt que Vénus vit le chevalier renoncer, elle en eut du dépit : c'est pourquoi elle enflamma sa torche avec laquelle elle mit un si grand feu au cœur de Troïlus qu'il s'en fallut de peu que la chaleur ne lui fît perdre tout contrôle de lui-même ». Assuré que « la princesse n'aurait aucun ressentiment pour lui [...] », c'est toute torche allumée et brandie – on a frôlé l'éjaculation précoce – que le chevalier se glisse dans la couche de la Belle endormie « si bien que la Belle Zellandine en perdit à bon droit le nom de pucelle[21] ».

La conception de Bénuic n'est donc en aucun cas présentée comme le résultat du viol d'une pauvre victime inconsciente par un chevalier qui aurait donné libre cours à des passions violentes. Cet acte est le résultat d'un long et noble combat intérieur entre Raison, Discrétion, Honneur et Désir. Et ce dernier ne peut vaincre que par l'entremise de Vénus. Or, qui est Vénus et quel rôle joue-t-elle dans l'épisode de la Belle endormie ? Elle est, on le sait, la déesse de l'Amour. Mais c'est aussi celle qui, dans

---

18 *Perceforest*, dans *Les Contes de Perrault dans tous leurs états*, p. 240-241.
19 *Perceforest*, dans *Les Contes de Perrault dans tous leurs états*, p. 241.
20 *Perceforest*, dans *Les Contes de Perrault dans tous leurs états*, p. 241.
21 *Perceforest*, dans *Les Contes de Perrault dans tous leurs états*, p. 241.

la logique du récit, avait garanti dès la cérémonie du baptême qu'elle veillerait à mettre fin au sort jeté par la déesse des destinées.

On sait que, chez Perrault, sept fées avaient été conviées au baptême de la princesse et que, en toute bonne foi, le roi et la reine avaient oublié une vieille fée qu'on croyait morte. Avec la meilleure volonté, il est impossible de lui donner, comme aux autres, un étui d'or massif commandé pour l'occasion. Elle reçoit donc un couvert mais sans étui. Vexée et croyant qu'on la méprisait, la vieille fée jette le mauvais sort qu'on sait à la princesse : elle se piquerait le doigt à un fuseau et en mourrait. Mais c'est sans compter sur une jeune fée qui, soupçonnant les intentions malveillantes de la vieille fée, s'était cachée derrière la tapisserie pour parler la dernière et essayer de réparer le mal que ferait la fée courroucée.

Dans *Perceforest*, même si elle parle aussi la dernière, Vénus ne peut pas, comme la jeune fée de Perrault, changer le destin de la princesse qui ne mourra pas, mais sera condamnée à dormir cent ans. Elle ne le peut pas, tout simplement parce que ce ne sont pas ses attributions. Elle est déesse de l'amour, pas des destinées. C'est donc par l'amour qu'elle réparera le sort jeté par Thémis. Elle a besoin pour cela de l'aide d'un auxiliaire humain, Troïlus. C'est donc le serment qu'elle a fait à la naissance de l'héroïne qui pousse Vénus à instrumentaliser le héros et qui transforme celui-ci de violeur en puissance en son propre auxiliaire mis au service de l'Amour, en sauveur de Zellandine, et de la lignée de Zellande.

Comment, cependant, peut-on finalement qualifier l'acte sexuel entre Troïlus et la Belle endormie dans le contexte historique qui est le sien ? Durant la conception du futur Bénuic, l'héroïne n'en reste pas moins endormie et elle n'a en aucun cas donné son consentement, ce qui qualifie cet acte de viol. Mais le combat intérieur entre les valeurs qui sont celles d'un noble chevalier, associé à une nécessité qui transcende la volonté humaine et tient plus de celle des Dieux et Déesses de réaliser un destin qui nous échappe, qualifient cet acte dans un contexte à la fois féodal et mythologique.

À cette double dimension, il faut encore ajouter un facteur humain. Comme l'a rappelé Jacques Barchilon, Troïlus et Zellandine sont alors *déjà* fiancés : non seulement, ils en ont déjà exprimé le vœu, mais ils ont également échangé deux anneaux plus tôt[22]. Loin de mettre en scène un

22 Jacques Barchilon, « L'histoire de la Belle au bois dormant dans le *Perceforest* », p. 21.

prince violeur tout entier soumis à ses pulsions, *Perceforest* nous montre un preux chevalier qui, après une longue lutte intérieure, et sous l'égide de la déesse de l'Amour, consomme une union qui a déjà été sanctifiée par la Princesse et qui, selon la logique narrative du conte, est inévitable.

Trois siècles plus tard, à Naples, on retrouve donc, dans un seul conte, ces éléments présents *Perceforest*. Nous ne sommes plus dans l'univers noble et chevaleresque d'un roman arthurien mais dans celui d'un conte intégré dans un recueil, *Lo Cunto de li cunti*. Or, les récits qui constituent ce corpus ne sont autres qu'un ensemble de récits faits par des femmes toutes difformes sur injonction d'un certain Tadeo dont la femme, une usurpatrice, va accoucher et qu'il faut distraire « pendant les quatre ou cinq jours dont elle a besoin pour délivrer sa panse[23] ».

Nous sommes ici bien loin de la cour d'Arthur… bien loin des considérations héroïques de *Perceforest* et du récit de la noble destinée d'un preux chevalier. On ne trouve plus chez Basile de digne combat entre Honneur, Raison et Désir, plus de déesse antique, ni d'illustre descendance. L'acte sexuel n'échappe pas à ce changement d'univers : il n'est justifié ici par rien d'autre qu'un irrésistible désir de la part d'un roi incapable de résister à ses ardeurs. Ce qui avait encore contribué à qualifier la prise de possession de la Belle endormie par Troïlus – il est célibataire, et déjà fiancé à Zellandine – n'est plus de mise ici. Dans le conte napolitain, c'est un roi qui est déjà marié qui, trouvant une princesse qu'il n'a jamais rencontrée, la viole par un irrésistible désir d'assouvir les injonctions de la chair, avant de l'abandonner à son sort.

Dans le conte de Basile, le simple fait que le roi séducteur soit *déjà* marié change tout, notamment la qualification de la séduction de la princesse endormie non seulement en viol, mais également en adultère. Cela implique aussi l'introduction d'éléments qui se greffent aux éléments présents dans *Perceforest*, mais qui y sont forcément étrangers puisque Troïlus est célibataire. Chez Basile, une deuxième partie dont les éléments sont totalement étrangers au roman médiéval introduit une Reine, l'épouse légitime du roi adultère. Cette femme, légitime et trompée, est la grande exclue de ce récit, et elle l'est dès le titre du conte, « Soleil, Lune et Thalie » ne s'intéressant de toute évidence qu'à la seconde épouse du roi et à leurs enfants.

23 Giambattista Basile, « Ouverture », dans *Le Conte des contes*, Strasbourg, éditions Circé, 1995, p. 37.

Dans le conte de Basile, la séduction de la princesse est bien présentée comme l'assouvissement d'un irrésistible désir viril sur une princesse plongée dans un état léthargique qui devient ainsi la victime non-consentante d'un viol. Cela devrait faire du roi, déjà marié et auteur du viol, un monstre, un prédateur sexuel, et de son épouse, une femme trompée, une cocue, fût-elle royale. Or, ce n'est pas le cas.

Pour qualifier le viol, son auteur et ses deux victimes, la princesse et la reine, Basile prend soin, d'une part, d'en préciser les termes et, d'autre part, de personnifier de manière amusée, mais radicale, la reine trompée. Celle-ci n'en est pas moins une femme trompée non seulement par le viol adultère d'une innocente victime par son mari, mais bien au-delà puisque le roi finit par mener une double vie avec sa maîtresse et leurs enfants. Or, chez Basile, il n'est pas question de faire de ce roi, violeur et adultère, une autre figure de Barbe Bleue avant la lettre. Voyons comment.

Tout d'abord, la scène du viol est adoucie par des euphémismes. Le viol est présenté à la fois comme inévitable, et comme non-violent : « embrasé par les beautés de la dormeuse, il se saisit de cette proie légère et la porta sur un lit où il cueillit les doux fruits de l'amour[24] ». Ensuite, la scène des retrouvailles va encore qualifier la violence du viol, et conduire à l'assentiment de la princesse violée a posteriori. Quand la mémoire revient au roi et qu'il rend visite à Thalie, le conte nous dit : « Il se fit connaître de la belle et lui raconta ce qui s'était passé, et l'amitié s'installant, ils en virent à des liens plus solides[25] ». Ce qui avait été conquis à l'insu de la princesse profondément endormie, est à présent généreusement donné et partagé en toute conscience.

Il n'empêche cependant que les liens « plus solides » qui s'établissent entre le roi et la princesse éveillée s'inscrivent dans une relation adultère, et que le roi n'en reste pas moins bigame. Or, qui est l'épouse légitime ? Tout l'art de Basile mis au service de l'histoire du roi et de sa nouvelle épouse jadis violée, consiste à transformer un personnage victime en agresseur. La reine, trompée, cocue et abandonnée devient ainsi un personnage assoiffé de vengeance et de sang qui veut punir non seulement son mari infidèle, mais également ses enfants et leur mère. À ce titre, elle est qualifiée de « mégère, nouvelle Médée au cœur de

24 Basile, « Soleil, Lune et Thalie », dans *Le Conte des contes*, p. 428.
25 Basile, « Soleil, Lune et Thalie », dans *Le Conte des contes*, p. 429.

pierre ». Les détails de la description de sa vengeance vont dans ce sens. Elle ordonne non seulement à son cuisinier d'égorger les enfants adultérins de son mari, et « d'accommoder avec leurs morceaux, des soupes et des ragoûts destinés à la table de son infortuné mari » mais en plus, quand le roi est à table, prêt à se régaler de sa propre chair à son insu, « pantelante » d'un plaisir sadique, elle répète en écho : « Mange, ce que tu manges t'appartient[26] ».

Le sadisme de la reine ira encore plus loin que ce qui est déjà qualifié de « sinistre cuisine ». Quand elle a devant elle la princesse que son mari a jadis violée, elle se transforme et, de mythique Médée, elle devient un personnage bien moins recommandable encore : elle devient un véritable « Néron en jupons » à « la face vipérine ». Ce n'est finalement pas la vengeance qui est condamnée ici, mais la forme qu'elle a prise. Quand le roi apprend de son épouse qu'il a lui-même ingurgité sa propre chair, il lui déclare : « Ah, chienne, immonde renégate, peut-on imaginer pire cruauté ! Apprête-toi à aller engraisser les brocolis, car tu ne mérites même pas de figurer parmi les tyranniques gloires du Colisée[27] ». La vengeance de la reine ne peut plus prétendre à une justification mythologique : elle est rabaissée à la folie meurtrière d'un empereur romain assoiffé de sang. Pire encore, puisque, chez Basile, cet empereur serait, comble de l'horreur… en jupons.

À l'histoire d'une Belle endormie dont nous trouvons des éléments dans *Perceforest* s'est greffé le récit d'un roi et de son épouse qui peut nous aider à mieux comprendre un autre conte : « La Belle au bois dormant » de Perrault. Ce conte reprend la première histoire ainsi que les éléments nouveaux de la seconde, mais en les transformant dans un nouveau contexte historique : le genre naissant du conte de fées littéraire.

26 Basile, « Soleil, Lune et Thalie », dans *Le Conte des contes*, p. 429-430.
27 Basile, « Soleil, Lune et Thalie », dans *Le Conte des contes*, p. 430-431.

UNE « BELLE AU BOIS DORMANT » SOUS LOUIS XIV (1697)

Soixante ans après les *Cunto de li cunti*, et plus de trois siècles après *Perceforest*, Perrault mettra lui aussi en scène les aventures d'une Belle endormie dans un de ses contes préférés aujourd'hui. Le choix, l'organisation et la description par Perrault d'éléments qu'on trouve dans le roman arthurien et dans le conte napolitain sont révélateurs de ce qui, sous Louis XIV et à la naissance même du conte de fées en tant que genre littéraire, est non seulement constitutif du genre, mais aussi acceptable pour l'époque, et séduisant pour le lectorat.

Le début du conte de Perrault est beaucoup plus proche de *Perceforest* que de « Soleil, Lune et Thalie » de Basile. Celui-ci avait éliminé tout élément magique de la malédiction de l'héroïne dont le destin est projeté par des « savants » et des « devins » qui prédisent « qu'elle courait grand danger à cause d'une écharde de lin[28] ». Perrault reprend le thème de la malédiction par une figure d'autorité féminine courroucée. Il la modernise en transformant la Thémis, déesse antique des destinées, en fée. Porte-parole des Modernes, Perrault évite ainsi une référence explicite à la culture classique qui, si elle n'est bien entendu pas exclue de la production littéraire des Modernes, peut-être dépassée au profit d'une culture et d'une production littéraires plus contemporaines qui ne doivent plus se cantonner à une *imitatio* ni au corpus classique. Cette transformation d'un personnage mythologique en fée permet également à l'Académicien d'inscrire son propre récit « moderne » dans le genre qui prend forme et commence à se définir : le conte de *fées*.

En ce qui concerne les personnages, le héros de Perrault est également plus proche du chevalier de *Perceforest* que du roi de Basile. Comme le chevalier, le prince de Perrault est célibataire. Qu'un roi déjà marié viole une princesse, comme chez Basile, et mène ensuit une double vie adultère, considérant même un jour venir chercher ses enfants et leur mère pour les amener au palais et les légitimer, voilà qui n'était plus du goût de la Cour de Louis XIV dans les années sombres du règne. Quand Perrault offre le conte à la nièce du roi, la marquise de Montespan – maîtresse

28 Basile, « Soleil, Lune et Thalie », dans *Le Conte des contes*, p. 427.

du roi et mère non pas de deux, mais bien de sept enfants qu'elle a eus avec le roi – a, depuis longtemps, perdu son rôle de favorite à la Cour au profit de la sourcilleuse Françoise de Maintenon. Celle-ci n'aurait certainement pas vu d'un bon œil que l'on s'amuse encore d'une histoire immorale où la maîtresse du roi, mère de deux enfants naturels qu'elle a conçus lors d'un viol dont elle s'accommode finalement, est sacrée reine alors que la reine, épouse légitime, est conduite au bûcher pour y être brûlée vive. En ces années-là, on ne joue plus avec le feu à Versailles.

Un tel dévergondage et un tel rappel des frasques du Roi soleil aux amours alors moins tumultueuses – était-ce l'âge ou la crainte du courroux de Celui qu'il n'avait que trop offensé – mais dont les conséquences étaient bien présentes et réelles à la Cour, n'auraient pas été du goût de celle qui, si elle ne portait pas officiellement la couronne, n'en portait pas moins ostensiblement le crucifix. Non, décidément, dans cette histoire d'une belle endormie, un prince célibataire ferait mieux l'affaire.

Dès le manuscrit d'apparat offert à la nièce du Roi, fille de Monsieur dont la fidélité conjugale n'était pas non plus, mais sur un mode différent, une vertu cardinale, Perrault attribue le rôle héroïque de son conte à un prince célibataire. Cette transformation du personnage héroïque masculin permet d'éliminer l'épineux épisode de la reine trompée qui voudrait pousser son mari à l'anthropophagie de sa propre chair et sera finalement poussée à une mort infâme. L'histoire a beau – convention oblige – se situer à une époque et dans un endroit non-identifiés, le genre requiert quand même un minimum de tenue, a fortiori quand le *Il était une fois…* ne rappelle que trop un *hic et nunc* bien tangible.

La suppression de cet encombrant personnage féminin et le célibat du personnage héroïque masculin ne résolvent cependant pas toutes les questions. Qu'il soit marié ou célibataire, cela ne change rien à l'affaire : le personnage héroïque masculin a quand même séduit, violé, une belle princesse alors que celle-ci est plongée dans un état léthargique profond. Nous avons vu avec quelle prudence rhétorique et quels justificatifs mythologiques et sentimentaux (ils s'étaient déjà promis l'un à l'autre) l'auteur de *Perceforest* avait décrit l'acte du noble chevalier lorsqu'il couche avec la princesse endormie après un combat intérieur et sous l'égide de Vénus. Mais, vu que, dès la scène du repas de baptême, tous les motifs mythologiques présents dans le roman arthurien ont disparu chez Perrault au profit d'une fée, il est difficilement pensable de demander à Vénus de venir rectifier une malédiction à laquelle elle n'a pas assisté puisqu'elle a entièrement disparu. Ce qui avait pu passer pour une métaphore sous l'égide de Vénus aurait d'autre part pu être considéré comme obscène dans la dernière décennie du Grand Siècle. On voit assez mal une fée venir conseiller le héros dans le domaine sexuel, lui indiquer « la fente où se trouve le fruit qui guérira la princesse », et encore moins venir « enflammer sa torche ».

Comment dès lors justifier cet acte sexuel, comment le mettre en scène d'une manière acceptable ? Perrault a contourné la problématique qui est au centre de l'épisode de la Belle endormie, et de « Soleil, Lune et Thalie », en transformant la chronologie de cet événement, et en récrivant la causalité du réveil de la princesse.

Dans « La Belle au bois dormant », et à la différence de *Perceforest* et du conte de Basile, le réveil de la princesse n'est pas causé par un événement relié à son enfantement. Puisqu'il ne s'agissait plus de mettre en scène une princesse violée dans son sommeil, qui enfante dans un état léthargique et dont le fils (ou les enfants) la réveillerait en suçant son doigt, et puisque Vénus, désormais absente, ne pouvait garantir la fin de la malédiction, Perrault a dû trouver une autre causalité au réveil. Il ne s'agira donc plus ici, lors du baptême, de jeter un mauvais sort qui ne pourra être levé que par un autre événement, mais d'attribuer une fin arbitraire à la malédiction de la princesse. Au lieu de mourir, la princesse « tombera dans un profond sommeil qui durera cent ans[29] ».

Perrault n'a pas reconfiguré cet épisode du mauvais sort jeté à la princesse pour cent ans sans y mettre une touche d'ironie qui montre bien, mais sans y insister, au lecteur avisé le caractère arbitraire de cette nouvelle situation. Le sort jeté par la dernière fée prévoit que, au bout de cent ans, « le fils d'un Roi viendra la réveiller ». Or, ce n'est *pas* ce qui se passe. Car une fois que le prince a trouvé le lit où repose la Belle endormie, il est dit chez Perrault que : « Alors comme la fin de l'enchantement était venue, la Princesse s'éveilla[30] ». La fin du sommeil de la princesse qui n'est plus provoquée par l'un de ses nouveau-nés, est présentée à la fois comme entendue, prosaïque et nécessaire, voire, nécessairement prosaïque. Que le prince ait été présent ou pas, cela ne changeait rien à l'affaire.

---

29 Perrault, « La Belle au bois dormant », dans *Contes*, p. 132.
30 Perrault, « La Belle au bois dormant », dans *Contes*, p. 136.

Si le texte de Perrault s'éloigne de celui de Basile en ce qui concerne le prince, il s'en approche par une autre composante, fondamentale et centrale, du conte originel, élément du conte que nous tendons aujourd'hui à oublier : l'épisode de la belle-mère ogresse. Si cet épisode nous paraît souvent déplacé, rapporté, inadapté au conte que nous voulons, il a bien une explication historique que nous allons essayer de mieux comprendre.

L'épisode par lequel Perrault s'éloigne de *Perceforest* et rejoint Basile est celui qui succède au réveil de la princesse, sa rencontre avec le prince et la nuit de noce sur laquelle se termine le conte tel que nous le faisons souvent. Or, comme nous le verrons, cette version est une version abrégée de celle de Perrault, et elle est beaucoup plus tardive. Dans la version de « La Belle au bois dormant » qu'a publiée Perrault en 1697, l'annonce de la nuit de noce est suivie d'un autre récit, comme si la Dame d'honneur qui tire le rideau, par pudeur, sur les heureux époux, l'ouvrait en réalité sur un nouvel épisode consécutif à l'union de la princesse et du prince.

Chez Perrault, en effet, a lieu une double naissance : celle d'Aurore suivie de celle de Jour. Mais contrairement à *Perceforest* et à « Soleil, Lune et Thalie », le prince / roi n'a pas séduit la princesse endormie pendant son sommeil mais *après* son réveil, et *après* la célébration officielle du mariage par le grand Aumônier. Or, chez Perrault, ce mariage et cette naissance constituent une source de problème plutôt qu'une résolution finale de l'intrigue. Le prince, en effet, a caché à la fois son mariage et sa paternité à ses parents, et surtout à sa mère. Mais pourquoi une telle complication narrative ?

Puisque Perrault avait gardé le second épisode du conte présent chez Basile, et que son prince était devenu non plus un roi déjà marié, mais un prince célibataire, la fonction d'agresseur féminin attribuée à la reine trompée chez Basile devait revenir à un autre personnage. Chez Perrault, ce rôle sera imparti non plus à la femme du roi, mais à la mère du prince. Dans « La Belle au bois dormant », nous apprenons ainsi que le prince cache sa vie privée, son mariage et sa paternité à sa mère car elle « était de race ogresse », et que « en voyant passer de petits enfants, elle avait toutes les peines du monde à se retenir de se jeter sur eux ». On comprend dès lors pourquoi son fils, père de deux petits enfants « n'osa jamais se fier à elle de son secret[31] ».

31 Perrault, « La Belle au bois dormant », dans *Contes*, p. 137.

Au bout de deux ans – le temps que naissent Aurore et Jour – et après la mort du roi son père, le prince fait venir son épouse et ses enfants à la Cour. Il les présente à sa mère et les lui confie lorsqu'il doit partir à la guerre. Mais la belle-mère, et grand-mère, a d'autres intentions, et elle fait enfermer sa bru et ses petits-enfants dans une maison de campagne perdue au fond d'un bois « pour pouvoir plus aisément assouvir son horrible envie ». Elle déclare un jour sur un ton impérieux – un « ton d'Ogresse » – à son maître d'hôtel qu'elle *veut* manger sa petite-fille. Au lieu de lui servir l'enfant, le maître d'hôtel qui n'ose la contrarier, lui sert un agneau. Quand viendra le tour du petit-fils, il lui servira un chevreau et, au lieu de sa belle-fille, l'ogresse dégustera avec grand appétit une biche.

Un jour où elle se promène dans les cours et les basses-cours du château pour y choisir quelque viande fraîche, elle entend le petit Jour pleurer et la voix d'Aurore. Furieuse d'avoir été trompée par le maître d'hôtel, elle ordonne qu'on apporte une grande cuve qu'on remplit de crapauds, vipères, couleuvres et serpents pour y faire jeter la mère, désormais reine, et ses enfants. Mais le roi rentre plus tôt que prévu et il contrecarre ainsi le funeste dessein de sa mère qui, plutôt que d'être humiliée et défaite, préfère se jeter elle-même la tête la première dans la cuve qu'elle avait fait préparer pour sa belle-fille et ses propres petits-enfants. Le roi, attristé par la mort tragique de sa mère, finit par se consoler avec sa femme et ses enfants.

Dans cet épisode, Perrault reprend donc, en les transformant, des éléments présents dans le conte de Basile. Son héros n'est plus un roi violeur, adultère et bigame. Ce qui tenait du sadisme pur et simple – faire avaler au roi sa propre chair et à son insu – relève ici d'une autre logique en faisant intervenir un autre personnage que celui de l'épouse trompée : l'ogresse.

Cet épisode que Perrault n'a pas inventé mais qu'il a transformé, récrit, selon les conventions de bienséance de son époque malgré la nature monstrueuse et anthropophagique de la belle-mère, nous avons tôt fait de l'oublier quand nous nous souvenons de la merveilleuse aventure d'une Belle endormie qui se réveille après un long sommeil pour trouver à son côté son prince charmant. Et si ce deuxième épisode de la belle-mère prend un sens, ce sens est plutôt de nature historique. On comprend peut-être mieux pourquoi une belle-mère veut ici manger sa belle-fille et ses petits-enfants si on se souvient de l'histoire apparentée de cette reine trompée qui voulut faire manger à son mari sa propre femme et ses enfants.

Comparée à l'histoire de « Soleil, Lune et Thalie », l'aventure de « La Belle au bois dormant » est moins effrayante, mais elle est surtout plus morale. Et pourtant, pour reprendre la métaphore de la Princesse drapée dans des habits qu'on ne porte plus à son réveil, cet épisode ainsi rhabillé de bienséance et d'une conclusion morale à la fin du XVIIe siècle n'a pas séduit, et il a fini par disparaître du conte tel que nous le connaissons, et que nous attribuons à Perrault. Comment cette évolution a-t-elle eu lieu, et quand ?

UNE NOUVELLE « BELLE AU BOIS DORMANT » (XIXe SIÈCLE)

Le fabuleux destin de « La Belle au bois dormant » qui s'inspire de motifs hérités d'un roman arthurien et d'un conte en napolitain dans lequel on retrouve, en un seul récit condensé, les aventures d'une Belle endormie, après s'être cristallisé en une version finale par Perrault, ne s'arrêtera pas pour autant en 1697. Pour mieux comprendre ce destin exceptionnel, je voudrais considérer des adaptations et réécritures de ce conte qui ont eu lieu, au nom de Perrault, plus d'un siècle après sa naissance, lors de la renaissance du conte de fées, au XIXe siècle.

Dès le XVIIIe siècle, des lecteurs et des éditeurs attentifs avaient souligné la nature idiosyncratique et duelle de « La Belle au bois dormant ». Dans le tome premier du *Cabinet des fées ou Collection choisie des Contes des fées, et autres Contes merveilleux*, l'auteur de la préface consacrée à Charles Perrault et à ses contes déclare que :

> Ce conte [« La Belle au bois dormant »] se divise naturellement en deux parties. Dans la première, l'Auteur semble n'avoir voulu offrir qu'un grand tableau à l'imagination des enfants. Dans la seconde, il a voulu, sans doute, sentir les charmes de la bienfaisance, en donnant un rôle toujours renaissant au maître-d'hôtel de la reine, en faveur des objets infortunés qu'elle veut tous les jours immoler à son appétit barbare.

> Nous pourrions citer au moins trois tragédies bien applaudies au théâtre français, dont les Auteurs ont profité de la pieuse infidélité du maître-d'hôtel, et de quelques autres circonstances de ce Conte, qui, par ce moyen, ont fait pleurer les grands enfants comme les petits[32].

Ce conte dont les amateurs de féerie, lecteurs mais aussi spectateurs, n'ont retenu aujourd'hui que la première partie, serait donc constitué, à l'origine du moins, de deux parties qui coexistent, assez librement semble-t-il. Ces deux parties s'adresseraient à deux publics distincts : les enfants d'une part, et de l'autre, les moins jeunes, les adultes qui sont cependant restés de grands enfants.

La première partie du conte, qui s'arrête avec le réveil de la princesse, son mariage avec le prince, et qui va parfois jusqu'à inclure la naissance de leurs deux enfants, aurait donc contribué à un émerveillement dans l'imagination des enfants dont on sait du reste qu'ils ne constituaient pas l'audience visée par Perrault. L'entrée fracassante de la « vieille fée », sa colère, ses imprécations, le désespoir des parents qui ont attendu cette naissance avec tant d'ardeur mais qui commettent cette erreur imparable mais non coupable d'oublier une fée qu'on n'avait plus vue depuis plus de cinquante ans et qu'on croyait morte ou enchantée, tout cela avait déjà de quoi frapper une jeune imagination en effet. Mais c'était sans compter sur la malédiction qui frappe cet innocent bébé venu au monde pour être renvoyé, *illico*, *ad patres*, avant, o ! rebondissement, d'être sauvé d'un tel destin funeste par un *deus ex machina* qui intervient *in extremis*, et transforme sa mort en état de sommeil profond pendant cent ans, cent ans au bout desquels elle rencontrera son prince charmant qui attend son réveil. Voilà de quoi combler un jeune public émerveillé par tant de rebondissements, et par la fin si heureuse d'une princesse née sous de si mauvais augures.

Qu'un tel récit constitué de rebondissements spectaculaires qui conduisent une belle princesse bien née et tant attendue d'une malédiction initiale à une félicité finale cohabite heureusement avec la mise en valeur de la bienfaisance d'un maître-d'hôtel, on peut y croire, *sans doute*. Mais que la félicité la plus absolue d'une princesse jadis vouée à une mort prématurée et sauvée de justesse par une bienveillante fée soit

32 « Précis de la vie et des ouvrages de Charles Perrault, avec l'analyse des contes », dans *Le Cabinet des fées ou Collection choisie des Contes des fées, et autres Contes merveilleux*, tome premier, Paris et Amsterdam, rue et hôtel Serpente, 1785, p. VIII.

dans la même foulée menacée par une belle-mère anthropophage, il y a de quoi surprendre quand même tout lecteur, jeune ou moins jeune.

Certes, on peut tout croire, s'imaginer bien des choses dans le monde du « Il était une fois… », mais il y a des limites à ne pas dépasser. Et pourtant, cette version littéraire à laquelle on peut croire, *sans doute*, survivra longtemps encore, même si d'autres versions lui font concurrence dès le milieu du XIXe siècle. Et ce n'est pas un hasard, comme nous le verrons, si d'autres versions viendront vite la supplanter dans d'autres domaines tels que le spectacle.

Quand paraît une « Nouvelle édition ornée de jolies vignettes » des *Contes des fées, par Charles Perrault* aux Éditions Guillaume et Compagnie en 1817, celle-ci reprend *texto* la préface du tome premier du *Cabinet des fées* citée plus haut, ainsi que le texte du conte et la Moralité conservés dans leur entièreté. Ce sera, à travers le siècle, le choix que feront les éditeurs des contes de Perrault qui veulent réhabiliter leur auteur, ou plutôt habiliter l'Académicien victime jusqu'alors d'une grave injustice. Ces éditeurs ont pour but de rectifier cette injustice en accompagnant la réédition des contes d'une préface retraçant la carrière de Perrault, mais également en reprenant la composition exacte et l'ordre de la publication des *Histoires ou Contes du temps passé.*

En 1864, Charles Giraud se plaignait par exemple « de la liberté que se donnaient les éditeurs pour reproduire ces contes dans un ordre arbitraire » et du fait que « le texte lui-même n'avait pas dû être plus respecté que l'ordre de publication de Perrault[33] ». L'autorité de l'édition est cautionnée par le volume consulté, un « bel exemplaire, en maroquin vert » qui appartient à un certain « M. Cousin », figure publique irréprochable dont on ne peut contester ni le sérieux ni l'autorité puisqu'il s'agit de Victor Cousin, professeur de philosophie à l'École normale, puis en Sorbonne, ministre de l'Instruction publique, pair de France, membre de l'Académie française, mais aussi, et sans doute dans ce cadre, surtout, traducteur du *Banquet* de Platon et responsable des onze volumes de l'édition scientifique des *Œuvres de Descartes* plus tôt dans le siècle (1824-1826). Perrault ne pouvait renaître sous de meilleurs augures : les Fées académiques y veilleraient.

Quelques années plus tard, un autre éditeur, Jules-Romain Tardieu qui signe sous le nom de J.-T. de Saint-Germain la « Préface » à son

33 Charles Giraud, « Lettre critique », p. LXIII.

édition des *Contes de Perrault* (1877, 1884, etc.), déclare encore que le temps est venu de respecter Perrault l'auteur, non seulement en ne lui attribuant pas des contes qui ne sont pas de lui, en respectant l'ordre des contes qui sont les siens, mais également en reprenant le texte de l'édition originale :

> La féerie est tellement le domaine de Perrault qu'on lui attribue et qu'on joint depuis longtemps à son recueil des contes qu'il n'a pas composés.
>
> Nous n'avons pas usé de cette liberté ; l'édition nouvelle que nous offrons au public, après tant d'autres, contient le texte pur de Charles Perrault, sans aucune addition étrangère[34].

J.-T. de Saint-Germain reconnaît cependant qu'il serait tentant de changer quelques détails qui auraient « échappé à la naïveté du conteur, ou quelques scènes de grosse tragédie qui font un triste contraste avec les grâces du livre ». « Nous avouons », continue-t-il, « qu'il nous plairait d'effacer ou d'atténuer certaines pages, s'il était permis de toucher à une œuvre d'art[35] ». Signe que Perrault a désormais acquis le statut d'*auteur* d'une *œuvre d'art*, son texte est désormais intouchable, il relève du domaine du sacré. Parlant du caractère tragique et violent de « La Barbe bleue », J.-T. de Saint-Germain conclut, en faveur du respect du texte originel, et la comparaison n'est pas anodine : « L'histoire présente bien d'autres atrocités, et les premières pages de la Bible que vous faites épeler aux petits enfants commencent par un meurtre abominable[36] ». Viendrait-il à l'idée de quelqu'un de récrire la Bible ? Ce qui est valable pour la Bible l'est aussi pour l'ouvrage de Perrault.

Parallèlement à ces éditions scientifiques préfacées qui veulent consacrer Perrault au Panthéon des auteurs immortels, d'autres éditions reprennent le texte des *Contes* avec leurs Moralités, mais sans introduction ni appareil critique, qu'il s'agisse d'éditions des contes de Perrault exclusivement ou d'anthologies qui reprennent aussi d'autres contes de l'Ancien Régime. C'est le cas des *Contes des fées par Charles Perrault, Illustrés par J. C. Demerville*, dans la collection « Librairie pittoresque de la jeunesse » (1847), des *Contes de fées tirés de Claude* [*sic*] *Perrault, de Mme*

34 *Les Contes de Perrault, précédés d'une Préface par J.-T. de Saint Germain*, Paris, Théodore Lefèvre, 1884, p. XVI.

35 *Les Contes de Perrault, précédés d'une Préface par J.-T. de Saint-Germain*, p. XII-XIII.

36 *Les Contes de Perrault, précédés d'une Préface par J.-T. de Saint-Germain*, p. XVI-XVII.

d'Aulnoy, et de Mme Leprince de Beaumont aux éditions Hachette (1871, et « Nouvelle édition » en 1889) ainsi que, au siècle suivant, de *Cendrillon et autres contes*, aux mêmes éditions Hachette, en 1950.

Parallèlement à ces éditions, il existe cependant d'autres recueils dont les éditeurs ne sont pas insensibles à l'argument formulé par J.-T. de Saint-Germain sur la délicatesse de certaines scènes. Ceux-ci voient la nécessité de transmettre les contes de Perrault aux plus jeunes générations. Pour eux, cependant, les contes de Perrault ne constituent pas un corpus intouchable, voire sacré. Contrairement à Saint-Germain, ils n'attribuent pas à leurs plus jeunes lecteurs la capacité de ne lire chaque conte « qu'à la mesure de leur esprit innocent » et de ne comprendre ni la violence, ni le caractère grivois de certains commentaires que Saint-Germain qualifie de « quelque licence ». Pour pouvoir les transmettre, il faut donc d'abord récrire les contes, les épurer des impuretés qui ne choquent pas les adultes mais qui n'ont pas leur place dans le monde de la petite enfance.

UNE « BELLE AU BOIS DORMANT » POUR LES ENFANTS

Les éditeurs qui veulent adapter « La Belle au bois dormant » au jeune lectorat auquel le conte de fées s'adresse désormais, ont adopté deux stratégies éditoriales : les uns ont conservé le texte de Perrault *in extenso* mais en supprimant la Moralité alors que d'autres ont procédé à un remaniement du texte du conte.

Pour adapter le conte de Perrault à sa nouvelle audience et satisfaire aux exigences d'une moralité claire et qui ne contiendrait aucune « impureté », aucun effet pervers ou ironique envers le conte, tout en limitant les transformations du texte *a minima*, de nombreux éditeurs ont procédé à une pratique simple dont nous avons déjà parlé dans le chapitre consacré au « Petit Chaperon rouge » : l'élimination de la Moralité. C'est le cas du *Magasin des fées ou Contes de Fées de Perrault, de Mme Leprince de Beaumont, de Fénelon, et de Mme d'Aulnoy* aux éditions Alphonse Henriot (2e éd. 1838), des *Contes du temps passé par Charles Perrault, précédés d'une notice littéraire par M. E. de La Bédollière* (éditions L. Curmer, 1843), de l'édition par P.-J. Stahl et illustrée par Gustave Doré dans sa propre maison d'édition (J. Hetzel) mentionnée plus haut (1862), des *Contes des fées de Charles Perrault* aux éditions Théodore Lefèvre (1866), ou encore du *Monde enchanté, choix de douze contes de fées de Perrault, Mlle Lhéritier, Mme d'Aulnoy, Mlle de La Force, le comte de Caylus, Mme Leprince de Beaumont, précédée d'une Histoire des fées et de la littérature en France par M. de Lescure* (éditions Firmin-Didot, 1883). Il est à remarquer que ces éditions qui ont pris le parti de supprimer la Moralité ne sont pas postérieures aux éditions qui la reprennent.

Mais quel est l'avantage de supprimer la Moralité dans le cas qui nous intéresse ? Celle-ci, qui s'adresse à de jeunes adultes amusés, ironise sur l'impatience de certaines jeunes filles de l'époque à embarquer pour Cythère, et sur l'impossibilité de leur enseigner une quelconque morale. Perrault concluait sa Moralité de la manière suivante :

> Attendre quelque temps pour avoir un Époux,
> Riche, bien fait, galant et doux,
> La chose est assez naturelle,
> Mais l'attendre cent ans, et toujours en dormant,
> On ne trouve plus de femelle,
> Qui dormît si tranquillement.
>
> La Fable semble encor vouloir nous faire entendre,
> Que souvent de l'Hymen les agréables nœuds,
> Pour être différés, n'en sont pas moins heureux,
> Et qu'on ne perd rien pour attendre ;
> Mais le sexe avec tant d'ardeur,
> Aspire à la foi conjugale,
> Que je n'ai pas la force ni le cœur,
> De lui prêcher cette morale[37].

Si la morale consiste à mettre en exergue que « Tout vient à point à qui sait attendre », voire, pour reprendre les mots d'un contemporain de Perrault, « Patience et longueur de temps / Font plus que force ni que rage » (La Fontaine, « Le Lion et le Rat »), il n'est pas nécessaire d'appliquer cette leçon uniquement à des considérations matrimoniales encore fort éloignées de celles du jeune public auquel s'adresse alors le conte de fées. Mais il est encore moins pertinent de faire imploser le

37 Perrault, « La Belle au bois dormant », dans *Contes*, p 140.

sens *et* du conte *et* de sa morale dans sa conclusion, comme le fait de manière ironique la Moralité de Perrault.

Privé de sa moralité, et considéré dans ses deux parties, le conte laisse à son jeune lecteur et à sa jeune lectrice le choix d'une morale peu claire et brouillée. S'il est question d'enseigner les vertus de la patience, quel est le rôle joué par l'épisode du conte qui nous enseigne que la jalousie et la gourmandise sont de vilains défauts, sans parler de l'interprétation par l'enfant de l'anthropophagie en un vice qui le concernerait sans le traumatiser ?

Suivant un même désir d'épurer le conte et la morale qu'il doit véhiculer, d'autres éditeurs, plus rares, ont privilégié une autre voie. Ces éditeurs, dont il a déjà été question dans le chapitre consacré au « Petit Chaperon rouge », reprennent le conte de Perrault dans son entièreté, mais en opérant deux changements. Tout d'abord, ils récrivent des passages du conte de Perrault. Ensuite, plutôt que de se contenter de supprimer la Moralité, ce qui implique de laisser l'imagination de leurs lecteurs et lectrices vagabonder et trouver leur propre morale, ils ont préféré ajouter au texte de Perrault leur propre Moralité.

Le premier, *Les Contes de fées de Charles Perrault, revus et précédés d'une préface par F. Fertiault*, propose ainsi un conte « revu » avec une nouvelle Moralité en prose. La réécriture de Fertiault concerne surtout des passages qui concernent le langage du sentiment dont il a semble-t-il voulu atténuer les connotations : « peu d'éloquence, beaucoup d'amour » devient chez lui « peu d'éloquence de bouche, beaucoup d'éloquence de cœur ». Quand l'interminable conversation du prince et de la princesse impatiente l'entourage qui n'a pas mangé depuis cent ans, Perrault déclare : « comme ils n'étaient pas tous amoureux, ils mouraient de faim ». Pour ses jeunes lecteurs, Fertiault préfère : « comme ils n'étaient pas tous captivés par une conversation intéressante, ils mouraient de faim ». Un peu plus loin, quand la Reine soupçonne son fils d'avoir une double vie, Perrault nous dit : « elle ne douta plus qu'il n'eût quelque amourette ; car il vécut avec la Princesse plus de deux ans entiers ». Fertiault préfère, une fois encore, éliminer toute connotation physique, et nous dire « elle ne douta plus qu'il n'eût quelque attachement, qu'il ne voulait pas dire, car il visita la princesse plus de deux ans entiers[38] ».

38 Perrault, « La Belle au bois dormant », dans *Contes*, p. 136-137, et *Les Contes de fées de Charles Perrault*, édition de F. Fertiault, p. 79-80.

Le résultat reste le même puisque Fertiault est bien obligé de faire naître les enfants à un endroit du récit pour que l'ogresse fasse tomber sur eux son appétit maléfique. Mais les amourettes du Prince et sa cohabitation avec la princesse sont devenues de vagues « visites » dont le caractère sexuel que sous-entend la cohabitation des jeunes amoureux a été atténué jusqu'à devenir la manifestation d'une polie sociabilité.

La Moralité ajoutée à la fin du conte rappelle l'analyse de la notice sur Perrault dans *Le Cabinet des fées* et qui sera reprise en 1817 dans laquelle l'auteur souligne la nature duelle du conte, et donc de ses moralités :

> Vous voyez par l'exemple de ce prince, qu'il faut être courageux pour venir à bout de ses entreprises, et que souvent un grand bonheur vient récompenser l'action courageuse. Vous pouvez voir aussi une punition terrible de la méchanceté dans la personne de l'Ogresse, réduite à se faire mourir de l'affreuse mort qu'elle destinait à ses enfants[39].

Si le texte revu par Fertiault ne s'éloigne que peu de celui de Perrault, la Moralité ajoutée oriente le conte du côté du héros et non pas de l'héroïne qui figure pourtant dans le titre. Seule une vertu virile et conquérante peut faire « venir à bout de ses entreprises » un petit garçon courageux et persévérant, ce qui, ironiquement, n'est pas le cas chez Perrault : la forêt de ronces et d'épines s'ouvre d'elle-même pour le laisser passer, et la princesse se réveille sans l'intervention du prince puisque les cent ans ont passé. D'autre part, la figure féminine tutélaire n'est plus l'héroïne, mais bien un contre-exemple : une ogresse, femme sans retenue qui n'obéit qu'à ses pulsions, fussent-elles monstrueuses.

Une autre édition des *Contes des fées par Charles Perrault* dont j'ai déjà parlé plus haut et publiée à Limoges en 1867 dans une collection morale et religieuse sous l'égide de l'Archevêque de Bordeaux, simplifie les passages où il est question de discours galants, et ajoute sa propre moralité. Le passage cité plus haut où il est question de discours « amoureux » devient ici : « Chacun songeait à faire sa charge ; et ils mouraient de faim[40] ». La Moralité ajoutée nous éloigne plus encore du conte de Perrault :

39 *Les Contes de fées de Charles Perrault*, édition de F. Fertiault, p. 88.

40 *Contes des fées par Charles Perrault*, « Bibliothèque religieuse, morale, littéraire, publiée avec l'approbation de Mgr l'Archevêque de Bordeaux », Eugène Ardant et C. Thibaut, Imprimeurs – Libraires – Éditeurs, Limoges, 1867, p. 35-36.

Moralité
Cette vilaine Ogresse est l'image bien claire
Du méchant qui dans ses forfaits
Trouve un effroyable salaire,
Sans pouvoir l'éviter jamais.

Il n'est même plus question ici d'une quelconque Belle au bois, mais uniquement de sa belle-mère, ogresse impitoyablement punie lorsqu'elle doit subir les supplices qu'elle avait préparés pour sa belle-fille et ses petits-enfants. Même sans avoir radicalement changé le texte de Perrault, nous sommes bien loin des aventures merveilleuses d'une Belle qui dormit cent ans.

Dans cette réécriture « religieuse et morale », la félicité du couple héroïque est réduite à n'être qu'accessoire, un épisode préliminaire à celui, terrible, de la belle-mère ogresse qui cède à la jalousie, à la cruauté et à une monstrueuse gourmandise. Que sont devenus la joie d'une attente finalement récompensée, les plaisirs de la chair, les délices de l'amour, quand ils sont face aux péchés capitaux ? Voilà une morale claire, mais qui n'a plus rien à voir avec le conte de Perrault, ni avec sa Moralité.

QUAND « LA BELLE AU BOIS DORMANT » SE RÉVEILLE ENFIN…

La constatation faite au siècle précédent par l'auteur du « Précis de la vie et des ouvrages de Charles Perrault » pour qui « La Belle au bois dormant » est un conte double qui s'adresserait à une double audience soulève une question que vont se poser d'autres éditeurs au XIXe siècle : si, seule, la première partie s'adresse aux enfants, pourquoi garder la seconde qui n'a, a priori, pas de lien direct avec le tableau merveilleux d'une Belle endormie qui attend son prince pendant cent ans ? Dans cette partie, en effet, la Belle n'est plus ni au bois, ni dormant.

Le conte de fées qui s'adresse désormais en priorité aux enfants a dû adapter sa poétique par rapport au conte d'Ancien Régime. Non seulement l'intrigue doit désormais conduire à une morale claire, mais le format doit être adapté à son mode de transmission : le conte de fées sera lu, il sera lu *par* un enfant, ou *à* un enfant. Quel que soit son mode de transmission, la longueur du conte sera déterminée avant tout par l'attention que peut lui porter un enfant, en une session : on ne lit pas un conte de fées comme on lit un feuilleton, la lecture doit être contenue en une période durant laquelle l'attention reste en éveil jusqu'à ce que la leçon du conte puisse être tirée dans une Moralité explicite ou implicite, mais toujours claire.

Dans ce contexte, « La Belle au bois dormant » pose un double problème : non seulement le conte est trop long, mais la morale du second conte n'a absolument rien à voir avec celle du premier. Les aventures de l'ogresse punie pour son vice et sa cruauté – l'anthropophagie restant un péché avec lequel peu d'enfants identifieraient des désirs à réprimer – effacent les aventures d'une Belle patiente finalement récompensée par une félicité matrimoniale et une maternité heureuse.

Pour garantir l'unité du conte et pour que la morale transmise soit claire et sans ambiguïté, des éditeurs ont pris avec le texte de Perrault une plus grande liberté encore : non seulement ils ont récrit des parties du conte mais ils en ont tout simplement supprimé la seconde partie. Et c'est cette histoire qu'on connaît aujourd'hui, celle d'une princesse maudite à la naissance et qui est sauvée par une fée, puis par un prince qu'elle épouse à son réveil. La « Moralité » qu'il nous en reste prêche la patience, mais elle n'a plus l'ironie de Perrault qui avoue qu'il ne se trouve déjà plus à l'époque de belle qui puisse « attendre cent ans, et toujours en dormant » son prince charmant. Il n'est plus nécessaire pour ce conte et sa morale de mettre en scène le tableau dramatique d'une belle-mère ogresse.

On serait peut-être tenté de reprocher aux Studios Disney qui ont beaucoup contribué à la popularisation du mythe de « La Belle au bois dormant », d'avoir transformé et simplifié le texte dont ils avouent s'inspirer – le générique mentionne que le film animé est réalisé d'après Charles Perrault, *After Charles Perrault* – mais ce serait à la fois injuste et inexact. Walt Disney n'a en réalité fait que reprendre des versions qui circulaient déjà depuis plus d'un siècle et qui étaient déjà accréditées auprès d'un large public.

Au XIXe siècle, quand revient la mode du conte de fées, quand Perrault est enfin habilité comme auteur littéraire à part entière, et que ses contes sont réédités avec le respect dû à une œuvre majeure et unique, d'autres éditions reprennent « La Belle au bois dormant » dans une version tronquée mieux adaptée au public auquel l'Académicien s'adressait alors aussi. Ces éditions publient un conte qui se termine par le réveil de la Belle, sa rencontre avec le prince, les noces et leur vie future annoncée. Un vrai conte de fées…

C'est par exemple le cas d'une édition de 1850, édition populaire s'il en est puisqu'elle restera plébiscitée pendant tout le siècle, comme en atteste son attribution en tant que « Premier prix de géographie » près de quarante ans plus tard[41]. Non seulement cette édition a supprimé l'épisode de l'ogresse, mais elle est plus pudique aussi dans sa réécriture partielle du conte. Ainsi, dans cette version, le grand aumônier marie la princesse et le prince dans la chapelle du château, mais aucune mention n'est faite du lit nuptial dont la Dame d'honneur tire le rideau dans le conte originel pour laisser au couple nouvellement marié une intimité vivement désirée. L'office du grand aumônier est ici suivi immédiatement de la conclusion suivante : « Ils eurent deux enfants, dont le premier, qui était une fille, fut nommé l'*Aurore*, et le second, un fils qu'on nomma le *Jour*, parce qu'il paraissait encore plus beau que sa sœur[42] ».

Une édition « Pour les enfants » qui reprend en 1883 douze contes sans attribution d'auteur, ira même plus loin en ne mentionnant même plus la naissance des enfants : « Ils eurent toujours l'un pour l'autre une tendresse extrême, et passèrent une longue suite de beaux jours dans une félicité qu'on aurait peine à décrire[43] ».

Aujourd'hui, la seconde partie du conte qui succède à la rencontre de la princesse et du prince tend à disparaître de notre imaginaire collectif. Plutôt que la menace d'une belle-mère ogresse, de scènes d'anthropophagie intra-familiale, et le jugement spectaculaire de la belle-mère ogresse punie pour ses envies, nous gardons de ce conte l'image d'une Belle et de son prince, comblés, heureux. Deux lois désormais associées au genre sont ainsi respectées : une grande brièveté narrative, et une fin heureuse qui est la conclusion immédiate de l'union du couple héroïque. Une fois que la félicité matrimoniale a été établie, il est devenu inutile d'y ajouter un autre rebondissement qui confirmerait finalement ce bonheur, mais pas

---

41 Voir l'exemplaire digitalisé de la BNF : *Les Contes de fées, de Charles Perrault, édition dédiée aux enfants*, aux éditions Amédée Bédelet.

42 *Les Contes de fées, de Charles Perrault, édition dédiée aux enfants*, Paris, Éditions Amédée Bédelet, 1850, p. 28.

43 *Contes des fées pour les petits* enfants, Paris, Éditions W. Hinrichsen, 1883, P. 74.

sans avoir révélé la présence d'un Œdipe mal résolu, ou encore d'autres sombres secrets sur la nature humaine tels qu'une jalousie morbide et un désir d'anthropophagie. Si la version originelle du conte a survécu dans des éditions ainsi que dans des adaptations au théâtre et à l'opéra, notamment au début du XIXe siècle, lors de la renaissance de la féerie sur la scène, elle a fini par disparaître des éditions et des livrets, pour être remplacée par l'histoire de « La Belle au bois dormant » que nous connaissons tous, sans pour autant l'avoir lue[44].

Perrault avait atténué les implications immorales d'une mise en scène héroïque d'un roi marié qui, après avoir violé une innocente princesse dans son sommeil, finissait par vivre avec elle et le fruit de son viol, en faisant de ce roi un prince célibataire dont la mère, et non plus la femme, finissait par découvrir la vie parallèle d'époux et de père comblé. Mais ce choix avait d'autres implications morales tout aussi inacceptables. Chez Basile, l'épouse trahie, mais présentée comme un monstre cruel et sans retenue, veut faire manger à son mari sa propre chair. Chez Perrault, la mère, belle-mère et grand-mère, est ogresse. Mais elle est d'autant plus monstrueuse que, contrairement aux ogres et ogresses présents dans d'autres contes, elle veut manger les fruits de sa *propre* chair. Le statut du prince encore célibataire quand il rencontre la Belle qui se réveille, et attend que soit célébré le mariage pour qu'ait lieu sa consommation, a vite fait de s'estomper derrière cette indescriptible monstruosité. Non, décidément, il valait mieux oublier la deuxième partie du conte pour se concentrer exclusivement sur le tableau merveilleux d'un réveil et d'une rencontre dignes d'un conte de fées.

Au travers de son destin fabuleux, tant dans ses origines que par ses aventures à travers les siècles, l'histoire de « La Belle au bois dormant » montre bien que même les fées les plus courroucées ne peuvent pas condamner une Belle, ou le récit de ses aventures, à mourir mais, au mieux, à dormir cent ans, pour se réveiller, briller et être heureuse, même si ses habits sont ceux de « ma grand-mère ». Elle montre encore qu'on peut, pour qu'elle brille encore et continue à nous faire rêver, la rhabiller à la mode d'aujourd'hui, quelle que soit l'époque. Toutes les

44 Selon Sophie Lucet, la seconde partie du conte a été oubliée « en faveur d'un merveilleux orienté vers le dénouement poétique et miraculeux du réveil de la belle endormie, désormais conçu comme un point d'acmé de la fable ». Sophie Lucet, « Les Belles rendormies. Féeries fin-de-siècle », dans *Féeries. Études sur le conte merveilleux, XVIIe-XIXe siècle*, numéro 12, 2015, p. 137.

adaptations au cinéma, en littérature, sur la scène montrent que, décidément, la Belle n'est pas prête à se rendormir pour cent ans encore. Qu'on ne se souvienne aujourd'hui que de sa merveilleuse aventure qui défie un baptême contraire – et où chacun et chacune voudra voir un événement de sa propre vie – et qu'on ait oublié la jalouse et cruelle belle-mère, voilà bien la plus glorieuse victoire de cette princesse vouée dès sa naissance à une mort prématurée, mais qui dormit plus de cent ans et est, aujourd'hui, plus vivante que jamais.

CONCLUSION

Et ils vécurent heureux de nombreuses années…

> L'homme ne vit pas seulement de pain ; il vit encore et surtout, on peut le dire en songeant combien ce superflu lui est nécessaire, il vit encore et surtout de surnaturel, de merveilleux.
> Mathurin DE LESCURE, *Le Monde enchanté* (1883).

Les contes de fées sont sans doute aussi vieux que l'humanité, aussi ancrés en nous que la nécessité de rêver, d'imaginer un ailleurs heureux où le bien finit par triompher par des lois qui, parfois, échappent à l'entendement mais donnent raison à nos espoirs. Ils sont nés avec un désir tout aussi pressant de les partager, de les raconter, de les écrire. Ils se sont adaptés au dessin, à l'écrit, à l'écran. Ils se sont parfois endormis pour mieux se réveiller, à une autre époque, dans un autre pays, dans une autre culture, dans une autre langue, pour encore faire rêver.

Comme le faisait remarquer un critique il y a un siècle et demi, à une époque où il ne faisait pas bon rêver et où seule la science comptait : « […] il faut bien que le goût des contes ait sa racine au plus profond de l'âme humaine, pour que ces fables, dédaignées des beaux esprits, aient résisté à tous les progrès des lumières, à tous les caprices des réformateurs. On leur jette l'anathème, rien ne peut les anéantir[1] ». Comme le déclarait à la même époque un autre critique cité plus haut, le surnaturel, l'imagination, et le corpus où celle-ci a longtemps pris corps, sont au moins aussi nécessaires à la survie de l'espèce humaine que le pain quotidien.

1 Éd. Laboulaye, « Préface », dans *Contes allemands du temps passé extraits des recueils des Frères Grimm, et de Simrock, Bechstein, Franz Hoffmann, et al.*, traduits par F. Frank et E. Alsleben, Paris, Didier, 1869, p. VI.

Cette universalité du conte de fées a pour le critique qui s'y intéresse une conséquence directe : elle impose d'emblée le choix d'un corpus cohérent défini par l'existence de liens génériques entre les contes qui font l'objet de son analyse. Le corpus merveilleux est tellement vaste que tout et toute critique du conte de fées court le risque de tomber dans le piège que n'avait pas évité Edward Casaubon dans le roman de George Eliot, *Middlemarch* (1871-1872), quand il voulait débusquer *La Clef de toutes les mythologies* : n'arriver finalement à rien.

Plutôt que de chercher en vain « la clef » de tous les contes de fées, nous avons voulu ici retracer les origines de certains contes connus qui nous ont jadis émerveillés et aussi d'autres contes, moins connus, mais qui n'ont pas pour autant disparu de notre imaginaire collectif sans que nous en connaissions l'auteur ou les origines. Depuis des temps immémoriaux, ces contes nous racontent des histoires que nous connaissons tous, sans même savoir d'où nous les tenons. Ces contes de fées qui ont fait partie de notre jeunesse, et dont le souvenir se rappelle souvent à l'adulte, au grand enfant que nous sommes devenus, nous réjouissent, ou nous terrorisent, encore et encore.

Ces contes, d'abord racontés, puis transformés en un genre littéraire nouveau, racontés, « fabulés » à nouveau à partir de ces textes lus, et récrits à partir de contes entendus, forment notre mémoire collective et universelle. À travers l'histoire de contes que nous connaissons tous aujourd'hui, nous avons vu comment ces contes ont parfois pris une forme spécifique, à une époque précise, sous la plume d'un auteur, avant de disparaître, puis de réapparaître, quelques décennies, ou quelques siècles plus tard, ailleurs, à la fois similaires, et étonnamment nouveaux, pour séduire d'autres publics, petits et grands.

Depuis toujours, la magie du conte de fées nous transporte, fait de nous des princes, des princesses, fiers et fières d'avoir triomphé du mal, d'être enfin vengés d'une injuste marâtre, d'un trop encombrant frère aîné ou d'une ingrate sœur. Bien avant que Hans Christian Andersen ne lui donne la forme mémorable du légendaire « Vilain petit canard », le conte de fées a inspiré des générations de lecteurs ou d'auditeurs, les invitant à pencher la tête vers la surface de l'eau, par humilité, par crainte de ces splendides cygnes auxquels ils croient ne pas appartenir, et à enfin voir en chacun d'eux, non plus le vilain petit canard maltraité, tyrannisé et persécuté, mais cet autre magnifique cygne qu'ils rêvaient peut-être d'être, et qu'ils étaient déjà, sans le savoir.

Le légendaire empereur dont Andersen nous a aussi conté l'aventure et qui se persuade qu'on lui fait bien de nouveaux habits, a-t-il tort de le croire ? Ces merveilleux habits existent-ils ? N'existent-ils pas ? Et si la magie du merveilleux nous drapait aussi de ces nouveaux habits de l'empereur invisibles par tous les autres, quitte à ce qu'un enfant crie, quand nous passons, parés de nos habits de conte : « Mais il est nu ! » ? Être nu, et se croire drapé d'étoffes merveilleuses et proprement ajustées, est-ce vraiment pire que d'être drapé des plus splendides étoffes, et se croire ou se sentir nu ?

De tout temps, le conte de fées s'est drapé d'habits nouveaux, selon les modes, selon les contextes idéologiques, politiques ou encore poétiques, pour séduire et faire rêver le public auquel il s'adressait. C'est un genre tenace, immortel qui, par l'impression qu'il donne de n'appartenir à aucun auteur en particulier, de n'être d'aucune époque, d'aucune langue ni d'aucune culture, peut, peut-être mieux que tout autre genre, survivre en se métamorphosant selon une loi plus générale formulée, à l'époque de la renaissance du conte de fées, par Darwin : *« the survival of the fittest »*. Les textes, comme les organismes, qui ont le plus de chance de survivre et de se reproduire, sont en effet ceux qui ont la capacité de s'adapter le mieux à leur milieu tout en abandonnant ce qui est inutile, voire contraire à leur survie.

La résilience des contes de fées est infinie, comme nous l'ont montré les exemples analysés plus haut. Depuis sa naissance sous le règne de Louis XIV, le conte de fées littéraire a connu un destin fabuleux, unique et exemplaire. J'ai essayé ici de montrer comment des personnages, lointains descendants de héros et héroïnes d'antan, ont survécu pour nous charmer, aujourd'hui, encore. Ils survivront bien au-delà des contes que nous connaissons. Ils ont déjà intégré l'univers du *Marvel* et ont été les précurseurs de nos *Superheroes*. Certains *X-Men* sont les dignes descendants de personnages des frères Grimm. Pour n'en prendre qu'un, Cyclope, mutant dont le regard détruit tout quand il n'est pas obstrué, pourrait très bien être le digne héritier d'un des six compagnons que mettent en scène les frères Grimm dans « Six à qui rien ne résiste[2] »

2 Les frères Grimm, « Sechse kommen durch die ganze Welt », *Kinder- und Hausmärchen* 71. Traduits en français sous le titre de « Six à qui rien ne résiste », dans *Contes pour les*

qui sont eux-mêmes les descendants de personnages encore plus anciens et tout aussi merveilleux. Dans son « Belle-Belle ou le Chevalier fortuné » qui a paru dans ses *Contes nouveaux ou les Fées à la mode* en 1698, Marie-Catherine d'Aulnoy mettait en scène six preux compagnons qui viennent au secours d'une héroïne travestie en guerrier pour aider son roi à défaire l'empereur Matapa qui attaque son royaume. Ces personnages qui ont été dotés de qualités surnaturelles sont les *mutants* de leur époque : Forte-Échine qui abat des forêts entières en quelques instants, Léger qui parcourt des lieues en un pas, Fine Oreille qui entend l'herbe pousser, et l'ancêtre de Cyclope, le Bon Tireur, qui a la vue tellement fine et le tir tellement sûr que, pour ne pas causer trop de morts ni de catastrophes, il est « obligé de [se] bander les yeux[3] ».

On ne compte plus aujourd'hui les adaptations de contes de fées qui séduisent tous les âges, sous tous les régimes politiques, dans toutes les langues, dans tous les médias, en paroles, en musique. L'époque du Classicisme nous a légué d'inoubliables héros et héroïnes tragiques. La réputation d'autres héros et héroïnes qu'elle nous a laissés en héritage par le genre qu'elle a inventé, le conte de fées, a dépassé celle de ces héros tragiques dans l'imaginaire et la culture populaires, qu'il s'agisse de Cendrillon, du Petit Poucet, du Petit Chaperon Rouge, ou de la Belle au bois dormant. Et pourtant, boudé par la critique qui l'ignore à l'époque de sa naissance, ignoré lors de sa renaissance deux siècles plus tard, le conte de fées a une histoire, il a son histoire. Et cette histoire est très contemporaine.

Lors de sa naissance littéraire, le conte de fées consacre tout d'abord la victoire du camp des Modernes, celle de l'invention, de la recherche d'une expression personnelle à partir de mythes, de légendes, de récits que la critique boudait puisqu'ils ne descendaient pas en droite ligne des sacro-saints classiques latins et grecs, qu'il s'agisse d'un roman arthurien oublié, de contes en italien ou en dialecte napolitain ou encore de légendes populaires perdues mais dont on retrouve des traces dans la culture écrite. Dans son *Roman comique*, bien avant que les premiers contes de fées littéraires ne paraissent, Scarron mentionne déjà un conte

---

enfants et la maison, collectés par les frères Grimm, édités et traduits par Natacha Rimasson-Fertin, tome I, Paris, José Corti, 2009, p. 406-413.

3 Marie-Catherine d'Aulnoy, « Belle-Belle ou le Chevalier fortuné » dans *Contes nouveaux ou Les Fées à la mode*, édition critique de Nadine Jasmin, Honoré Champion, Paris, 2008, p, 259.

de manière amusée qui sied aux propos du roman. Lors d'une plaisante assemblée, des comédiens essaient de « [changer] de discours deux ou trois fois pour se garantir d'une histoire que l'on croyait devoir être une imitation de *Peau d'Âne*[4] ». Les amusements de salon dont parle la marquise de Sévigné quelques décennies avant que ne naisse le conte de fées littéraire témoignent encore de la présence de récits associés à ce qui se cristallisera à la fin du siècle pour devenir le conte de fées tel que nous le connaissons.

De tous les auteurs de contes de fées qui ont participé à la naissance littéraire de ce genre devenu universel, la tradition n'a retenu qu'un seul nom, celui de Charles Perrault. Mais considérer le conte de fées comme l'expression unique d'un écrivain ne rend pas compte de la révolution provoquée dans le paysage littéraire par l'irruption d'un genre nouveau sans quartier de noblesse classique dans lequel des auteurs pouvaient donner libre cours à *leur* imagination. Et quand je dis auteur, je devrais préciser : des auteurs du sexe qui avait été vilipendé par Boileau pour son ingérence dans le jugement sur la littérature et était *de facto* exclu de l'institution garante du Bon Goût qu'était l'Académie française : les femmes. Car c'est bien de cela qu'il s'agit à l'époque : le conte de fées signifie non seulement la libération d'une imagination débridée mais également – et ce n'est pas un hasard si le personnage qui a donné au corpus sa dénomination générique est aussi un personnage féminin – l'accès des femmes à l'écriture et à la notoriété, n'en déplaise à ces messieurs de l'Académie.

Prises dans un étau entre un pédantisme de mauvais aloi et un esprit frivole consacré tout entier à des bagatelles, les femmes qui prennent la plume pour écrire des contes de fées dans la dernière décennie du Grand Siècle, revendiquent un droit à la création littéraire et à leur différence. Plus que le roman encore, le conte de fées dérange, comme en témoigne le silence quasi général de la critique sur le sujet, et le témoignage exceptionnel de l'abbé de Villiers dédié précisément aux « Messieurs de l'Académie française » et qui a pour but de « servir de préservatif contre le mauvais goût ». Le roman, au moins, est soumis aux règles

4 C'est moins la perspective d'entendre une imitation de « Peau d'Âne » qui affole l'assemblée que le personnage du conteur, un certain Ragotin, qui se révèle en fait être plus divertissant que ce à quoi s'attendait l'assemblée quand il leur fait l'« Histoire de l'amante invisible » qui suit. Scarron, *Le Roman comique*, édition présentée, établie et annotée par Jean Serroy, Paris, Gallimard, Folio Classiques, 1985, p. 60.

de la vraisemblance. Dieu sait ce que des femmes auteurs peuvent faire advenir dans le règne de fées toutes-puissantes ? Des héroïnes dévergondées qui n'en font qu'à leur tête, chevauchent la contrée sans retenue, proposent leur main à des princes émasculés et dieu sait quoi d'autre encore. Certes, *Il était une fois…* Mais quand même, à une époque où l'on croit que les humeurs froides et humides de la femme la rendent particulièrement sensible aux émotions – y compris littéraires – cela avait de quoi inquiéter. Que des femmes auteurs ne se cantonnent pas à imiter sagement l'ignorance de nourrices incultes, voilà qui est impardonnable.

N'en déplaise au Provincial de Villiers pour qui le genre de la fable est tombé *en quenouille* quand il s'est transformé en conte de fées, les contemporaines de Perrault ont pris la plume, *en masse*, pour contribuer à ce genre nouveau et Moderne dont la popularité semble avoir pris la capitale d'abord, puis le pays, par surprise. Il n'était pas question d'y étaler un savoir transformé en pédantisme par leurs détracteurs, et dont elles avaient fait les frais dans *Les Précieuses ridicules* et plus encore dans *Les Femmes savantes*, mais bien de revendiquer une création nouvelle. La rare critique qui daigna s'y intéresser a eu beau se plaindre de ces « ces ramas de contes de Fées, qui nous assassinent depuis un an ou deux », rien n'y fit. Une conteuse, lasse sans doute du double lien dans lequel étaient tenues les femmes qui étaient critiquées à la fois si elles étaient ignares et si elles voulaient échapper à l'ignorance dans laquelle le décorum les tenait, avait semble-t-il décrété que le conte de fées était bien « la plus mauvaise marchandise du monde ». Mais critiquée pour critiquée en tant que femme avec des prétentions littéraires, elle avait conclu : « mais enfin on en veut, dit-elle, on me les paie bien, j'en donnerai tant qu'on voudra ». Et on en voulut, et beaucoup.

Les contes que l'histoire a retenus de ces conteuses se sont raréfiés. La poétique du conte de fées a changé : il s'adresse en priorité aux enfants et n'a plus à se justifier en tant que genre. Les femmes auteurs n'ont plus à légitimer leur écriture ni leur autorité en matière de culture ni de littérature. Ces évolutions rendent les premiers contes en partie obsolètes. Aujourd'hui, les contes de Perrault ont, mieux que ceux de ses contemporaines, survécu à l'épreuve du temps. Du moins sont-ils aujourd'hui connus du grand public, mais ils ne sont pas pour autant restés intacts. Les Moralités ironiques de Cendrillon sont souvent oubliées au profit du récit émerveillé de cette petite souillon maltraitée qui connut, à force de patience et d'abnégation, un fabuleux destin. L'épisode de la belle-mère de la Belle au bois dormant a disparu au profit d'une autre fin, celle des noces glorieuses de la princesse enfin réveillée et de son prince qui lui insuffla la vie par un baiser magique. Le Petit Chaperon Rouge ne meurt plus : elle est désormais sauvée par un gentil chasseur, et le Loup est puni.

Depuis la fin du siècle dernier, les contes d'Aulnoy connaissent une nouvelle renaissance auprès d'un public jeune, dans des éditions qui leur sont destinées. On les retrouve dans des anthologies, aux Éditions Grasset, dans la collection « Grands lecteurs » sous le titre de *L'Oiseau bleu et autres contes de Mme d'Aulnoy* (1991), ainsi qu'aux Éditions du Seuil, dans la collection « Jeunesse », sous le même titre, en 2009[5]. Les Éditions Gründ ont également repris à la même époque des *Contes de madame d'Aulnoy* dans des grands formats également destinés aux enfants[6] (1981, 1987). En 2008, les éditions Gallimard publiaient une réédition des *Contes de fées* les plus connus d'Aulnoy dans sa collection « Folio classique ». Comme en témoignent ces éditions, l'univers merveilleux de la première conteuse charme toujours jeunes et moins jeunes.

Plus les temps sont incertains, plus le merveilleux triomphe, comme l'ont rappelé les années de crise et de montée du Nazisme qui ont vu la naissance du phénomène *Marvel*, et comme nous le rappelle notre propre époque teintée de doutes et de questionnements où règnent toujours, dans des spectacles et sur les écrans, les héros et héroïnes merveilleux de séries *Marvels* et autres *X-Men* qui nous transportent dans un ailleurs meilleur et plus juste[7].

5 Pour une liste plus complète des rééditions de contes d'Aulnoy, et de « L'Oiseau bleu », je renvoie à l'article de Pascale Mounier « La Circulation générique d'une histoire : *L'Oiseau bleu* entre conte, lai et nouvelle » dans *L'Usage du conte. Contes classiques et réemploi, méthodes d'analyse*, sous la direction de Patricia Eichel-Lojkine, Rennes, Presses Universitaires de Rennes, 2017, p. 125-175.

6 Je mentionnerai une édition *Kindle* assez farfelue des *Contes de fées* de la « Comtesse d'Aulnoy » pour l'ironie, sans doute involontaire, d'un de ses titres : « Finette Cendron » y est devenue « Finette Goudron ».

7 Notre époque n'échappe pas à la loi générale qui veut qu'un phénomène provoque son contraire. Les *dystopies* participent d'un même mouvement de revendication de l'imagination, mais en sens inverse.

Il y a près d'un siècle et demi, le spécialiste du merveilleux pour qui l'homme « vit encore et surtout de surnaturel, de merveilleux », avait aussi déclaré, au sujet de ses contemporains – et rien n'est plus vrai aujourd'hui – que « Ce besoin d'oublier la terre, la réalité, leurs déceptions, leurs affronts, si durs aux âmes fières, leurs chocs brutaux, si douloureux aux sensibilités délicates, est un besoin universel. Le rêve, plus que le rire, distingue l'homme des animaux[8] ». Même, et surtout peut-être, à une époque où voudrait s'imposer une raison impérieuse, celle du calcul, du sondage, des statistiques, de la prévision et de la science, d'une intelligence « artificielle » – bel oxymore –, l'imagination, plus que jamais, triomphe. Car, dit-on, elle a ses raisons que la raison ignore…

Des héros et héroïnes venus de notre passé et connus de tous font aujourd'hui l'objet d'adaptations. On leur attribue volontiers des origines lointaines ou étrangères. On les croit parfois allemandes alors qu'elles sont bien françaises. C'est leur naissance et leur destinée, tellement anciennes et modernes, tellement françaises et universelles, que nous avons voulu retracer ici, le fabuleux destin de héros et de héroïnes nés sous Louis XIV et qui, plus de trois siècles plus tard, ont gardé leur éternelle jeunesse, et nous font toujours autant rêver. L'histoire du conte oral, complémentaire de celle du conte littéraire, reste aléatoire. Celle du conte de fées littéraire dont nous oublions parfois, à tort, qu'il est bien le résultat du travail poétique d'auteurs et constitue individuellement une *œuvre* à part entière, a encore beaucoup à nous apprendre. Parce qu'ils semblent appartenir à tous, les contes de fées semblent n'appartenir à personne. Il est bien des cas où cela est faux, et ce que nous prenons parfois pour l'expression naïve et spontanée d'un imaginaire individuel mais anonyme, est souvent le résultat d'un travail littéraire de création et de réécriture par un ou plusieurs auteurs, pour satisfaire un public dont les rêves, et parfois les interdits aussi, ont évolué.

Grâce à son unique et merveilleux *incipit*, « Il était une fois… », le conte de fées nous transporte dans un ailleurs qui nourrit l'âme humaine de rêves de justice, dans un monde où la vertu est souvent récompensée, et le crime, puni, ou parfois pardonné par la mansuétude d'une héroïne

8 Mathurin de Lescure, « Histoire des fées et de la littérature féerique en France », dans *Le Monde enchanté, choix de douze contes de fées de Perrault, Mlle Lhéritier, Mme d'Aulnoy, Mlle de La Force, le comte de Caylus, Mme Leprince de Beaumont précédé d'une histoire des fées et de la littérature féerique en France*, Paris, Firmin-Didot, 1883, p. I.

bienveillante. Dans le monde de l'immédiateté qui est devenu le nôtre, celui de la communication et de la gratification instantanées, le conte de fées peut encore nous faire rêver en nous parlant d'un monde où patienter et aimer sont encore récompensés. Depuis tant de siècles, pour chacun et chacune d'entre nous, ces héros et héroïnes habitent un coin de notre imaginaire, universel et atemporel. Depuis qu'on en raconte, depuis qu'on en invente, c'est-à-dire depuis que l'humanité parle, et écrit, le conte de fées n'a pas fini de nous faire rêver, *une fois, deux fois, trois fois…*

BIBLIOGRAPHIE

ŒUVRES

ANON., *Le Roman de Perceforest*, éd. critique de Gilles Roussineau, Genève, Droz, 1987-2007.

ANON., *Le Roman de Perceforest* [extraits], « Histoire du chevalier Troïlus et de la Belle Zellandine », dans *Les Contes de Perrault dans tous leurs états*, éd. établie et présentée par Annie Collognat et Marie-Charlotte Delmas, Paris, Omnibus, 2007, p. 239-249.

AULNOY, Marie-Catherine de, *Contes des Fées*, éd. critique établie par Nadine Jasmin, Paris, Honoré Champion, 2008.

AULNOY, Marie-Catherine de, *Contes nouveaux ou les Fées à la mode*, édition critique établie par Nadine Jasmin, Paris, Honoré Champion, 2008.

BASILE, Giambattista, *Le Conte des contes, ou le Divertissement des petits enfants*, traduction du napolitain de Françoise Decroisette, Strasbourg, Édition Circé, 1995.

GRIMM, Jacob et Wilhelm, *Contes pour les enfants et la maison*, collectés par les frères Grimm, édités et traduits par Natacha Rimasson-Fertin, tomes I-II, Paris, José Corti, 2009.

HAMILTON, Antoine, *Contes*, dans *Antoine Hamilton, Jean-Jacques Rousseau, Henri Pajon, Jacques Cazotte et al.*, éd. critique établie par Anne Defrance et Jean-François Perrin, Paris, Honoré Champion, 2008.

LA FORCE, Charlotte-Rose de Caumont, « L'Enchanteur », dans *Mademoiselle Lhéritier, Mademoiselle Bernard, Mademoiselle de La Force, Madame Durand, Madame d'Auneuil, Contes*, éd. critique établie par Raymonde Robert, Paris, Honoré Champion, Bibliothèque des Génies et des Fées, vol. 2, 2005, p. 339-355.

LA FORCE, Charlotte-Rose de Caumont, « Persinette », dans *Mademoiselle Lhéritier, Mademoiselle Bernard, Mademoiselle de La Force, Madame Durand, Madame d'Auneuil, Contes*, éd. critique établie par Raymonde Robert, Paris, Honoré Champion, Bibliothèque des Génies et des Fées, vol. 2, 2005, p. 331-338.

LHÉRITIER DE VILLANDON, Marie-Jeanne, « Les Enchantements de l'éloquence, ou les Effets de la douceur », dans *Mademoiselle Lhéritier, Mademoiselle Bernard, Mademoiselle de La Force, Madame Durand, Madame d'Auneuil, Contes*, éd. critique établie par Raymonde Robert, Paris, Honoré Champion, Bibliothèque des Génies et des Fées, vol. 2, 2005, p. 69-91.

LHÉRITIER DE VILLANDON, Marie-Jeanne, « Lettre à Madame D. G.*** », dans *Mademoiselle Lhéritier, Mademoiselle Bernard, Mademoiselle de La Force, Madame Durand, Madame d'Auneuil, Contes*, éd. critique établie par Raymonde Robert, Paris, Honoré Champion, Bibliothèque des Génies et des Fées, vol. 2, 2005, p. 35-41.

LHÉRITIER DE VILLANDON, Marie-Jeanne, *Œuvres meslées*, Jean Guignard, 1696 [1695].

PERRAULT, Charles, *Contes*, éd. critique de Jean-Pierre Collinet, Paris, Éditions Gallimard, 1981.

PERRAULT, Charles, « La Belle au bois dormant », dans *Le Mercure galant*, février 1696, p. 75-117.

PERRAULT, Charles, *Perrault's Tales of Mother Goose. The Dedication manuscript of 1695 Reproduced in Collotype facsimile with Introduction and Critical Text by Jacques Barchillon*, New York, The Pierpont Morgan Library, 1956.

STRAPAROLA, Giovan[ni] Francesco, *Les Nuits facétieuses*, traduction revue et postfacée par Joël Gayraud, Paris, José Corti, 1999.

ÉDITIONS, RÉÉDITIONS ET ADAPTATIONS DE CONTES DE FÉES AU XIXe SIÈCLE

Contes allemands du temps passé, extraits des recueils des Frères Grimm, et de Simrock, Bechstein, Franz Hoffmann, et al., *Traduits par Félix Frank et E. Alsleben*, Paris, Librairie académique Didier et Cie, 1869.

Contes choisis des frères Grimm, traduits de l'allemand par Frédéric Baudry et illustrés de 40 vignettes par Bertall, Paris, Hachette, 1859.

Contes des fées par Charles Perrault, « Bibliothèque religieuse, morale, littéraire, publiée avec l'approbation de Mgr l'Archevêque de Bordeaux », Eugène Ardant et C. Thibaut, Imprimeurs – Libraires – Éditeurs, Limoges, 1867.

Contes des fées par Mme d'Aulnoy, revue [*sic*] *par Mlle Guerrier de Haupt, illustrés par Jules Désandré*, Paris, Bernardin-Béchet, 1868.

Contes des fées pour les enfants, avec 12 gravures, Paris, Éditions W. Hinrichsen, 1883.

Le Monde enchanté, choix de douze contes de fées, de Perrault, Mlle Lhéritier, Mme d'Aulnoy, Mlle de La Force, le Comte de Caylus, Mme Leprince de Beaumont, Paris, Firmin-Didot, 1883.

Les Contes de fées, de Charles Perrault, édition dédiée aux enfants, Paris, Éditions Amédée Bédelet, 1850.

Les Contes de fées de Charles Perrault, Revus et précédés d'une Préface par F. Fertiault, Paris, Alphonse Desesserts, « Librairie à Illustrations de la jeunesse », 1845.

Les Contes de Perrault, précédés d'une Préface par J.-T. de Saint-Germain, Paris, Théodore Lefèvre, 1877.

ÉTUDES

ANDERSON, Benedict, *Imagined Communities*, Londres, Verso, 1983.

ANDERSON, Benedict, *L'Imaginaire national. Réflexions sur l'origine et l'essor du nationalisme*, traduit de l'anglais par Pierre-Emmanuel Dauzat, Paris, Éditions de la Découverte, 1996.

BARCHILON, Jacques, « L'Histoire de la Belle au bois dormant dans le *Perceforest* », *Fabula*, 31, vols 1-2, 1990, p. 17-23.

BEASLEY, Faith E., *Salons, History, and the Creation of 17th-Century France : Mastering Memory*, Ashgate Publishing Company, 2006.

BOILEAU, *Œuvres complètes*, introduction par Antoine Adam, textes établis et annotés par Françoise Escal, Paris, Gallimard, Bibliothèque de la Pléiade, 1966.

BOILEAU, *Satires, Épîtres, Art poétique*, éd. présentée, établie et annotée par Jean-Pierre Collinet, Paris, Gallimard, 1985.

BRUNO, G. [Augustine Tuillerie], *Le Tour de la France par deux enfants. Devoir et Patrie. Livre de lecture courante, avec 200 gravures instructives pour leçons de choses, par G. Bruno*, Paris, Librairie Classique d'Eugene Belin, 2013 [1877].

CHARDONNENS, Noémie, « D'un imaginaire à l'autre : La Belle endormie du *Roman de Perceforest* et son fils », dans *Des* fata *aux fées : regards croisés de l'Antiquité à nos jours*, volume édité par Martine Hennard Dutheil de la Rochère et Véronique Dasen, Lausanne, Études de lettres 3-4, 2011, p. 191-204.

CHELEBOURG, Christian, « La Quadrature du conte. La féerie en France au temps du Romantisme (1800-1848) », *Romantisme*, 2015/4, n° 170, p. 35-48.

CONNAN-PINTADO, Christiane et Catherine Tauveron, *Fortune des* Contes *des Grimm en France. Formes et enjeux des rééditions, reformulations, réécritures dans la littérature de jeunesse*, Clermont-Ferrand, Presses Universitaires Blaise Pascal, 2013.

CONNAN-PINTADO, Christiane, « Avant-propos », dans *L'Épanchement du conte dans la littérature*, textes réunis et présentés par Christiane Connan-Pintado, Pascale Auraix-Jonchière et Gilles Béhotéguy, *Modernités*, n. 43, Bordeaux, Presses Universitaires de Bordeaux, 2018, p. 5-12.

COURTÈS, Noémie, « Cendrillon mise en pièces, ou la seconde immortalité de Perrault au XIXe siècle », dans *Féeries. Études sur le conte merveilleux, XVIIe-XIXe siècle*, « Le conte, la scène », numéro 4, 2007, p. 73-88.

DECROISETTE, Françoise, « Les Enjeux de l'imagination et du savoir », dans Giambattista Basile, *Le Conte des contes, ou le Divertissement des petits enfants*, traduction du napolitain de Françoise Decroisette, Strasbourg, Édition Circé, 1995, p. 7-22.

DEFRANCE, Anne, *Les Contes de fées et les Nouvelles de Madame d'Aulnoy (1690-1698)*, Genève, Droz, 1998.

DEJEAN, Joan, *Tender Geographies. Women and the Origins of the Novel in France*, New York, Columbia UP, 1991.

DELAPORTE, Victor, *Du merveilleux dans la littérature française sous le règne de Louis XIV*, Paris, Retaux-Bray, 1891.

DELARUE, Paul et Marie-Louise Ténèze, *Le Conte populaire français*, Nouvelle éd. en un seul volume, Paris, Maisonneuve et Larose, 1997.

DENIS, Delphine, *La Muse galante. Poétique de la conversation dans l'œuvre de Madeleine de Scudéry*, Paris, Honoré Champion, 1997.

DENIS, Delphine, *Le Parnasse galant. Institution d'une catégorie littéraire au XVIIe siècle*, Paris, Champion, 2001.

DENIS, Delphine, « Préface », dans Ute Heidmann et Jean-Michel Adam, *Textualité et intertextualité des contes. Perrault, Apulée, La Fontaine, Lhéritier…*, Paris, Éditions Classiques Garnier, 2010, p. 11-14.

DUFOUR-MAÎTRE, Myriam, *Les Précieuses. Naissance des femmes de lettres en France au XVIIe siècle*, Paris, Champion, 2008.

EICHEL-LOJKINE, Patricia, « *Les Fées*, un cas d'école », dans *L'Usage du conte. Contes classiques et réemploi, méthodes d'analyse*, sous la direction de Patricia Eichel-Lojkine, Rennes, Presses Universitaires de Rennes, 2017, p. 177-228.

ESCOLA, Marc, « Contes et mécomptes », dans *Il était une fois l'interdisciplinarité. Approches discursives des* Contes *de Perrault*, dir. Claire Badiou-Monferran, Louvain-la-Neuve, 2010, p. 105-119.

ESCOLA, Marc, *Marc Escola commente les* Contes *de Charles Perrault*, Paris, Gallimard, 2005.

FRANÇOIS, Cyrille, « Fées et *weise Frauen* : les Faiseuses de dons chez Perrault et les Grimm », dans *Des* fata *aux fées : Regards croisés de l'Antiquité à nos jours*, textes rassemblés par Martine Hennard Dutheil de la Rochère et

Véronique Dasen, Lausanne, Revue de la Faculté des lettres de l'Université de Lausanne, Études de lettres n° 289, 2011, p. 259-278.

FUMAROLI Marc, « Les Enchantements de l'éloquence : *Les Fées* de Charles Perrault ou De la littérature », dans *Le Statut de la littérature. Mélanges offerts à Paul Bénichou*, textes rassemblés par Marc Fumaroli, Genève, Droz, 1982, p. 153-186.

FUMAROLI, Marc, « Préface : loisirs et loisir », dans *Le Loisir lettré à l'Âge classique. Essais réunis par Marc Fumaroli, Philippe-Joseph Salazar et Emmanuel Bury*, Genève, Droz, 1996, p. 5-26.

GENETTE, Gérard, *Palimpsestes. La littérature au second degré*, Paris, Éditions du Seuil, 1982.

GOURÉVITCH, Jean-Paul, *Hetzel : Le bon génie des livres*, Monaco, Le Serpent à plumes, 2005.

HEIDMANN, Ute, « La (re)configuration des genres dans les littératures européennes. L'exemple des contes », *Colloquium Helveticum*, Fribourg, Academic Press, 20/2009, p. 91-104.

HEIDMANN, Ute, « Le Dialogisme intertextuel des contes des Grimm », dans *Le Dialogisme intertextuel des contes des Grimm*, textes rassemblés par Ute Heidmann, *Féeries : Revue d'Étude sur le conte merveilleux* XVIIe-XIXe *siècles*, vol. 9, 2012, p. 9-28.

HEIDMANN, Ute et Jean-Michel Adam, *Textualité et intertextualité des contes. Perrault, Apulée, La Fontaine, Lhéritier...*, Paris, Éditions Classiques Garnier, 2010.

JASMIN, Nadine, *Naissance du conte féminin. Mots et Merveilles : les contes de fées de Madame d'Aulnoy*, Paris, Champion, 2002.

LABOULAYE, Édouard, « Préface », dans *Contes allemands du temps passé extraits des recueils des Frères Grimm, et de Simrock, Bechstein, Franz Hoffmann, et al.*, traduits par F. Frank et E. Alsleben, Paris, Didier, 1869.

LE NOBLE, Eustache, « Au lecteur », *Ildegerte, Reyne de Norvège*, dans les *Nouvelles du* XVIIe *siècle*, introduction par Jean Lafond, éd. publiée sous la direction de Raymond Picard, Paris, Éditions Gallimard, Bibliothèque de la Pléiade, 1997, p. 1117-1118.

LESCURE, Mathurin de, « Histoire des fées et de la littérature féerique en France », dans *Le Monde enchanté, choix de douze contes de fées de Perrault, Mlle Lhéritier, Mme d'Aulnoy, Mlle de La Force, le comte de Caylus, Mme Leprince de Beaumont précédé d'une histoire des fées et de la littérature féerique en France*, Paris, Firmin-Didot, 1883.

LUCET, Sophie, « Les Belles rendormies. Féeries fin-de-siècle », dans *Féeries. Études sur le conte merveilleux* XVIIe-XIXe *siècle*, vol. 12, 2015, p. 131-153.

MAINIL, Jean, *Madame d'Aulnoy et le Rire des fées : Essai sur la subversion féerique et le merveilleux comique sous l'Ancien Régime*, Paris, Éditions Kimé, 2001.

MAINIL, Jean, « “Mes amies les Fées” : Apologie de la Femme savante et de la lectrice dans les *Bigarrures ingénieuses* de Marie-Jeanne Lhéritier (1696) », dans *Féeries : Revue d'Étude sur le conte merveilleux* XVIIe-XIXe *siècles*, vol. I, volume I, 2003-2004, p. 49-71.

MAINIL, Jean, « *Persinette* en Allemagne : le corpus “purement allemand pour sa naissance et sa mise en forme” des frères Grimm », dans *Le Dialogisme intertextuel des contes des Grimm*, sous la direction de Ute Heidmann, *Féeries. Études sur le conte merveilleux* XVIIe-XIXe *siècle*, vol. 9, 2012, p. 29-54.

MAINIL, Jean, « Transmissions d'un conte : Mais qui a finalement mangé le Petit Chaperon rouge », dans *Le Conte de fées français et sa transmission*, textes rassemblés par Jean-Paul Sermain, *Francofonia, Studi e ricerche sulle letterature di lingua francese* 73, automne 2017, p. 107-123.

MARTIN, Roxane, *La Féerie romantique sur les scènes parisiennes (1791-1864)*, Paris, Champion, 2007.

MOOG, Pierre-Emmanuel, « Interdit salutaire à travers deux cas merveilleux : “Cendrillon” (Perrault) et “Les six cygnes” (Grimm) », *Conte et morale(s), du* XVIIe *siècle à aujourd'hui*, dossier coordonné par Jean Mainil et Jean-Paul Sermain, *Féeries. Études sur le conte merveilleux* XVIIe-XIXe *siècle*, 13, 2016, p. 87-115.

MOUNIER, Pascale, « La Circulation générique d'une histoire : *L'Oiseau bleu* entre conte, lai et nouvelle » dans *L'Usage du conte. Contes classiques et réemploi, méthodes d'analyse*, sous la direction de Patricia Eichel-Lojkine, Rennes, Presses Universitaires de Rennes, 2017, p. 125-175.

OGNIER, Pierre, *Une école sans Dieu ? 1880-1895. L'invention d'une morale laïque sous la IIIe République*, Toulouse, Presses universitaires du Mirail, 2008.

PALACIO, Jean de, *Les Perversions du merveilleux*, Paris, Éditions Séguier, 1993.

PERROT, Jean, « L'Appropriation et le jeu avec le conte, ou pourquoi *Le Petit Chaperon rouge* », dans *Les Métamorphoses du conte*, sous la direction de Jean Perrot, Bruxelles, Presses Interuniversitaires Européennes – Peter Lang, 2004, p. 11-23.

PRINCE, Nathalie, *La Littérature de jeunesse*, Paris, Armand Colin, 2e éd., 2015.

ROBERT, Raymonde, *Le Conte de fées littéraire en France de la fin du* XVIIe *siècle à la fin du* XVIIIe *siècle*, Paris, Honoré Champion, 2002 [1982].

ROBERT, Raymonde, « Les Conteurs français lecteurs de Basile : Mlle Lhéritier, Mlle de La Force, un auteur anonyme, Cazotte », *The Romanic Review*, volume 99 (2008), numéros 3-4, p. 333-348.

ROHOU, Jean, *Histoire de la littérature française du* XVIIe *siècle*, Rennes, Presses Universitaires de Rennes, 2000.

SEIFERT, Lewis, *Fairy Tales, Sexuality and Gender in France : 1690-1715*, Cambridge, Cambridge UP, 1996.

SELLIER, Philippe, « La Belle au bois dormant », dans *Essais sur l'imaginaire classique*, Paris, Honoré Champion, 2005, p. 73-93.

SERMAIN, Jean-Paul, *Le Conte de fées du classicisme aux Lumières*, Paris, Desjonquères, 2005.

SERMAIN, Jean-Paul, Les Mille et Une Nuits, *entre Orient et Occident*, Desjonquères, Paris, 2009.

STAHL [Hetzel], Pierre-Jules, « Préface », dans *Les Contes de Perrault, Dessins par Gustave Doré*, Paris, J. Hetzel éditeur, 1862.

TIMMERMANS, Linda, *L'Accès des femmes à la culture sous l'Ancien Régime*, Paris, Champion, 2005.

VILLIERS, Pierre de, *Entretiens sur les contes de fées, et sur quelques autres ouvrages du temps, pour servir de préservatif contre le mauvais goût*, Paris, Collombat, 1699.

INDEX DES AUTEURS

ANDERSEN, Hans Christian : 10, 212-213
AULNOY, Marie-Catherine de : 12-16, 32-42, 52, 55, 60-61, 65-66, 84, 89, 96, 110-111, 115-118, 133-134, 137, 140-161, 172, 181, 202-203, 214, 217-218
AUNEUIL, Louise de BOSSIGNY, comtesse de : 140

BASILE, Giambattista : 20, 40, 67-72, 83, 86, 92-111, 147, 182-187, 190-197, 209
BAUDRY, Frédéric : 139-140
BERNARD, Catherine : 55, 61, 125
BOILEAU : 11, 15, 33, 41, 50, 53-60, 62-64, 66, 77, 81-83, 107, 139

CAZOTTE, Jacques : 115-116
CRÉBILLON, Claude-Prosper Jolyot de : 116

DIDEROT, Denis : 115-116
DISNEY, Walt : 21, 23-28, 31, 85, 207
DORÉ, Gustave : 21, 119-120, 170-172, 203

FERTIAULT, François : 161, 173-174, 204-205
FOUILLÉE, née Augustine Tuillerie, pseudonyme G. Bruno : 123-124

GALLAND, Antoine : 115
GIRAUD, Charles : 7, 17, 43, 139, 154, 161, 172, 200
GRIMM, Jacob et Wilhelm : 9-10, 37-39, 42, 84-86, 89-112, 125, 128-129, 139-140, 161-176, 211-214
GUEULLETTE, Thomas-Simon : 115

HAUPT, Marie Guerrier de : 154-159

LABOULAYE, Édouard : 124-126, 128, 130-131, 211
LAFAYETTE, Marie-Madeleine de : 15, 52, 63, 145
LA FORCE, Charlotte-Rose Caumont de : 35-36, 41, 85-112, 140, 147
LE NOBLE, Eustache : 32, 37
LEPRINCE DE BEAUMONT, Jeanne-Marie : 115-117, 125, 129, 143, 152
LESCURE, Mathurin de : 40-41, 117, 125, 140-141, 143-145, 147, 211, 218
LHÉRITIER DE VILLANDON, Marie-Jeanne : 13, 34-35, 41, 47, 56, 60-64, 65-84, 115, 127-128, 140, 165-166, 182

MAYER, Charles-Joseph : 51
MURAT, Henriette-Julie de : 35-37, 55, 61, 65-66, 87, 89, 110, 112, 115, 140, 165

PERRAULT, Charles : 10-43, 50-77, 80-86, 90, 93, 96, 115-209, 215, 218

SAINT-GERMAIN, J.-T. de [Tardieu, Jules-Romain] : 124, 172, 200-202
SCARRON, Paul : 214-215
SCUDÉRY, Madeleine de : 15-16, 52, 57, 63, 65, 77, 81-83, 157
STAËL, Germaine de : 115, 117

STAHL, Pierre-Jules [Hetzel] : 119-120, 170, 172, 203
STRAPAROLA, Giovanni Francesco : 20, 89
VILLIERS, abbé de : 16, 47, 52-63, 215-216

INDEX DES CONTES

« Babiole » : 144
« Belle-Belle ou le Chevalier fortuné » : 144, 160, 214

« Cendrillon » : 22, 28-31, 40, 42, 67-68, 72, 75, 83, 85, 93, 118, 125, 130-131, 134-137, 152, 202, 214, 216
Contes des fées : 16, 52, 61, 65-66, 111, 144, 152, 158-159, 201, 203, 205, 208
Contes nouveaux ou les Fées à la mode : 35, 61, 81, 143-157, 159, 214
Contes pour les enfants et la maison – Kinder- und Hausmärchen : 9, 37-38, 86, 89-91, 94-110, 128, 161, 167-168, 213-219

« Finette Cendron » : 66, 96, 134, 137, 144-145, 165, 217
« Fleur-de-persil » – « Petrosinella » : 85-112

« Gracieuse et Percinet » : 144

« Hänsel et Gretel » : 67
Histoire d'Hypolite, Comte de Duglas : 13, 60
Histoires ou Contes du temps passé. Avec des Moralités : 13, 67, 86, 139, 163-164, 180, 200

Inès de Cordoue : 61

« La Barbe bleue » : 125, 130, 163, 172, 191, 201
« La Belle au bois dormant » : 23-27, 42, 67, 83, 96, 118, 132, 163, 179-210, 214, 217
« La Belle aux cheveux d'or » : 144, 152
« La Belle et la Bête » : 116, 125
« La Biche au bois » : 144, 152
« La Bonne Petite Souris » : 154
« La Chatte blanche » : 118, 141-160, 181
« L'Adroite Princesse ou les Aventures de Finette » : 62, 165
« La Petite Sirène » : 67
« La Princesse Rosette » : 144
Le Cabinet des fées : 39, 51, 87, 91, 116, 129, 147, 160, 198-200, 205
Le Conte des contes, ou le Divertissement des petits enfants : 20, 40, 68-69, 86, 94, 97, 100-104, 185-186, 190-193
« L'Enchanteur » : 36, 87, 89, 94
Le Magasin des enfants : 116, 125
Le Monde enchanté : 41, 84, 117, 203, 211, 218
« Le Mouton » : 144
« Le Nain jaune » : 144, 154
Le Nouveau Gentilhomme bourgeois : 35, 61, 144-146, 150-152, 159
Le Nouveau Magasin des enfants : 116
« Le Petit Chaperon rouge » – « Rotkäppchen » : 22-23, 42, 84, 103, 125, 127, 161-177, 202, 204, 214, 217
« Le Petit Poucet » : 67, 134, 214
« Le Prince Lutin » : 144
« Le Prince Marcassin » : 36, 89
« Le Prince Rosier » : 61
« Le Rameau d'or » : 51-52
« Le Roi Porc » : 36, 87, 89
« Les Enchantements de l'éloquence, ou les Effets de la douceur » : 34-35, 41, 62, 65-84, 165

« Les Fées » : 21, 66-73, 80
« Les Habits neufs de l'empereur » : 213
Les Nuits facétieuses : 20, 36
« Les Souhaits ridicules » : 33-37, 60, 81, 127
« Les Trois fées » – « Le Tre Fate » : 67-69
« Le Turbot » : 36
« Le Vilain Petit Canard » : 212
« L'Île de la félicité » : 11, 13, 60
« L'Oiseau bleu » : 51-53, 144, 152, 217

« Marmoisan » : 62
Mille et Un Quart d'Heure, Contes tartares : 115

Œuvres meslées : 13, 47, 60-67, 127, 165

« Persinette » : 36, 86-112, 138, 146

« Raiponce » – « Rapunzel » : 42, 85-112, 146
« Riquet à la houppe » : 61, 125

« Serpentin vert » : 61, 144
« Six à qui rien ne résiste – Sechse kommen durch die ganze Welt » : 213-214
« Soleil, Lune et Thalie » – « Sole, Luna e Talia » : 185-192, 193-198

TABLE DES MATIÈRES

INTRODUCTION 9

Il était une fois…
Les origines du conte de fées, un miroir aux alouettes ? 9

Modes (incertains) de transmission du conte de fées 19

« La Belle au bois dormant » 23

« Cendrillon » 28

Enjeux poétiques et idéologiques du conte de fées 31

PREMIÈRE PARTIE

NAISSANCE ROYALE
D'UN GENRE NOUVEAU

LES *CHIMÈRES* SOUS LOUIS XIV
Le conte de fées,
« la plus mauvaise marchandise du monde » 49

Le Conte de Fées, ces Contes à dormir debout,
que les Nourrices ont inventés pour amuser les enfants… 53

La Réponse de deux Modernes :
L'Apologie des femmes de Perrault (1694) 56

Les *Œuvres meslées* de Marie-Jeanne Lhéritier (1695) 60

MÉTAMORPHOSES DU CONTE I
La riposte poétique d'une Moderne :
« Les Enchantements de l'éloquence »
de Marie-Jeanne Lhéritier (1695) 65

L'histoire d'une héroïne qui crache des perles et des rubis : une « vieille histoire » remise au goût du jour ? 68
De la fonction poétique de ces précieuses « broderies » 72

MÉTAMORPHOSES DU CONTE II
Les tribulations d'une héroïne européenne née en France, « Rapunzel » 85
Des Origines françaises d'un conte bien allemand : « Rapunzel » des frères Grimm 86
De la triple identité d'une héroïne allemande 92
Une naissance tant attendue 95
De l'enfermement de l'héroïne dans la tour 99
Libération de l'héroïne 103
Reconfigurations de la morale 108

DEUXIÈME PARTIE

UN RENOUVEAU RÉPUBLICAIN

RENAISSANCES DU CONTE DE FÉES LITTÉRAIRE AU XIXe SIÈCLE 115
Le retour du merveilleux : la littérature pour enfants 119
Positivisme et instruction morale 121
Le conte de fées, genre moral 126
Une nouvelle audience 130
Une nouvelle poétique 132
Une nouvelle esthétique 135
Textes et réécritures 138

MÉTAMORPHOSES DU CONTE III
Les aventures d'une « Chatte blanche » 143
Une « Chatte blanche » pour les Dames au XIXe siècle 143

Un conte ironique et complexe 146
Même texte, nouveau contexte 150
Une « Chatte blanche » pour les petits enfants 153
De la nouvelle poudre pour une vieille histoire 159

MÉTAMORPHOSES DU CONTE IV
Le Petit Chaperon Rouge : une héroïne franco-allemande 161
L'histoire d'un amour dévorant 163
L'histoire d'une petite fille que le loup faillit manger 167
Un conte sans moralité ? 172

MÉTAMORPHOSES DU CONTE V
« La Belle au bois dormant »,
les avatars d'un conte qui dormit cent ans 179
Un conte universellement connu, mais peu lu 180
L'histoire d'une « Belle endormie »
qui dormit trois siècles (1340-1697) 180
Les aventures de Zellandine,
première Belle endormie (XIVe siècle) 181
Les aventures de Thalie,
Belle endormie napolitaine (1634-1636) 185
Une « Belle au bois dormant » sous Louis XIV (1697) 193
Une nouvelle « Belle au bois dormant » (XIXe siècle) 198
Une « Belle au bois dormant » pour les enfants 202
Quand « La Belle au bois dormant » se réveille enfin… 206

CONCLUSION
Et ils vécurent heureux de nombreuses années… 211

BIBLIOGRAPHIE 221

INDEX DES AUTEURS 229

INDEX DES CONTES 231

COLLECTION
« LIRE LE XVIIe SIÈCLE »

Le titre de cette collection en dit assez l'ambition. Lire, c'est d'abord prendre en charge textes et contextes ouverts à des corpus qu'il s'agit d'enrichir, voire de constituer de manière inédite. C'est également interpréter, aussi bien à partir de ces nouveaux horizons de lecture que depuis notre modernité, qui donne sens et vie aux œuvres du passé. Seront ainsi privilégiés les travaux de recherche innovants et les essais critiques attentifs à ces préoccupations actuelles. Plusieurs séries, confiées aux meilleurs spécialistes, traceront les contours de cette interrogation (romans, pastorales, tragédies, droit, sciences, religion, musique, libertinage, utopies, mystique, voyages, etc.). Des lignes de force ainsi dégagées devrait émerger une image enrichie de ce XVIIe siècle contrasté.

Retrouvez tous les titres de la collection en scannant ce code QR :

Et pour recevoir nos dernières actualités, abonnez-vous ici :